# LES ENTREPRENEURS
# DANS LA POLITIQUE ARGENTINE
## 1955-1973

# LES ENTREPRENEURS
# DANS LA POLITIQUE ARGENTINE
# 1955-1973

*par*

**JORGE E. NIOSI**

1976
LES PRESSES DE L'UNIVERSITÉ DU QUÉBEC
C.P. 250, Succursale N, Montréal H2X 3M4 Canada

CET OUVRAGE EST PUBLIÉ GRÂCE À UNE SUBVENTION ACCORDÉE PAR LE CONSEIL CANADIEN DE RECHERCHE EN SCIENCES SOCIALES, DONT LES FONDS PROVIENNENT DU CONSEIL DES ARTS DU CANADA.

La conception graphique de la couverture
est de GEORGE JAHN.

ISBN 0-7770-0153-5

Dépôt légal — 1er trimestre 1976
Bibliothèque nationale du Québec

# PRÉFACE

Le texte que voici est le résultat d'une recherche menée de 1968 à 1972 à Buenos Aires et à Paris, sur le développement économique et social de l'Argentine contemporaine. L'objectif de l'étude est double : d'une part il s'agit d'identifier les politiques nationales qui renforcent le cercle de la stagnation économique argentine de 1955 à 1973 ; d'autre part il s'agit de tenter d'expliquer l'application renouvelée de telles politiques malgré leur échec répété. Ces mesures, dites de stabilisation monétaire, sont à la base de l'idéologie et des intérêts immédiats de puissants groupes d'entrepreneurs argentins, qui s'organisent autour d'une association patronale : l'Association d'entités libres d'entrepreneurs (ACIEL). L'étude est fondée sur des données secondaires provenant surtout de sources gouvernementales, en particulier de la Banque centrale et de l'Institut national de statistique et de recensements de l'Argentine. Je me suis servi aussi de données primaires émanant d'une liste complète des deux cent soixante et un ministres et sous-ministres successifs du Pouvoir exécutif national, et de la liste complète des présidents des quatre grandes banques officielles, liste qui m'a servi à étudier l'origine sociale de ce personnel politique. Ces données primaires ainsi que l'analyse des archives des associations patronales apportent donc des renseignements de première main.

Je dois exprimer ma gratitude à Monsieur Charles Bettelheim, directeur d'études à l'École pratique des Hautes Études (6e section) de l'Université de Paris qui a dirigé la thèse dont ce texte est issu. Messieurs Juan Carlos Torre et Miguel Khavisse du Conseil national de développement de l'Argentine m'ont apporté des données gouvernementales difficilement accessibles, entre autres celles de leur propre recherche en cours sur la concentration industrielle argentine. Mesdames Josette Brawerman et Ruth Schweitzer, de Buenos Aires ont collaboré à la collecte des données. Je dois aussi mentionner le département de Sociologie de l'université du Québec à Montréal qui m'a concédé une décharge de mes tâches d'enseignement et une bourse, qui m'ont permis de rédiger le texte définitif. Je suis cependant le seul responsable des erreurs, inconsistances ou omissions qu'on puisse retrouver dans le texte. Ma femme, Graciela Ducatenzeiler m'a apporté une aide morale et intellectuelle inestimable pendant les quatre ans et demi d'élaboration de la recherche.

Jorge E. Niosi

Montréal, le 15 janvier 1975

# LISTE DES ABRÉVIATIONS LES PLUS COURAMMENT EMPLOYÉES

ABRA : Asociacion de Bancos de la Republica Argentina
ACIEL : Asociacion Coordinadora de Instituciones Empresarias Libres
BC : Bolsa de Cereales
BCBA : Bolsa de Comercio de Buenos Aires
BCRA : Banco Central de la Republica Argentina
CAC : Camara Argentina de Comercio
CARBAP : Confederacion de Asociaciones Rurales de Buenos Aires y La Pampa
CEPAL : Comision Economica para America Latina
CGE : Confederacion General Economica
CGT : Confederacion General del Trabajo
CIDA : Comite Interamericano para America Latina
CONADE : Consejo Nacional de Desarrollo
CRA : Confederaciones Rurales Argentinas
DGEN : Direccion General de Estadisticas de la Nacion
DNEC : Direccion Nacional de Estadistica y Censos
FAA : Federacion Agraria Argentina
IAPI : Instituto Argentino para la Promocion del Intercambio
INTI : Instituto Nacional de Tecnologia Industrial.
JNC : Junta Nacional de Carnes
JNG : Junta Nacional de Granos
MID : Movimiento de Integracion y Desarrollo
SRA : Sociedad Rural Argentina
UCRP : Union Civica Radical del Pueblo
UCRI : Union Civica Radical Intransigente
UIA : Union Industrial Argentina
UP : Union Popular

# CHAPITRE PREMIER

## Introduction
## Les hypothèses de travail

De nombreux chercheurs de la réalité argentine répondant aux orientations théoriques les plus diverses reconnaissent le fait que les propriétaires terriens ont été le groupe social dominant dans le pays depuis son indépendance politique de l'Espagne (1810) jusqu'à l'avènement du régime péroniste (1946). Mais les points de vue ne coïncident plus lorsqu'il s'agit de l'évolution argentine dans l'après-guerre. Quelle est la signification de la révolution nationaliste de 1943-1945 qui allait préparer l'accession du péronisme au pouvoir? Quels sont les groupes sociaux qui l'ont orientée? Quelle a été leur idéologie? Quelle interprétation donner aux dix années de péronisme au pouvoir (1946-1955) et aux dix-huit années d'anti-péronisme qui ont suivi? Il n'est pas possible de passer ici en revue avec détails toutes les interprétations proposées; nous pouvons par contre tâcher de les grouper au moins en quatre grands types, parmi lesquels on trouvera des variations.

L'historiographie libérale, dans l'acception la plus large, interprète le péronisme — et le régime nationaliste qui l'a précédé — comme la version argentine du fascisme européen; la période de 1955 à 1973 est vue comme le retour au régime démocratique. Cette hypothèse est lancée par les penseurs libéraux de l'évolution argentine dans l'après-guerre, tant dans les milieux intellectuels que dans celui de la politique nationale. L'énoncé le plus élaboré de cette interprétation dans le champ des sciences sociales est celui que propose le sociologue Gino Germani, ex-professeur de l'Université de Buenos Aires et actuellement à l'Université de Harvard (G. Germani, 1962). À son point de vue, il faut comprendre le péronisme comme un mouvement social formé de deux éléments fondamentaux: une armée imprégnée de l'idéologie nationale-socialiste et une classe ouvrière d'origine rurale, incorporée récemment au travail industriel, sans expérience politique urbaine et donc mobilisable par un politicien de charisme. Cette interprétation est basée sur une analyse rapide de la politique du régime péroniste, sur les tentatives multiples — menées avec succès —d'organisation corporative des travailleurs et des patrons pendant la décennie de 1945-1955 et sur l'idéologie des militaires argentins avant 1945. Selon l'interprétation du professeur Germani, aucun conflit entre les fractions de la classe propriétaire ne serait intervenu dans le processus. Le retour au régime démocratique après le coup d'État de 1955 n'aurait pas non plus de contenu de classe; il s'agirait du retour à la normalité institutionnelle, d'un processus de modernisation politique accompagnant le développement économique, c'est-à-dire, l'évolution normale des pays en voie de croissance.

Il est certain que nous ne pouvons inscrire notre recherche dans le cadre d'un système théorique de ce genre. D'abord, l'analyse de la politique économique du péronisme et des divers gouvernements qui lui succédèrent nous montrera le poids décisif des groupes d'entrepreneurs capitalistes sur les décisions de l'État. D'autre part, depuis 1955 et pendant plus de la moitié de notre période, cette politique sera maintenue grâce aux coups d'État militaires successifs qui ont renversé les gouvernements élus; de plus, la condition illégale depuis 1955 du parti péroniste majoritaire réfute aussi la prétendue modernisation politique. Si nous observons le développement économique du pays — ou plutôt sa stagnation — depuis 1950, il nous sera impossible d'adhérer à l'interprétation de l'Argentine comme pays en voie de croissance, ou de justifier dans ces termes la libéralisation de l'économie commencée en 1955 et poursuivie presque sans interruptions jusqu'à nos jours. Les travailleurs, entre 1943 et 1946, ne constituent pas non plus la base inconsciente d'un processus qu'ils ne comprennent pas: le travail de recherche de M. Murmis et J. C. Portantiero (1970) montre clairement le rôle décisif du vieux syndicalisme dans l'organisation du parti politique qui mènera Peron à la présidence en 1946. Quels sont donc les éléments qui restent de l'interprétation libérale? L'insistance sur l'adhésion idéologique des militaires argentins de 1940 au fascisme. Nous pensons que cette tendance a existé mais elle ne nous permet pas de comprendre un mouvement de classes aussi complexe que le péronisme sans une analyse des contenus de classe de ce mouvement. L'interprétation que nous venons de commenter nous paraît encore moins appropriée pour comprendre la période 1955-1973.

Une deuxième interprétation correspond à l'école structuraliste de l'économie en Amérique latine dont les créateurs et principaux théoriciens sont les professeurs Raoul Prebisch, Celso Furtado, Anibal Pinto, Dudley Seers. Cette école incorpore des éléments de base de divers courants de pensée, depuis l'économie néo-classique jusqu'au marxisme en passant par l'économie historique allemande et keynésienne; selon cette école, les causes principales du sous-développement de l'Amérique latine sont: 1) la grande propriété foncière (latifundium), peu productive, laissant la terre oisive et dont les entrepreneurs manquent d'orientations rationnelles capitalistes (Max Weber); 2) la tendance naturelle à la baisse des prix agricoles face à la hausse naturelle des prix industriels, ce qui provoque l'étranglement du commerce extérieur; 3) la réticence du capital étranger à collaborer au développement des pays d'Amérique latine. Ces économistes proposent une réforme agraire qui devra éliminer les modes inéfficaces d'occupation du sol; le recours à la collaboration des pays capitalistes développés pour attirer des investissements et ouvrir de nouveaux marchés, et la formation d'une communauté économique latino-américaine qui permette de profiter des économies d'échelles de la technologie industrielle moderne. Selon cette interprétation, l'État doit intervenir dans l'économie pour redistribuer la terre, orienter les investissements étrangers vers les secteurs clés de l'industrie lourde et éliminer les barrières douanières entre les pays d'Amérique latine. En ce qui concerne l'analyse de l'évolution argentine dans l'après-guerre, elle critique le gouvernement péroniste parce qu'il n'a pas réalisé de réforme agraire et qu'il a éloigné les capitaux étrangers par des mesures nationalistes; elle reconnaît par contre son accent industrialiste bien qu'elle désapprouve les moyens utilisés, considérés inflationnistes et étatistes. Selon cette école (A. Ferrer, 1962 et 1970), la période 1955-1973 représente le retour au pouvoir des propriétaires terriens. Une conception de ce genre, qui met une partie de ses espoirs de développement dans l'afflux de capitaux étrangers, est incapable de reconnaître l'influence croissante des entrepreneurs industriels liés aux compagnies étrangères sur la prise de décisions provoquant la régression ou la croissance de l'économie. Par contre, nous tâcherons de montrer, au cours de notre analyse, que la stagnation des trois quinquennats post-péronistes s'explique tant par la structure agraire traditionnelle que par l'influence croissante des corporations internationales sur les secteurs clés de l'industrie. D'autre part, la politique économique menée depuis 1955 joue chaque fois moins en faveur des propriétaires terriens et chaque fois plus en faveur des firmes multinationales qui exercent de plus un contrôle croissant de l'appareil d'État.

Si nous considérons maintenant les interprétations proposées dans le domaine de l'analyse marxiste, nous trouverons d'abord la description trotskiste du phénomène (S. Frondizi, 1957 et 1961; M. Pena, 1964-1966). Pour ces auteurs, le péronisme apparaît comme un régime bonapartiste qui oscille entre la classe ouvrière et la bourgeoisie; la période 1955-1973 est le retour au pouvoir de la bourgeoisie, et surtout des grands industriels liés aux propriétaires terriens et au capital monopoliste étranger. Quels sont les fondements de cette interprétation? Avant tout, les vacillations de la politique économique et sociale du péronisme et surtout le grand tournant commencé en 1950-1952 qui ouvre à nouveau les portes au capital étranger et redistribue les revenus en faveur du secteur rural. Ensuite, le principe de l'opposition fondamentale entre bourgeoisie et prolétariat dans les pays dépendants, ce qui implique la supposition d'une classe propriétaire plus ou moins homogène; par conséquent, il est impossible de concevoir un régime orienté par une fraction relativement nationaliste de la bourgeoisie industrielle, ou d'autres sous-groupes et oppositions à l'intérieur de la classe propriétaire. Il s'agit de l'application du modèle de Trotsky aux pays dépendants. Notre analyse montrera par contre que la classe capitaliste est loin de constituer un groupe homogène de grands propriétaires. Nous illustrerons l'éloignement du pouvoir des petits et moyens entrepreneurs à partir de 1955 ainsi que la perte de contrôle progressive des propriétaires terriens sur l'appareil d'État. Nous n'attribuerons pas le changement de la politique économique péroniste de 1950-1952 au bonapartisme du régime mais aux obstacles économiques qu'a rencontrés la politique d'industrialisation capitaliste autonome : crise de la balance commerciale, difficultés de développer l'industrie lourde sans exproprier les sources d'accumulation, restrictions du marché intérieur, inflation, etc.

La quatrième interprétation dont nous allons faire la synthèse — la seconde dans le cadre de l'analyse marxiste — est celle du parti communiste argentin. Cette ligne de pensée se rapproche du point de vue structuraliste en ce qu'elle considère l'économie argentine comme une structure dualiste constituée par un secteur capitaliste dynamique et un secteur arriéré pré-capitaliste. Dans le secteur capitaliste, les entreprises monopolistes étrangères jouent un rôle prédominant et sont la cause de retard du processus d'accumulation. Ce sont les entrepreneurs nationaux du secteur non monopoliste qui auraient la responsabilité historique de surmonter les obstacles au développement capitaliste du pays : c'est-à-dire, la structure agraire semi-féodale et les monopoles étrangers. Quand elle analyse le péronisme, cette interprétation se rapproche de la pensée libérale : il s'agit de la répétition argentine du national-socialisme. Par conséquent, entre 1945 et 1955, le PCA a suivi une politique d'alliance avec les propriétaires terriens et les intérêts étrangers pour s'opposer au régime péroniste. À partir de 1955, cette analyse en partie se modifia graduellement mais sans changer les options théoriques de base. Le PCA s'appuya sur les gouvernements élus (radicaux) et s'opposa aux coups d'État militaires car il les considérait orientés par les propriétaires terriens et les entreprises étrangères, sans plus de distinctions. Il n'est pas nécessaire de faire la critique des deux piliers de l'interprétation communiste d'après-guerre car ses éléments fondamentaux se distinguent difficilement des deux premières orientations théoriques analysées.

Nous arrivons finalement au cadre qui orientera théoriquement notre travail. À notre point de vue, le péronisme a été un phénomène d'alliance de classes où l'hégémonie se trouvait dans les mains d'une armée nationaliste et dont les autres composantes étaient la classe ouvrière organisée et la bourgeoisie industrielle nationale. Cette alliance put se concrétiser dans les conditions favorables de l'après-guerre, grâce à des soldes commerciaux positifs, à une industrie légère en pleine croissance et aux métropoles capitalistes affaiblies par les dégâts de la guerre. Le prolétariat organisé participa activement à la formation de cette alliance, bien plus que les entrepreneurs industriels nationaux qui manquaient presque totalement d'institutions économiques et politiques représentatives. Le changement d'orientation de la politique péroniste répondit avant tout aux limitations internes de son programme économique: maintien de la structure agraire arriérée, inefficacité du secteur public et limitation de la structure industrielle mise en place (grande dispersion manufacturière) qui la rendaient incapable d'absorber ou de créer une technologie moderne et de se développer. Dans la période de 1955 à 1973 le bloc de pouvoir (propriétaires terriens, grands industriels et intérêts étrangers) reprend le contrôle de l'État. Cependant la relation de forces entre ses divers éléments se modifia à partir de 1955 : le pouvoir relatif des propriétaires terriens diminua continuellement, dans une première étape en faveur des grands industriels ; vers la fin de la période, l'hégémonie du capital étranger et la subordination des propriétaires terriens se dessineront tout à fait. On peut analyser ces processus sur le plan des politiques économiques des gouvernements post-péronistes ainsi que sur le plan des personnages publics qui ont occupé les positions dominantes. Nous développerons ces hypothèses au long de ce chapitre et nous tâcherons de présenter les preuves documentaires et statistiques qui les confirment, dans les chapitres suivants.

Certains auteurs ont développé des travaux de recherche suivant cette ligne de pensée. Le seul essai relativement compréhensif de l'évolution argentine après la guerre est celui de Juan Carlos Esteban (1960). Cet auteur conçoit le péronisme comme une alliance de classes entre les petits et moyens industriels et le prolétariat manufacturier par opposition aux grands propriétaires fonciers et industriels, liés au capital étranger. Esteban tâche de montrer les limitations de cette alliance et de son programme et décrit l'accession au pouvoir en 1955, non pas des propriétaires terriens mais de différents sous-groupes de grands propriétaires, surtout industriels. L'analyse réalisée par M. Murmis et J. C. Portantiero (1970) est complémentaire, car ceux-ci étudient la participation active des cadres syndicaux dans la formation de l'alliance péroniste en 1945. Il faut observer que les deux essais souffrent d'une limitation temporelle : celui d'Esteban date déjà de dix ans et devrait être révisé et complété ; celui de Murmis et Portantiero ne prend que les antécédents du régime péroniste (1930-1945). C'est pourquoi nous pensons qu'il est nécessaire d'actualiser cette ligne d'études tout en développant une perspective d'ensemble qui paraît être indispensable.

Nous analyserons maintenant les hypothèses fondamentales de notre cadre théorique.

## 1. LA DIVISION INTERNE DE LA CLASSE CAPITALISTE

Au commencement de cette introduction, nous avons affirmé que les propriétaires terriens — dont nous étudierons la formation et l'organisation syndicale et politique au prochain chapitre — ont été la fraction dominante dans la société argentine jusqu'à l'avènement du péronisme. Nous verrons également au prochain chapitre comment cette fraction s'est divisée en deux groupes antagoniques au cours des premières décennies du siècle actuel, par suite de l'introduction du frigorifique anglais et américain dans l'élaboration des excédents de viande exportable. Un groupe de propriétaires accapara de grandes étendues de terre et monopolisa les fonctions d'engraissement et de vente du bétail aux grandes entreprises frigorifiques ; ces fonctions demandaient des pâturages de bonne qualité et de grandes exploitations. Un autre groupe moins favorisé, propriétaire de terres de qualité inférieure et souvent de dimensions plus réduites, fut relégué à la fonction d'élevage du bétail destiné au marché intérieur et aux engraisseurs liés aux frigorifiques. Le conflit entre les deux groupes de propriétaires terriens fut décisif pour l'histoire sociale et politique de l'Argentine au cours des quatre premières décennies de ce siècle.

Mais entre-temps, de nouveaux acteurs étaient apparus sur la scène économique du pays ; le développement de l'industrie manufacturière qui s'activa à partir de 1933 est parallèle à l'augmentation de l'importance économique des entrepreneurs industriels et des travailleurs urbains, bien que leur présence se remarque à peine sur le plan social et politique. Le coup d'État nationaliste de 1943 et surtout le péronisme déplacèrent du premier plan la lutte entre les deux groupes de propriétaires terriens pour y laisser la place aux capitalistes et aux ouvriers industriels. D'autres facteurs expliquent ce déplacement des propriétaires terriens à partir de 1945. Le marché intérieur n'a pas cessé de croître face à la fermeture des marchés européens de viande bovine. Dans ces conditions, la lutte pour le partage de l'exportation de *chilled* devint moins aiguë sans disparaître tout à fait. D'autre part, certaines aspirations des éleveurs — le contrôle des frigorifiques exportateurs — commencèrent à se réaliser en 1940. Avec l'amoindrissement du conflit engraisseurs-éleveurs, diminuèrent également les luttes entre les propriétaires rentiers, engraisseurs pour la plupart, et les cultivateurs capitalistes de céréales dans le Littoral qui louaient les terres des grandes exploitations d'élevage. En effet, le conflit ouvert entre fermiers et propriétaires terriens, qui se manifeste de la façon la plus aiguë au cours des premières décennies du siècle, tendit à se relâcher ; ce phénomène a des causes multiples. D'abord la transformation d'une partie des fermiers en petits et moyens propriétaires des parcelles qu'ils louaient auparavant, grâce à la capitalisation d'une partie de leur rente et à l'appui du crédit de l'État. Ensuite et surtout, l'émigration vers les villes des locataires ruraux, expulsés par les bas prix des céréales et relativement attirés par les salaires industriels. Finalement, l'impossibilité dans de nombreux cas d'acheter le terrain, ainsi que des rentes élevées et des difficultés de placement des produits.

Nous ne voulons pas affirmer par là que les conflits entre les propriétaires ruraux ou entre les propriétaires et les fermiers aient disparu, mais que leur importance relative et absolue a diminué. De fait, ce sont de nouvelles oppositions qui ont occupé la place de celles-là. Le conflit entre entrepreneurs industriels et agricoles est un des plus importants. L'antagonisme entre ces deux derniers groupes n'a pas été plus aigu auparavant à cause de la faiblesse relative des entrepreneurs industriels et de leur liaison jusqu'en 1930-1935 au capital étranger. Plus tard ce fut aussi à cause du poids du capital d'origine agricole et commerciale dans l'industrie. À une seule occasion, avant les mesures de protection indirectes prises à partir de 1933, les industriels manifestèrent ouvertement leur opposition à une politique économique trop libérale qui risquait d'ébranler leur propre existence. En effet, la chute des exportations à partir de la crise mondiale poussa les propriétaires terriens au pouvoir à éliminer les barrières douanières qui protégeaient la manufacture en train de surgir. Ils cherchaient de cette façon à conserver les marchés anglais et européens en échange d'une politique de marché ouvert aux articles manufacturés importés. Quand il fut évident que ce genre de politique ne ferait qu'aggraver la crise, les propriétaires terriens devinrent les défenseurs d'une manufacture qui assurait le maintien de l'activité économique interne (Murmis et Portantiero, 1970).

Vers la fin de la Deuxième Guerre, l'existence de l'industrie et de son développement nécessaire étaient déjà des faits accomplis. Mais alors se présentèrent deux politiques de rechange qui correspondaient à une structure industrielle divisée en deux secteurs bien distincts. En effet, la manufacture comprenait d'une part une multitude de petites entreprises qui avaient surgi sous la protection directe et indirecte de la dernière décennie produisant pour les marchés régionaux, opérant avec une faible composition organique du capital et de gros obstacles à leur développement; et d'autre part, un groupe de grandes entreprises relativement modernes, étrangères ou liées au capital agraire et commercial. Les petites entreprises dépendaient du crédit, de la protection douanière et de l'élargissement du marché intérieur, tandis que les plus puissantes pouvaient se passer des barrières douanières, se procuraient plus facilement le financement bancaire et la technologie importée et, éventuellement, étaient même en condition d'exporter, ce qui les rendait plus indépendantes du marché intérieur. Le péronisme stimula une politique favorable au premier secteur et développa le marché intérieur au moyen de salaires élevés, obtenant ainsi l'appui de l'ensemble du prolétariat.

Il maintint un taux de change élevé, favorable aux importateurs indus-triels. Il augmenta et distribua le crédit bancaire. Il établit le contrôle du change et des tarifs protectionnistes qui entravaient l'accès de biens de consommation finale importés. L'opposition industrielle fut étouffée et l'on forma les grandes centrales d'entrepreneurs nationaux et de travailleurs qui appuyèrent le régime. Quand cette politique arriva à ses limites, tant par des restrictions internes (incapacité d'installer une industrie lourde, inflation par suite de l'émission excessive de mon-naie, chute des soldes exportables) que par des entraves externes (étranglement du commerce extérieur), le régime modifia sa politique, commença à restreindre les salaires, orienta le crédit vers le secteur rural et ouvrit les portes aux capitaux étrangers afin de stimuler les investissements. C'est alors que l'appui des industriels devint plus conditionnel et que l'armée abandonna sa neutralité bénévole. Les quel-ques interprétations péronistes des dernières années du régime attri-buent la stagnation soutenue depuis 1950 à des facteurs étrangers à l'intervention de l'État dans le processus économique. Cette affirmation se fonde sur des faits réels. Une forte sécheresse en 1952-1953 réduisit alors les soldes exportables et provoqua une situation difficile pour les balances commerciales et de paiement. D'autre part, la réorganisation de l'économie des pays européens et leur politique d'auto-ravitaillement en aliments privèrent chaque fois plus l'Argentine de ses principaux marchés; l'Angleterre orienta de plus en plus ses achats du côté des grands producteurs d'aliments du Commonwealth. De plus, les États-Unis apparurent après la guerre de Corée sur le marché des céréales avec d'énormes excédents accumulés, ce qui eut un effet déprimant sur les prix de cet élément fondamental des exportations argentines.

Mais nous soutenons que la stagnation de l'Argentine au cours du deuxième quinquennat de la période péroniste résulte avant tout de la politique économique de cette gestion. En effet, la période de substi-tution aisée des importations au moyen de la création d'une industrie légère était conclue en 1950; il fallait alors de grands investissements de faible rentabilité, maintenus pendant une longue période, pour créer une industrie lourde. Ce n'est qu'un État concentrant fortement les excé-dents de tous les secteurs qui aurait pu réaliser ces investissements et le gouvernement péroniste n'était pas en mesure d'effectuer cette tâche. D'autre part, le marché intérieur aurait dû être élargi par des mesures plus profondes que la simple augmentation des salaires des travailleurs urbains; pour cela la redistribution de la terre était indis-pensable mais la gestion péroniste se contenta de bloquer la rente fon-cière et de fixer des prix d'achat de la production agricole exportable, ne faisant que transférer ainsi quelques revenus aux fermiers et à l'État. Finalement, la redistribution du crédit dans des conditions d'équipe-ment difficile et de forte demande de biens de consommation manufac-turés ne fit que multiplier la quantité de petits établissements industriels de faible composition organique du capital. Les tentatives de l'État dans le but de créer une industrie lourde (SOMISA, 1947, groupes DINFIA, DINIE, AFNE et FM, 1949) manquèrent de ressources et d'une direction centralisée (*cf.* chapitre 2, section 2). Le recours au capital étranger en 1953 fut également un échec, dû en partie aux conditions restrictives imposées par la loi 14.222 d'investissements étrangers. Quant à la clôture des marchés extérieurs, celle-ci aurait pû être compensée par la demande croissante des pays socialistes; mais il aurait fallu pour cela une vaste réorganisation du commerce extérieur que la gestion péroniste n'a pas su entreprendre. En fin de compte, nous pensons que la politique économique du péronisme a échoué avant tout à cause de ses propres limitations et inconsistances.

Analysons maintenant les conditions qui ont présidé à l'institution et à l'organisation du péronisme.

L'alliance de classes péroniste se forma pendant le gouvernement militaire nationaliste de 1943-1945, sous lequel Peron occupa les postes de secrétaire du Travail (novembre 1943) puis peu de mois après, ministre de la Guerre et vice-président de la République. Jusqu'alors les organisations syndicales du prolétariat étaient faibles et se groupaient en plusieurs centrales indépendantes; les ouvriers syndiqués ne dépassaient pas le chiffre de quatre cent mille. La lutte économique des travailleurs n'avait pas conduit à des améliorations concrètes de leur situation de classe: les salaires étaient bas, la législation du travail presque inexistante, la stratégie réformiste avait discrédité les partis ouvriers.

Peron fonda le secrétariat du Travail et de là, commença en 1943 à dialoguer avec les syndicalistes, ce qui allait lui permettre de gagner de nombreux cadres ouvriers de l'époque. La première tâche du nouveau secrétariat du Travail fut celle de détruire les anciennes centrales syndicales et de créer une seule centrale de masses en la mettant sous le contrôle de l'État. Peron expliqua ainsi à la Bourse de commerce:

> ...l'idée de former un véritable organisme public de prestige, obtenu grâce à une nouvelle confiance, une coopération loyale et comptant sur l'appui humain et juste envers les masses ouvrières qui puisse être un organisme orientant le mouvement ouvrier dans une seule voie, l'organisant et transformant cette masse anarchique en une masse organisée, qui agisse rationnellement selon les principes directeurs de l'État. C'est dans ce but que fut fondé le secrétariat du Travail et de la Prévoyance[1]. (Rotondaro, 1971, p. 188)

L'instrument légal de cette unification, poussée déjà dans la pratique depuis 1944, fut la loi d'Associations professionnelles de 1945. Parmi ses points fondamentaux, cette loi établissait que l'État reconnaî-

---

1. La traduction de toutes les citations a été réalisée par l'auteur de ce volume.

trait légalement comme syndicat dans chaque branche ou métier l'association la plus représentative, et que seul ce syndicat reconnu légalement aurait le droit de défendre et de représenter l'ensemble des travailleurs de chaque secteur face à l'administration publique et aux patrons. L'État se réservait ainsi le droit de suspendre la reconnaissance
juridique d'un syndicat si celui-ci violait des dispositions légales ou
statutaires ou s'il perdait sa représentativité.

Entre 1944 et 1949, la croissance de la CGT unique fut fulgurante
arrivant à plus de deux millions trois cent mille affiliés en 1952. Sur le
plan politique, à la veille des élections de 1946, la nouvelle centrale
mit à la disposition de Peron un parti de création récente et de composition ouvrière : le Parti travailliste. Le nouveau chef d'État ordonna
immédiatement après son élection comme président la dissolution de ce
parti pour former un Parti unique de la révolution nationale, polyclassiste, qui deviendrait bientôt le Parti justicialiste.

Le processus de captation des syndicalistes et de la masse ouvrière fut achevé par la création d'une vaste législation ouvrière
(retraites, pensions, indemnisations de congés et d'accidents de travail)
qui se couronna en 1953 par la loi des Conventions collectives du
travail. Cette loi établissait d'une part que le syndicat reconnu légalement devait recevoir les cotisations de *tous* les travailleurs compris
dans l'unité de négociation au moment de la signature de chaque
convention collective et d'autre part que les patrons devaient déduire
cette cotisation des salaires et les verser au syndicat. Il est évident que
cette disposition mit dans les mains des organisations ouvrières une
masse financière considérable. Enfin, l'État appuya ouvertement et continuellement les revendications salariales des travailleurs, ce qui provoqua
une augmentation des salaires réels et de la participation des salariés
dans le produit brut jusqu'à des chiffres jamais atteints jusqu'alors.
Comme résultat de toutes ces mesures, le gouvernement reçut l'appui
massif et inconditionnel de la CGT ; cela ne veut pas dire que les dissi-
dences aient été absentes du mouvement ouvrier. Elles existèrent, tant
dans l'opposition (surtout chez les communistes) qu'au sein du péronisme (partisans d'une ligne d'appui indépendante) ; mais ces dissi-
dences ne furent que des épisodes voués à l'échec.

Dans le domaine patronal, le processus fut semblable. Peron
avait clairement conscience du caractère peu représentatif des organisations patronales existantes auparavant, comme le démontre le discours prononcé en 1945 à l'École de guerre :

> Il est naturel que contre ces réformes se soient organisées les
> «forces vivantes». En quoi consistent ces forces ? À la Bourse
> de commerce, cinq cents qui vivent trafiquant ce que d'autres
> produisent ; à l'Union industrielle, douze messieurs qui n'ont
> jamais été industriels ; et aux éleveurs, des messieurs qui, comme
> nous le savons tous, imposent au pays une dictature depuis leur
> première réunion. (Belloni, 1961, p. 48-49)

Nous verrons au chapitre 2, section 1, l'origine et le développement des organisations économiques patronales jusqu'en 1949 et nous analyserons (section 2) leur évolution dans la période péroniste. Il est important ici de rappeler que le gouvernement mit sous tutelle l'Union industrielle argentine (organisation des grands industriels monopoleurs) et l'élimina, en stimulant la création de vastes centrales patronales confédérées. Le résultat de ces efforts fut la fondation en 1953 de la Confédération générale économique, de grande représentativité et dirigée par de petits et moyens entrepreneurs, particulièrement ceux de la nouvelle industrie en plein essor. Il poursuivit ensuite la recherche d'une entente entre les centrales patronale et ouvrière afin de recréer l'alliance sur le plan économique et syndical.

Les travailleurs urbains et ruraux furent donc captés au moyen d'une puissante organisation syndicale, de lois ouvrières et de salaires élevés; de leur côté, les petits et moyens entrepreneurs le furent par la création d'une centrale patronale unique dans laquelle ils prédominaient ainsi qu'à travers le crédit bon marché, les mesures de protection douanière, les facilités pour importer l'équipement et les matières premières; en somme par une politique économique industrialiste.

L'armée fut à la fois le créateur et l'agglutinant de ce bloc historique. Peron joua un rôle clef dans la formation de l'alliance: c'est lui qui conçut une nouvelle politique économique et sociale favorable à la fois à l'ouvrier et à l'entrepreneur national et c'est lui qui leur donna une organisation économique et politique. On ne peut affirmer d'aucune façon — comme il paraît se déduire de certaines assertions d'Esteban — que la «bourgeoisie» ait créé l'alliance; en 1945 cette classe était profondément divisée et trop désorganisée.

Cette coalition fut battue en 1955 par la conjonction de divers facteurs qui n'arrivèrent pas à la désarticuler à long terme. La nouvelle politique inaugurée en 1950-1953 lui enleva, il est vrai, une partie de l'appui populaire, mais ce fut la défection de l'armée qui permit son expulsion du pouvoir.

## 2. LES POLITIQUES ÉCONOMIQUES ET SOCIALES APRÈS 1955

À la fin de 1955, le Parti péroniste fut proscrit par le gouvernement de la Révolution libératrice. Depuis lors, son activité publique fut presque toujours interdite. Aux rares occasions où on lui permit de participer aux élections (mars 1962 et juin 1965), il démontra à nouveau sa vitalité politique. Aux élections où il fut proscrit, les votes en blanc, péronistes pour la plupart, atteignirent trente et quarante pour cent des votes réalisés. La CGT fut mise sous tutelle en novembre 1955 et ce n'est que sous le gouvernement élu de Frondizi qu'on la rendit aux syndicalistes, péronistes pour la plupart. La CGE fut dissoute en décembre 1955 et ce fut aussi le gouvernement radical qui la reconnut légalement en 1958.

Inhabilitée pour agir politiquement, la masse populaire péroniste fut incapable de reprendre le pouvoir perdu en 1955. Depuis lors, il est difficile d'affirmer que les éléments fondamentaux du programme économique et social du péronisme aient changé. Il est vrai que les sources sont peu nombreuses. Nous comptons sur quelques études de la période post-péroniste effectuées par des économistes de cette tendance. L'un des plus importants est l'essai de l'ex-ministre du Commerce, le docteur Antonio Caffiero: *Cinco Anos Despues* (1961). Les déclarations de principes de la CGT et de la CGE peuvent également être considérées comme les expressions de la politique économique envisagée par le péronisme, mais avec certaines réserves. D'abord en ce qui concerne la CGT, parce qu'il existe une grande distance entre la pratique quotidienne de cette confédération et les principes adoptés dans les documents. Quant à la CGE, son lien avec le péronisme est moins évident; d'une part, la centrale patronale se déclare apolitique, de l'autre, ses autorités maintiennent une étroite liaison avec le leader du mouvement et les sujets fondamentaux de la politique économique du péronisme réapparaissent dans les divers documents de base, bien qu'on puisse y signaler des variations temporelles que nous analyserons en détail dans les chapitres 3 à 7. Malgré l'ambiguïté des documents des différents organismes économiques et politiques du péronisme, les éléments fondamentaux de la politique économique et sociale suivie entre 1945 et 1955 réapparaissent continuellement. Le programme de la CGT met l'accent sur les aspects de la nationalisation de certains secteurs clés de l'économie contrôlés par les entreprises étrangères, sur la défense de l'industrie nationale, sur la politique de plein emploi et de hauts salaires et ajoute à cet ensemble d'idées de base la proposition de changements dans la structure agraire. La CGE réclame la redistribution du crédit bancaire, l'aménagement de la structure régionale argentine en faisant diminuer la prédominance du Littoral, la défense de la manufacture nationale ainsi que le dialogue et la co-gestion des entrepreneurs nationaux et des travailleurs; cette centrale dénonce également l'intervention croissante des grandes firmes multinationales dans l'économie et la politique argentine; elle réclame que cette expansion soit freinée et canalisée par l'État.

Une politique économique opposée à celle que nous venons de décrire s'articule entre 1955 et 1973, avec des interruptions en 1958 (première étape du gouvernement radical de A. Frondizi) et entre novembre 1963 et juin 1966 (gouvernement radical d'Illia). Elle se composa fondamentalement d'une stratégie de stabilisation monétaire et de libéralisation de l'économie. Ses mesures essentielles furent les suivantes:

la dévaluation de la monnaie pour augmenter les exportations et équilibrer la balance commerciale; la libération du taux de change; l'établissement d'un système de commerce multilatéral sans trop d'impôts protectionnistes; la diminution des dépenses publiques et l'augmentation des revenus fiscaux pour équilibrer le budget national; l'élimination des contrôles de prix et des subsides à la consommation; la restriction monétaire et fiscale; la privatisation des entreprises commerciales et industrielles de l'État et des dépôts bancaires. À ces mesures s'ajoutèrent le déblocage progressif des fermages ruraux et des loyers urbains, et la restriction des augmentations de salaires.

Comme résultats concrets de cette politique, apparaissent d'abord le transfert d'une masse considérable de ressources aux grands propriétaires de terre et de capital, la dénationalisation et le déclin de l'industrie privée nationale; mais les résultats attendus ne furent pas atteints; l'inflation continua, le déséquilibre budgétaire et commercial persista, l'endettement extérieur passa entre 1955 et 1973 de six cents millions à plus de cinq milliards de dollars. D'autre part, les obstacles structurels de l'agriculture et de l'industrie que nous avons déjà signalés empêchèrent la production de croître. Le capital étranger n'afflua pas non plus dans la mesure où on s'y attendait pour alimenter l'investissement industriel.

La politique économique du péronisme montra ses limitations entre 1950 et 1955, celle des grands entrepreneurs échoua à partir de 1955 jusqu'en 1973. Il fut impossible d'obtenir le développement capitaliste autonome en redistribuant les revenus en faveur de la petite industrie nationale et des travailleurs; le développement capitaliste dépendant fut aussi inaccessible quand les transferts de revenus favorisèrent les grands propriétaires terriens et les entreprises industrielles étrangères ou nationales liées à celles-ci. L'échec de la politique de stabilité monétaire empêcha les grands capitalistes d'établir une base sociale et provoqua à partir de 1969-1970 le commencement d'une nouvelle étape de conflits sociaux où les alliances traditionnelles (classe ouvrière-entrepreneurs nationaux; propriétaires fonciers-entreprises étrangères) se fissurèrent et créèrent les conditions d'une nouvelle structuration de la scène politique.

Nous étudierons maintenant les luttes pour le pouvoir entre 1955 et 1970 en introduisant dans notre description deux nouveaux acteurs: les partis radicaux et l'armée.

## 3. LA SCÈNE POLITIQUE ET L'ÉTAT DE 1955 À 1970

Un vaste front de fractions de classe destitua le péronisme en 1955: propriétaires terriens, grands industriels, petits bourgeois dépendants; dans ce front ont également collaboré l'armée, l'Église et les appareils des partis (depuis le Parti conservateur jusqu'au Parti communiste) éloignés de la scène politique par l'essor du péronisme. Le gouvernement de 1955-1958 refléta le caractère hybride de cette coalition: on y trouve représentés de vastes secteurs patronaux, politiques et de la bureaucratie de l'État. Des groupes sociaux aussi divers n'arrivèrent à se mettre d'accord que sur l'élimination de l'ennemi commun et sur l'établissement d'une politique modérée de libéralisation de l'économie.

Dans ces conditions, la scène politique, débarrassée de son acteur principal, resta dans les mains du deuxième parti: le Parti radical. Mais l'hétérogénéité de celui-ci et son caractère bureaucratique où les différentes fractions d'entrepreneurs se trouvaient faiblement représentées, provoquèrent sa rupture en 1957. L'aile intransigeante, partisane d'un programme économique relativement nationaliste et de l'alliance politique avec le péronisme, vainquit l'aile conservatrice qui représentait la classe victorieuse de la Révolution libératrice de 1955. Au moyen d'un accord avec le péronisme, les radicaux intransigeants reçurent l'appui des électeurs proscrits. Mais à partir de la prise du pouvoir, il fut évident que l'administration menée par le docteur Frondizi était incapable de mettre en œuvre sa plate-forme électorale. Au cours des premiers mois de gouvernement, il restaura la CGE, commença à réorganiser la CGT pour la rendre aux syndicalistes et décréta une augmentation massive des salaires, en adoptant une politique d'expansion monétaire. Peu de temps après, les pressions de l'armée et des grands capitalistes s'ajoutant à la chute des réserves en devises, obligèrent Frondizi à changer son cabinet, à remplacer les membres de son parti par de grands entrepreneurs membres de la classe dominante. Par suite, la politique économique et sociale fut également modifiée et l'on mit en place un programme basé sur la stabilité monétaire et l'afflux de capitaux étrangers. Les mesures orthodoxes gagnèrent peu à peu du terrain jusqu'à ce qu'en décembre 1958, sept mois seulement après la prise du pouvoir, l'UCRI annonça un Plan de stabilisation monétaire élaboré en collaboration avec le Fonds monétaire international. C'est ainsi qu'entre 1958 et 1962 coexistèrent deux groupes au pouvoir de l'État: d'une part la classe dominante, le bloc de pouvoir formé par les grands industriels nationaux et étrangers, propriétaires fonciers et commerçants; d'autre part, la bureaucratie radicale, s'opposant à une politique trop rigide de stabilisation à cause de ses besoins électoraux. Entre-temps, les investissements étrangers affluent dans le pays spécialement en 1960 et 1961; ils permettent une certaine récupération de la récession soufferte en 1959 par suite de l'application des mesures restrictives limitant les revenus des travailleurs et de la petite entreprise nationale. Le jeu inégal entre les politiciens radicaux et les grands entrepreneurs appuyés par l'armée se prolongea jusqu'au mois de mars 1962; à cette date, le gouvernement laissa le péronisme se présenter aux élections. La victoire de celui-ci et l'annulation des élections par le gouvernement provoquèrent le coup d'État d'avril 1962.

Entre avril 1962 et octobre 1963 le président du Sénat se chargea de la présidence de la république tandis que les capitalistes les plus puissants se distribuaient les hautes fonctions de l'État. La politique orthodoxe est dès lors appliquée sans obstacles des «appareils de parti». La conséquence de l'application de cette politique fut la crise économique de 1962-1963 qui provoqua des vagues de chômage et le sous-emploi de la puissance productive installée. L'inflation ne fut pas enrayée et les exportations n'augmentèrent pas. Le Plan de lutte de la CGT fut la manifestation du mécontentement ouvrier: les premières luttes sociales contre la politique de stabilisation furent encadrées par le syndicalisme officiel.

Entre-temps, en juillet 1963, les élections présidentielles donnent le pouvoir exécutif à l'autre secteur du Parti radical. En octobre 1963, l'appareil de parti prend le contrôle de l'État: parmi de nombreux ministres, secrétaires d'État et autres fonctionnaires radicaux importants, nous ne trouvons que deux entrepreneurs, tous les deux membres du parti. L'UCRP résista aux pressions de l'armée et de la classe dominante et mit en marche une politique économique et sociale qui ne correspondait ni au modèle industrialiste du péronisme ni au modèle stabilisateur du bloc de pouvoir. L'État intervint de plus en plus dans la vie économique: il stimula la consommation interne, augmenta les dépenses publiques, enleva les restrictions à l'émission monétaire, conserva la valeur du peso et intervint dans le commerce d'exportation. Cette politique avait comme but d'éviter les récessions provoquées par les politiques orthodoxes et de capter en même temps la classe moyenne urbaine dépendante. Elle montra une certaine viabilité pendant deux ans grâce à un facteur circonstantiel: d'excellentes récoltes de céréales au cours des années 1964-1965 qui donnèrent lieu à de bonnes exportations et à un certain soulagement de la crise de la balance commerciale. Mais cette intervention de l'État dans un sens qui contrariait les intérêts de la classe dominante provoqua l'opposition croissante des entrepreneurs et des militaires. La décision du gouvernement de laisser le péronisme participer aux élections de mars 1965 et aux futures élections de mars 1967 fit éclater le nouveau coup d'État.

Au mois de juin 1966, le deuxième gouvernement radical fut renversé. C'est une administration militaire présidée par le général J. C. Ongania qui prit le pouvoir. Le pouvoir législatif fut dissous et le pouvoir judiciaire mis sous tutelle. Au cours des premiers mois, le cabinet et les hautes fonctions furent partagées entre deux groupes d'entrepreneurs: libéraux et «nationalistes». À la fin de 1966, ce sont les libéraux qui triomphent sur les nationalistes et peu de temps après, le docteur Krieger Vasena, directeur de nombreuses entreprises américaines en Argentine, est nommé ministre de l'Économie, formant une équipe économique homogène avec des entrepreneurs de la même origine ; le secteur nationaliste formé par de grands capitalistes nationaux (parmi lesquels l'ex-ministre de l'économie, le docteur Salimei) et quelques propriétaires terriens (comme le président) est relégué aux appareils d'instruction et de répression de l'État.

L'objectif de la politique économique et sociale fut à nouveau la stabilisation monétaire, mais cette fois-ci les propriétaires fonciers en sortirent moins favorisés qu'avant : on recherche l'équilibre budgétaire non seulement au moyen de la rétention des dépenses publiques mais aussi par l'augmentation des recettes fiscales et surtout des impôts sur les exportations agricoles et sur la rente de la terre. Ces mesures furent accompagnées de décrets qui favorisaient l'établissement des capitaux étrangers, libéraient le retransfert des bénéfices et minimisaient les charges fiscales des investisseurs étrangers. Au sein du bloc de pouvoir, les propriétaires terriens avaient perdu l'hégémonie qui était passée définitivement aux mains des entreprises étrangères ; celles-ci étaient désormais capables d'organiser un cabinet et d'établir une politique économique et sociale en accord avec leurs intérêts. Depuis 1955, les industriels avaient déjà une importance décisive à l'intérieur de la classe dominante, mais parmi ceux-ci ce sont les capitalistes étrangers qui gagnaient peu à peu la direction de ce bloc. Aux chapitres 3 et 7, nous analyserons en détail la composition sociale de tous les gouvernements post-péronistes et nous compléterons cet examen par celui de la politique économique des gouvernements nationaux entre 1955 et 1970. Cette analyse nous permettra de confirmer ces hypothèses et d'en formuler d'autres, moins générales.

En ce qui concerne l'étude du pouvoir de l'État, il y a un dernier problème qui se pose. Nous avons vu que les coups d'État militaires rétablissent les grands entrepreneurs dans la direction de la politique nationale. Par quels mécanismes les forces armées sont-elles captées par le bloc de pouvoir ? Pour analyser ce processus, nous poserons quatre hypothèses : a) sur le plan économique, au moyen de la participation des militaires (en activité et à la retraite) aux postes de direction des sociétés anonymes, industrielles pour la plupart et parmi lesquelles les étrangères sont chaque fois plus nombreuses ; b) sur le plan idéologique, au moyen de la coopération militaire argentine-américaine, par laquelle l'Argentine reçoit du matériel de guerre, de l'entraînement et de l'endoctrinement de la part des écoles américaines. D'autre part, les écoles de guerre argentines dispensent des cours de sciences sociales qui sont très souvent donnés par des directeurs d'entreprises et où prédomine l'idéologie libérale. c) sur le plan social, par l'origine souvent bourgeoise des hauts cadres militaires. Cependant, on ne doit pas identifier purement et simplement les forces armées à la classe dominante, et on ne doit pas non plus les considérer comme son bras armé, ou comme l'exécuteur direct de sa politique ou de ses intérêts en tant que bloc de pouvoir. Il existe une certaine autonomie entre les deux groupes; les épurations périodiques d'officiers nationalistes opposés aux hauts cadres libéraux en sont la preuve.

La croissance relative des entreprises étrangères dans l'industrie extractive et manufacturière est la condition économique du transfert du pouvoir de l'État à la grande bourgeoisie liée au capital étranger. Le même phénomène explique en partie le rôle plus important joué par le lien économique dans la domination des grands entrepreneurs sur l'armée: le militaire entrepreneur est une forme chaque fois plus fréquente de la politique argentine après le péronisme.

## 4. PRINCIPAUX CONCEPTS THÉORIQUES

Examinons maintenant les termes théoriques les plus importants de notre recherche, en commençant par le concept d'*entrepreneur*. Marx avait déjà observé la séparation entre la fonction de capitaliste-actionnaire (fournisseur de fonds, prêteur d'argent) et celle de l'entrepreneur capitaliste (organisateur de la production) au sein de la société moderne par actions (*le Capital*, 1966, livre III, 5ᵉ section). Trente ans plus tard Hilferding développait la même idée:

> La société industrielle par actions, que nous avons étudiée, signifie tout d'abord une modification de la fonction du capitaliste. Car elle a pour conséquence fondamentale ce que l'entreprise individuelle ne peut apporter que fortuitement, à savoir la libération du capitaliste industriel à l'égard de la fonction de l'entrepreneur industriel [...] Mais l'actionnaire n'est pas un entrepreneur industriel (capitaliste). Il n'est avant tout que capitaliste prêteur. (Hilferding, 1970, p. 161 et 163)

Nous utilisons donc le terme «entrepreneur» pour identifier le capitaliste actif, qui se trouve à la direction des compagnies qu'il possède à titre privé ou dont il est administrateur élu ou nommé, dans le cas des sociétés par actions. Ces entrepreneurs s'approprient la fonction de gérance des capitaux, prennent les grandes décisions dans les corporations (telles que l'investissement, les fusions, le partage des bénéfices, la liquidation) et contrôlent le revenu des firmes pour en disposer comme bon leur semble [2].

---

2. Les entrepreneurs ou capitalistes actifs font partie de la *bourgeoisie*. «On entend par bourgeoisie la classe des capitalistes modernes, propriétaires de moyens de production sociale et qui emploient le travail salarié.» (Note de F. Engels à l'édition anglaise du *Manifeste communiste* de 1888.)

La théorie selon laquelle l'État capitaliste est soumis à la classe propriétaire n'est pas récente. Marx avait caractérisé l'État moderne comme «un comité qui administre les affaires d'ensemble de la classe bourgeoise» et Lénine avait souligné «l'union personnelle» entre l'État et les grandes corporations à travers le passage de dirigeants politiques et d'entrepreneurs capitalistes d'une sphère à l'autre. La classe capitaliste, de classe propriétaire devient ainsi classe dominante. D'autres auteurs, Poulantzas (1968) en particulier, ont introduit de nouveaux concepts pour raffiner cette analyse politique. La classe propriétaire peut se trouver partagée en fractions dont quelques-unes peuvent être *dominantes* au niveau de l'État, et d'autres *régnantes* au niveau de la scène politique. La coalition des fractions dominantes de la bourgeoisie est ce que nous appelons *bloc au pouvoir*.

Mais cette coalition a besoin d'être *hégémonique* au sens de Gramsci : elle doit obtenir un consensus, si ce n'est que partiel et conjoncturel, des classes subalternes. En l'absence d'un tel consensus les partis qui représentent le bloc au pouvoir ne sont plus suivis par les électeurs. Dans le cas argentin, les partis conservateurs, qui organisent les intérêts des grands propriétaires et entrepreneurs, n'ont plus depuis 1945 aucune base sociale populaire. C'est le péronisme qui domine, même dans l'illégalité, la scène politique. Cette «*crise organique*» d'hégémonie du bloc au pouvoir ouvre la voie au coup d'État, qui réinstalle la grande bourgeoisie au sommet de l'État.

> À un certain point de leur vie historique, les groupes sociaux se détachent de leurs partis traditionnels, c'est-à-dire que les partis traditionnels, dans la forme d'organisation qu'ils présentent, avec les hommes bien déterminés qui les constituent, les représentent et les dirigent, ne sont plus reconnus comme expression propre de leur classe ou fraction de classe. Quand ces crises se manifestent, la situation immédiate devient délicate et dangereuse, parce que le champ est ouvert aux solutions de force. [...] Comment se forment ces situations d'opposition entre «représentants et représentés» qui, du terrain des partis [...] se reflètent dans tout l'organisme d'État, en renforçant la position correspondante du pouvoir bureaucratique (civil et militaire), de la haute finance, de l'Église, et en général de tous les organismes relativement indépendants des fluctuations de l'opinion publique? Dans chaque pays le processus est différent, bien que le contenu soit le même. Et le contenu est la crise d'hégémonie de la classe dirigeante qui se produit ou bien parce que la classe dirigeante a échoué dans une de ses grandes entreprises politiques [...] ou bien parce que de larges masses [...] sont soudain passées de la passivité politique à une certaine activité et qu'elles posent des revendications qui dans leur ensemble inorganique constituent une révolution. (Gramsci, 1962, p. 246)

Pour accéder au pouvoir sans parti hégémonique, les grands entrepreneurs ont besoin d'une organisation représentative qui fournisse le personnel politique et formule les intérêts d'ensemble du bloc au pouvoir.

Cette organisation représentative sera l'ACIEL et nous verrons que les coups d'État successifs feront appel aux dirigeants de ce regroupement patronal. Ce phénomène n'est pas particulier à l'Argentine : Yanaga (1968) avait déjà observé dans son analyse de l'expérience japonaise, un processus politique semblable.

Cette crise se produit dans un contexte économique de stagnation et de dépendance. Par *dépendance*, nous entendons l'ensemble des liens de domination, économiques, financiers, technologiques et commerciaux qui assujettissent l'Argentine (comme toute la périphérie du système mondial) aux métropoles industrielles. Depuis 1955, l'Argentine entre rapidement dans des rapports de dépendance vis-à-vis des États-Unis, ce qui se traduit par l'acceptation des normes du Fonds monétaire international ; la Banque mondiale, l'Agence pour le développement international, et d'autres institutions sous contrôle américain, mais aussi par un endettement croissant, des montants grandissants à payer pour la location de technologie et par des rapports d'échange toujours plus défavorables avec le centre de l'économie mondiale.

# CHAPITRE 2

## Le développement économique et social de l'Argentine au cours du XXe siècle et la formation de la classe dominante

Dans ce chapitre nous essaierons d'exposer les traits généraux du développement capitaliste de l'Argentine au cours des dernières décennies. Il s'agit ici de montrer les conditions qui ont encadré la formation et la consolidation du système de classes sociales actuel et, en particulier, de sa classe propriétaire. En d'autres termes, il s'agit d'établir les fondements économiques de la création, de la dissolution et du fractionnement des différents secteurs de la bourgeoisie. Nous présenterons également les organisations économiques et politiques des propriétaires, quand elles existent.

### 1. LE DÉVELOPPEMENT DE L'ARGENTINE JUSQU'EN 1943

### 1.1. LE DÉVELOPPEMENT ET LA CRISE DE L'ÉCONOMIE EXPORTATRICE DE PRODUITS AGRICOLES — LA FORMATION DE LA BOURGEOISIE FONCIÈRE

Le processus d'appropriation des terres publiques, qui s'est produit au cours du XIXe siècle, a été également le processus de création de la grande bourgeoisie foncière. Les territoires de l'intérieur du pays, arrachés par l'État des mains des indigènes, furent distribués rapidement entre des groupes réduits d'individus; ceci contribua directement à créer le « latifundio », mode d'appropriation dominant du secteur rural argentin. Les moyens employés pour s'emparer des terres publiques furent les ventes massives à bas prix, les donations afin de stimuler la colonisation, les récompenses aux officiers de l'armée et les contrats de l'État avec des compagnies internationales chargées d'organiser le transport ferroviaire et l'installation des immigrants européens. Ce partage favorisa les politiciens du Littoral — très souvent grands propriétaires fonciers — les hauts officiers de l'armée et les compagnies de colonisation et de chemins de fer, pour la plupart anglaises et françaises (Oddone, 1932).

Donc, la formation d'une grande bourgeoisie foncière n'est pas, à l'origine, le résultat d'un processus de différenciation économique à l'intérieur d'une classe de petits propriétaires; au contraire, elle s'est réalisée au moment même de la distribution de la terre.

La cause fondamentale de ce processus d'appropriation des territoires de l'intérieur fut l'intégration du pays dans le marché mondial en pleine expansion, sous l'hégémonie de l'Angleterre, intégration accélérée à partir de 1852 par la défaite des oligarchies régionales (les «Caudillos») et l'organisation de l'État national sous l'hégémonie des propriétaires fonciers du Littoral. Le marché mondial demandait des quantités croissantes d'aliments et de matières premières que l'Argentine pouvait produire par la simple combinaison de ses ressources productrices existantes, et c'est ainsi que la terre commença à acquérir une valeur économique, que la conquête et la distribution du territoire de l'intérieur s'activa et que la ligne de frontière avec les Indiens s'éloigna progressivement du Littoral.

C'est l'élevage extensif du bétail qui fut l'activité productive rurale par excellence jusqu'aux dernières décennies du XIXe siècle. Il était possible de le pratiquer à des coûts peu élevés, face à une offre illimitée de terres fertiles et à un stock considérable de bétail; d'autre part, les besoins de main-d'œuvre étaient minimes. Le cuir, la *viande boucanée* (séchée et salée), la laine et la viande ovine congelée furent successivement les sous-produits de l'élevage les plus importants en ce qui concerne la valeur et le volume des ventes argentines à l'étranger au cours du XIXe siècle (Giberti, 1954). Cette structure se modifia considérablement à partir des deux dernières décennies du XIXe siècle, par suite des migrations massives de la population européenne: entre 1869 et 1914, la population de l'Argentine s'éleva de 1 800 000 à 7 900 000 habitants, selon les évaluations respectives du premier et du deuxième recensements. C'est à cette époque que s'est organisée une agriculture importante sur les riches prairies de la Pampa du Littoral. Son développement fut si rapide qu'au commencement de ce siècle, la valeur des produits agricoles exportables atteignait celle des sous-produits de l'élevage (*cf.* tableau XIV).

Comme les terres se trouvaient déjà appropriées — surtout dans les mains de grands propriétaires —, l'agriculture s'organisa sous la forme de fermages ou de métayages, en espèce comme en nature. Ainsi, selon le recensement national agricole de 1937, 44.3% de toutes les exploitations agricoles du pays étaient travaillées par des fermiers et des métayers tandis que seulement 37.9% l'étaient par leurs propriétaires (le reste se divisait entre les labeurs directs et des modes d'exploitation indéfinis). L'expansion du fermage dans la région du Littoral répondait aux objectifs des grands propriétaires fonciers qui louaient leur terre. En effet, ceux-ci cherchaient à obtenir des fourrages bon marché pour les bovins de bonne qualité qui commençaient à déplacer les ovins à cause de l'installation de l'industrie frigorifique anglaise (*cf.* ci-dessous, section 1.4). C'est ainsi que les contrats de fermage établissaient qu'au bout de trois ans le locataire devait partir tout en laissant la parcelle de terre semée de fourrages, après avoir cultivé des céréales pendant les deux premières années et avoir payé une rente sur le produit de la récolte. Toutes les bonifications incorporées par le fermier passaient donc, à la fin du contrat triennal, dans les mains du propriétaire du terrain; ceci représenta un frein à la réalisation d'investissements fixes jusqu'à la promulgation de quelques lois qui améliorèrent le sort des locataires à partir de la décennie de 1920. Bien que cette situation ait été la plus fréquente, il y eut quelques essais limités de colonisation (particulièrement dans les provinces de Santa Fe et d'Entre Rios) qui permirent aux paysans de devenir propriétaires.

Le développement de la culture de fourrages, de céréales et d'oléagineux fut à la base de l'émergence d'une classe moyenne rurale, locataire ou propriétaire, et d'un prolétariat agricole, recruté celui-ci parmi les dernières vagues d'immigration. Les caractéristiques les plus importantes de ces classes étaient leur haut degré de dispersion et de mobilité géographique, leur bas niveau de qualification, leur hétérogénéité d'origine et leur croyance dans la possibilité, plus imaginaire que réelle, d'accéder à la propriété de la terre.

Jusqu'en 1930, l'agriculture du Littoral et l'élevage de bétail (bovin depuis l'introduction du frigorifique vers 1880) subirent un développement constant grâce à la pression de la demande internationale et au rattachement de nouvelles terres au processus de production. L'économiste et propriétaire terrien, J. Martinez de Hoz, décrit cette période d'essor du développement de notre économie agricole de la façon suivante:

> Le blé, le maïs et le lin représentaient à peu près 90% de toute la production de grains de la région de la Pampa, le reste consistant en avoine, en orge et en seigle. La production des trois premiers dépassa les 17 millions de tonnes lors de la récolte de 1930-31 distribuées de la façon suivante: presque 40% pour le blé, près de 50% pour le maïs et 10% pour le lin.

> De toute cette production, on exportait plus de 50% du blé, plus de 80% du maïs et près de 95% du lin.

> En ce qui concerne le marché mondial, entre 1930 et 1935, les exportations argentines de blé représentèrent 25% de la production mondiale, celles de maïs, 70% et celles de lin plus de 80%.

> L'Argentine était non seulement le premier pays exportateur de lin mais aussi le premier producteur du monde. Quant au maïs,

elle était le deuxième producteur après les États-Unis, mais elle avait réussi à déplacer ce pays comme premier fournisseur du marché mondial.

Quant à l'élevage, on exportait en 1930 50% de la valeur de toute la production; 30% correspondait à la viande, à ses dérivés et aux animaux sur pied et 20% aux laines. En ce qui concerne la production de viande (1.8 million de tonnes), on en exportait à peu près 35%; les autres 65% étaient réservés à la consommation interne. Plus de 83% de cette production correspondait à la viande de veau, presque 10% à la viande de mouton et près de 7% à la viande de porc. La Grande-Bretagne achetait à peu près 88% de la production totale exportée. (Martinez de Hoz, 1967, p. 11 et 12)

À partir de la date que nous avons mentionnée auparavant, tous ces facteurs cessèrent d'agir à cause de la rupture du commerce international, de la stagnation et de la chute de la valeur et du volume des ventes à l'étranger et de l'épuisement de l'offre de terres libres. Les conséquences de cette situation furent l'étanchement de la production agraire du Littoral, le ralentissement de la mécanisation et de la capitalisation des exploitations agricoles et des industries rattachées à l'exportation (les frigorifiques), et une faible croissance de la productivité du travail. La hausse progressive de la consommation interne réduisit les soldes exportables de cette production agraire du Littoral (cf. tableaux XV et XVI).

Le déclin de l'agriculture de la Pampa et le développement industriel selon une composition organique du capital assez basse — ce qui signifiait l'incorporation de main-d'œuvre — expliquent les mouvements migratoires vers les villes qui se produisirent depuis lors. La crise économique du secteur rural toucha particulièrement la petite et la moyenne agriculture en situation de dépendance: les accords bilatéraux avec l'Angleterre et d'autres pays européens, réalisés entre 1933 et 1955, permirent de maintenir relativement constants les prix et le volume de la viande exportée, tandis que les céréales déclinaient par manque d'appui officiel. Après la Grande Crise, les fermiers abandonnèrent de plus en plus leurs parcelles de terrain ou ils en furent progressivement expulsés par les propriétaires qui voulaient les destiner de nouveau à l'élevage. Il n'y a pas de recherches complètes sur ce sujet, mais il est probable que la réduction progressive de la quantité d'exploitations sous forme de fermage ait provoqué la migration vers les villes sur une échelle beaucoup plus grande que l'achat des parcelles (Slutzky, 1968). À partir de 1930, l'État aperçut et tâcha de pallier cette tendance à la liquidation de la classe moyenne non propriétaire. L'établissement des montants de la rente et l'achat des récoltes par les «Juntas Reguladoras» (Conseils régulateurs) récemment créés (1933) furent les mesures appliquées pour freiner le développement du processus de rétablissement de la grande propriété dédiée à l'élevage sur le

Littoral. Ces deux mécanismes permirent au paysan, dans certains cas, de capitaliser une partie de sa rente et d'acheter la parcelle de terre louée.

La crise agricole du Littoral se superposa en partie à l'apparition et au développement, au cours du XXᵉ siècle, de plusieurs cultures régionales intensives dans les régions économiques à l'intérieur du pays : Cuyo, le Nord-Est, le Nord-Ouest (*cf.* carte et tableau XV). Ces cultures répondaient à l'expansion de la demande interne due à l'industrialisation, à l'appropriation des territoires les plus éloignés et à la croissance démographique. Les cultures régionales — la canne à sucre et le tabac dans le Nord-Ouest, la vigne et les arbres fruitiers à Cuyo, le coton, le thé et le soja dans le Nord-Est — reproduisirent en général la structure du latifundium-minifundium, mais la relation économique entre la petite et la grande exploitation fut différente de celle du Littoral. À l'intérieur, les petites exploitations fournissaient très souvent les matières premières à bas prix aux grandes entreprises agricoles qui étaient à la fois les unités de transformation industrielle (le sucre à Tucuman, la vigne à Mendoza). Dans le cas des autres produits (le coton, le tabac), le petit producteur se trouvait face aux grandes entreprises commerciales et industrielles qui fonctionnaient dans une situation de monopole d'achat. Le marché intérieur étant leur principal destinataire, ces cultures purent se développer en même temps que l'industrie et elles atteignirent leur point de saturation vers 1948-1949. La basse productivité du secteur, basée sur la petite unité de production, fut un obstacle pour améliorer, au moyen de l'exportation de ces produits, la dépendance argentine traditionnelle vis-à-vis de la vente à l'étranger de la viande, des sous-produits de l'élevage et des céréales.

Nous avons parcouru brièvement les caractéristiques principales du développement agraire et du processus d'appropriation de la terre. Nous allons analyser maintenant l'organisation syndicale et politique des propriétaires et possesseurs de la terre ainsi que l'expression de leurs principaux intérêts au moyen de ces organisations.

Les grands propriétaires terriens du Littoral créèrent leur propre organisation économique en 1856 : la Société rurale argentine (SRA, Sociedad Rural Argentina). Cette institution patronale comprenait des organisations autonomes : les Sociétés rurales qui correspondaient à chacun des départements des provinces. La SRA s'étendit rapidement parmi les grands propriétaires fonciers de la province de Buenos Aires. D'idéologie libérale et soutenant le maintien des échanges avec l'Angleterre, la SRA s'opposa traditionnellement à l'industrialisation du pays afin de conserver le marché anglais de la viande, tout en réservant d'un autre côté le marché intérieur aux produits de l'industrie anglaise. L'homogénéité de ce groupe commença à se briser au cours des premières décennies de ce siècle et la rupture se produisit en 1932, quand une partie des propriétaires de la terre et du bétail se sépara

violemment de la SRA pour former une nouvelle association: la Confédération d'associations rurales de Buenos Aires et la Pampa (CAR-
BAP). Les causes de cette rupture furent: l'apparition du trust frigorifique américain en 1907 et la qualité différente des terres du Littoral.
Le trust frigorifique américain s'installa avec des machines modernes,
et créa de vastes établissements où il était possible d'industrialiser de
plus grandes quantités de viande; de cette façon, il réussit à élaborer
un produit de meilleure qualité. Le trust frigorifique s'allia aux propriétaires des meilleures terres; ceux-ci commençaient déjà à se spécialiser
dans l'engraissement du bétail destiné aux frigorifiques selon des
quantités, des conditions et un poids tels qu'il fut possible de l'industrialiser; l'élevage resta dans les mains des propriétaires des terres
de qualité inférieure. Ces derniers se trouvèrent donc relégués à
l'approvisionnement du marché interne — dont les prix étaient plus bas
que ceux du marché international — et à la vente de bovins aux
engraisseurs liés au frigorifique. La grande masse de propriétaires
fonciers déplacés s'organisa d'abord dans la province de Buenos Aires
(CARBAP) en 1932, puis étendit son influence à l'intérieur du pays
pendant la décennie de 1930, créant ainsi une organisation confédérée
qui s'opposait à la SRA, nommée Confédérations rurales argentines
(CRA, Confederaciones Rurales Argentinas); son noyau central continue-
ra à être la CARBAP. Un des créateurs de la CARBAP et de la CRA a
décrit ce processus de la façon suivante:

> Les sociétés rurales existant à l'intérieur du pays étaient rares
> et s'étaient limitées presque exclusivement à réaliser une exposi-
> tion annuelle de taureaux dans le but d'améliorer la qualité du
> bétail élevé dans leur zone d'influence; mais depuis lors (1932)
> ils adoptèrent une position beaucoup plus combative pour dé-
> fendre leurs intérêts de producteurs, en s'opposant à la SRA
> au cours de plus de vingt congrès ruraux effectués dans les
> diverses régions d'élevage du pays et en y démasquant souvent
> l'alliance «engraisseurs-frigorifiques étrangers», c'est-à-dire, le
> dangereux «pool» qui, comme on le démontrera plus tard, agit
> encore comme à son époque d'apogée, malgré la présence de la
> CAP. C'est à partir de ce mouvement national en défense de
> l'élevage qu'ont surgi les diverses confédérations d'associations
> rurales qui représentent des régions produisant de différentes
> classes de bétail selon les caractéristiques régionales du climat
> et du sol, parmi lesquelles nous trouvons celles de Buenos
> Aires et La Pampa (CARBAP), du Littoral, de la Patagonie, du
> Nord et du Littoral Ouest et de la Troisième Zone.

> Ces deux positions montrent clairement que hier comme aujour-
> d'hui il est impossible de confondre le producteur avec l'engrais-
> seur de bétail. Il s'agit d'intérêts opposés qui non seulement
> ne coïncident pas mais où le deuxième élément fait partie de la
> structure de l'organisation exportatrice des monopoles interna-
> tionaux de la viande, dont il n'est qu'un acolyte. (*El Economista*,
> 21 août 1960)

D. Nemesio de Olariaga, ex-président de la CARBAP et de la CRA décrit ainsi les relations entre les deux fractions de propriétaires terriens. À partir de 1930, les éleveurs de bétail stimulèrent la formation d'un Conseil régulateur de la viande (Junta Reguladora de Carne, JRC) et poussèrent l'État à construire et/ou à prendre à ferme des frigorifiques autonomes destinés à contrecarrer l'effet dépressif que le groupe «engraisseurs-frigorifiques» avait sur les prix. Nous verrons plus tard que la première revendication ne s'accomplit que partiellement car le Conseil national des viandes (Junta Nacional de Carnes, JNC), formé effectivement en 1933, ne s'occupa que de la classification de la viande, sans en modifier les prix. Quant à la création de frigorifiques de l'État, elle ne se réalisera que sous le gouvernement nationaliste établi après le coup d'État de 1943. Ce n'est qu'alors que les éleveurs arrivèrent à constituer une Corporation de producteurs de viande (CAP), propriétaire et locataire de frigorifiques capables d'exporter, mais qui ne se trouvera que de nos jours en condition d'enlever le contrôle des exportations de viande bovine des mains du trust. Cet aspect sera traité plus tard.

Dans quelques travaux déjà classiques, P. Smith (1967, 1970) a démontré le poids décisif des grands propriétaires fonciers sur le contrôle de l'État jusqu'en 1943. Le monopole de la direction économique et des postes politiques d'importance dans le gouvernement est resté dans les mains du bloc relativement solide des grands propriétaires fonciers jusqu'en 1916, au moyen du vote qualifié et des partis conservateurs. Grâce au vote universel, au fractionnement de la classe de propriétaires fonciers, au développement des villes, particulièrement de Buenos Aires, un nouveau parti est apparu sur la scène politique: il s'agit du Parti radical qui réunit les éleveurs, les industriels, les travailleurs urbains et les employés publics. Si l'on considère la composition des gouvernements radicaux (1916-1930) et leur politique économique, on verra que c'étaient les éleveurs qui possédaient l'hégémonie de l'alliance de classes représentée par le radicalisme (Gallo et Sigal, 1965). Mais le coup d'État de 1930 et les fraudes continuelles dans les élections ont permis aux propriétaires de la SRA de reprendre le contrôle de la politique publique jusqu'en 1943. À cette date, l'arrivée — tardive mais irréversible — des classes industrielles sur la scène politique enleva définitivement aux propriétaires fonciers le contrôle de l'appareil d'État (cf. tableau XVIII). Le conflit entre les deux groupes de propriétaires fonciers qui avait été fondamental pendant quarante ans, passa ainsi en arrière-plan.

Quant aux petits propriétaires et aux fermiers, ils ne commencèrent à s'organiser qu'en 1912 à partir d'un mouvement de protestation connu sous le nom de «el grito de Alcorta» (le cri d'Alcorta) qui cherchait à améliorer les conditions de fermage de la terre à une époque où la guerre (et la fermeture des marchés des céréales) empêchait

le fermier de payer sa rente. Le syndicat formé à partir de ce mouvement, la Federacion Agraria Argentina (FAA), s'opposa constamment aux
manœuvres des grands propriétaires fonciers et au trust de l'exportation des céréales (voir ci-dessous, section 4); parmi ses revendications,
la Fédération réclamait le fractionnement des latifundia et leur vente
aux fermiers; elle demandait également de meilleures conditions de crédit
pour la vente de la récolte et l'achat des parcelles cultivées. Au cours
de la décennie de 1930, la FAA commença à créer dans ce but des
coopératives de consommation, de crédit et de commercialisation qui se
développeront lentement jusqu'à l'arrivée au pouvoir du gouvernement
péroniste en 1945-1946. Sa participation au pouvoir public est nulle
et ses revendications ne s'expriment pas au moyen d'un parti sur la
scène politique nationale, qui se trouve divisée jusqu'en 1943 entre les
conservateurs et les radicaux.

## 1.2.  LE DÉVELOPPEMENT DE LA MANUFACTURE ET LA FORMATION DE LA BOURGEOISIE INDUSTRIELLE JUSQU'EN 1943

Pendant presque tout le XIXe siècle, l'industrie était restée à un
stade artisanal; elle était liée à la production de biens non durables
pour la consommation interne. C'était le cas particulièrement des
moulins à farine, des raffineries de sucre, de la *viticulture* et de
l'élaboration de la viande salée; elle produisait très peu de biens de
consommation durable, comme par exemple des véhicules de traction
animale. Parmi les facteurs qui ont freiné le développement industriel,
il faut mentionner: a) la politique de libre-échange imposée au pays
par les grands propriétaires fonciers voulant maintenir le commerce
avec l'Europe occidentale, en particulier avec l'Angleterre, qui pouvait
ainsi satisfaire la demande interne de produits manufacturés surtout
sur le marché du Littoral; b) les dimensions restreintes du marché
interne, aggravées par la persistance de barrières douanières entre les
provinces dans le but d'empêcher la disparition de la production
artisanale locale; c) l'absence de voies de communication appropriées
au développement de la manufacture nationale; d) le manque de main-
d'œuvre et de capitaux.

C'est donc seulement vers la fin du XIXe siècle et au début du
XXe que la manufacture commença à se développer sous la poussée
des migrations massives européennes, l'élargissement du marché du
Littoral, l'application de taxes douanières dans un but purement fiscal
et les investissements directs de l'étranger. La Première Guerre Mondiale accéléra le processus d'accumulation, en mettant des obstacles
à l'importation de produits manufacturés et en rendant disponible le
marché interne pour absorber les produits de l'industrie locale. Néan-

moins, les difficultés des métropoles pour exporter des biens d'équipement, des matières premières et des combustibles, mirent un frein à ce développement industriel, situation qui coïncida avec la réduction du pouvoir d'achat de la population à cause de la baisse des exportations.

Pendant les trois premières décennies se sont développées l'industrie du frigorifique (anglaise jusqu'en 1907, anglaise et américaine jusqu'en 1920, surtout américaine après 1920), les industries du sucre et des vins (liées respectivement aux grands propriétaires fonciers du Nord-Ouest et de Cuyo) et l'industrie de la farine (sous le contrôle croissant du trust exportateur de céréales). L'industrie textile connut un développement opposé à celui de l'industrie métallurgique pendant et après la Première Guerre : la première, réclamant plus de main-d'œuvre et capable d'utiliser la matière première locale, se développa pendant la guerre mais connut ensuite un recul ; la deuxième, qui dépendait plus de matières premières importées, se développa seulement après 1918. En 1923, les taxes douanières sur l'importation de produits manufacturés furent augmentées dans un but protectionniste et fiscal ; il ne s'agissait pas encore d'un ensemble cohérent de mesures mais les nouvelles taxes douanières stimulèrent un certain développement de la manufacture jusqu'à la Grande Crise.

La crise de 1929-1933 n'affecta presque pas l'expansion de l'industrie : la chute du pouvoir d'achat interne causée par la réduction de la valeur unitaire et du volume des exportations provoqua elle-même la diminution de la demande de produits manufacturés étrangers. L'industrie locale profita partiellement de cette « protection involontaire » au début de la décennie de 1930. D'abord, la production métallurgique diminua à cause des difficultés d'importer des matières premières tandis que la branche textile se développait. Jusqu'en 1933, les caractéristiques fondamentales de ce processus furent les suivantes : a) l'importance du secteur artisanal par rapport au secteur manufacturier diminua (*cf.* tableau I). À l'intérieur de celui-ci, l'industrie des machines-outils n'avait qu'une importance secondaire, tandis que les branches alimentaire et textile occupaient la plus grande partie du capital et de la main-d'œuvre ; b) une grande concentration géographique et économique. Le Littoral représentait toujours de soixante dix à quatre-vingts pour cent de l'industrie quel que soit l'indice employé. Cela était dû non seulement à la grande concentration du marché du Littoral dans la province de Buenos Aires et ses alentours mais aussi au tracé et au régime tarifaire du seul réseau de transport efficace à l'époque : les chemins de fer, anglais et français, dont nous examinerons plus tard les caractéristiques principales. La concentration économique était également très élevée : en 1953, trois pour cent des établissements occupaient quarante pour cent de la main-d'œuvre du secteur industriel (*cf.* tableau II). À côté d'un petit nombre de grands établissements, nous pouvons constater la présence d'une multitude de petites entreprises, très nombreuses dans les branches textile, du cuir, métallurgique et alimentaire, dont la production était destinée aux marchés locaux et régionaux. Ce sont les différentes origines de l'investissement industriel qui expliquent cette distinction : les plus grandes firmes appartenaient soit à des entreprises étrangères (frigorifiques, chimiques), soit à de grandes entreprises multisectorielles de capital étranger et national (moulins à farine, sucreries), soit à de grands propriétaires fonciers qui industrialisaient leur propre production agricole et celle de petites entreprises adjacentes (sucreries, celliers). Les petites entreprises, parmi lesquelles commence à se dessiner une lente différenciation économique, appartenaient en général à des émigrants européens. Ces origines diverses du capital dans les différentes branches de l'industrie — le capital s'intégrant de façon différentes dans le commerce et la production agraire — ont été à la base de la formation des sous-groupes au sein de la bourgeoisie industrielle.

Au cours des quinze années passées entre 1933 et 1948, s'est produit le développement industriel le plus intense qu'a connu le pays (cf. tableau III). Dans une première étape (1933-1938), les conditions du processus furent la réduction du pouvoir d'achat extérieur du pays ce qui rendit nécessaire le contrôle du change, la dévaluation de la monnaie et les nouveaux impôts sur les opérations d'échange monétaire ; ces deux mesures étaient une tentative de réduire le déséquilibre permanent de la balance commerciale et de paiements. Il faut remarquer que le développement industriel des premières années s'est produit «automatiquement», sans l'intermédiaire d'une politique économique directement destinée à l'encourager. Au contraire, les accords bilatéraux de commerce extérieur représentaient un obstacle à la croissance, étant donné qu'ils établissaient des avantages pour les importations, surtout anglaises. Dans une seconde étape (1938-1948), les grands propriétaires fonciers cherchèrent à encourager un développement industriel modéré pour maintenir le niveau de l'emploi et satisfaire à la demande interne de biens de consommation industriels. Le Plan Pinedo de 1940 est un exemple caractéristique de l'effort des propriétaires fonciers faisant partie des cadres politiques pour orienter la croissance de l'industrie (Murmis et Portantiero, 1970).

Les prix et les bénéfices industriels s'élevèrent rapidement ainsi que la production du secteur. Mais ce sont les mêmes conditions extérieures qui ont prévalu de 1933 à 1938, ainsi que l'absence d'une infrastructure convenable au niveau des voies de communication et de l'énergie, qui empêchèrent que cette industrie nouvelle arrive à s'équiper convenablement. En effet, jusqu'à la Deuxième Guerre mondiale, l'Argentine n'était pas en mesure de payer les importations nécessaires, à moins qu'elle n'imposât une planification rigoureuse sur les devises ; pendant et après la guerre, l'Argentine accumula de l'or et des devises à cause de l'absence d'offre de la part des métropoles en guerre ou en reconstruction.

En ce qui concerne la composition de la production industrielle pendant ce processus, elle souffrit de légers changements; en effet en 1946, les biens de consommation représentaient 45.9% de la valeur produite par le secteur industriel. La production de biens d'équipement et intermédiaires doubla mais resta insuffisante par rapport aux besoins de la demande intérieure (cf. tableau XVIII). Il faut souligner que les trois groupes de capitalistes «nationaux» — grands propriétaires fonciers, grands commerçants et entrepreneurs industriels indépendants — participèrent à ce processus, mais il n'existe pas de travaux de recherche qui analysent la participation relative de chacun de ces groupes. Certains chercheurs suggèrent que le secteur de la grande entreprise commerciale ou agricole a investi dans l'industrie, au cours des dix premières années, de plus grandes sommes de capitaux que les petits et moyens industriels indépendants. De toute façon, il est possible d'affirmer avec certitude la baisse de l'importance relative du capital étranger dans l'industrie; cette situation, produite par la crise mondiale, la Deuxième Grande Guerre et la politique nationaliste menée entre 1943 et 1955, restera constante pendant près de vingt ans.

Nous allons examiner maintenant les organisations syndicales et politiques du groupe des entrepreneurs industriels sur le plan national. Nous avons constaté que la grande industrie a surgi à partir des investissements étrangers, des rentes et des bénéfices accumulés par le secteur agraire (en particulier les grands propriétaires fonciers du Littoral) et par les grandes entreprises qui font le commerce de la production agricole. Nous avons constaté également que ces groupes entretiennent de multiples liens économiques et sociaux. En 1940, les grandes entreprises industrielles qui ont parcouru toutes les étapes de croissance depuis l'atelier jusqu'à la grande industrie sont peu nombreuses: dû à son développement tardif, l'industrie argentine s'est constituée, dès ses origines, sous la forme de grande industrie. La conséquence de ces règles d'investissement et de l'énorme concentration du marché sur le Littoral fut la création d'un groupe homogène de grandes entreprises liées entre elles et établies pour la plupart à Buenos Aires, capitale et province. L'Union Industrial Argentina (UIA), fondée en 1887, représenta les intérêts syndicaux de ce groupe patronal. Elle avait comme objectifs principaux, entre autres, la promotion d'une vaste législation douanière qui protégeât la marché intérieur de la concurrence des marchandises européennes et américaines, l'établissement d'une banque de crédit industriel et l'augmentation du crédit destiné à la manufacture dans les banques existantes qui se limitaient presque exclusivement aux opérations avec les secteurs ruraux et commerciaux. L'UIA s'occupa également de la lutte économique contre le groupe de salariés en s'opposant à la réduction de la journée de travail et à l'établissement d'une journée maximale, à la formation de syndicats ouvriers, à l'amélioration de la condition sociale des travailleurs (retraites, pensions, indemnisations des accidents de travail, prestations de maladies, etc.). On peut affirmer que c'est seulement sur ce plan que l'UIA atteignit ses objectifs comme groupe de pression, car les lois du travail réclamées par les syndicats furent adoptées pour la plupart après 1943. Par contre, ses tentatives dans le but d'obtenir plus de crédit industriel et une législation douanière cohérente échouèrent.

Jusqu'en 1946, l'UIA sera la seule centrale patronale des entrepreneurs industriels argentins; elle recrutera ses membres — peu nombreux et soigneusement choisis — dans le Littoral et parmi les grandes industries traditionnelles de l'intérieur: le vin à Cuyo et le sucre dans le Nord-Ouest. Ce n'est que sous le gouvernement péroniste que la plus grande partie des petits et moyens capitalistes industriels s'organisera syndicalement et montrera une idéologie cohérente avec leur situation objective.

Sur le plan politique, la faiblesse de l'organisation des industriels est encore plus évidente. Le seul parti qui représente partiellement les aspirations des entrepreneurs industriels du Littoral est le Parti démocrate national entre 1936 et 1943, tout en représentant cependant les intérêts politiques des grands propriétaires fonciers. (Murmis et Portantiero, 1970)

## 1.3. LE DÉVELOPPEMENT FINANCIER ET LES CARACTÉRISTIQUES DE LA BOURGEOISIE DE CE SECTEUR

Dans le courant du xixe siècle, il y aura plusieurs tentatives dans le pays pour mettre en marche un système bancaire et monétaire; ces tentatives ne se concrétiseront qu'au cours de la dernière décennie du siècle. En effet, plusieurs fondations d'une banque nationale à Buenos Aires (1826-1836, 1872-1890) et d'une banque pour la province de Buenos Aires (1822-1826 et 1836-1863) échouèrent en peu de temps. L'intérieur du pays n'avait aucun établissement de crédit ni d'émission monétaire; ces fonctions étaient monopolisées par les banques nationales et provinciales qui se succédèrent à Buenos Aires. À partir de l'unification nationale, des banques étrangères commencèrent à s'installer à Buenos Aires, parmi lesquelles les premières furent la Banque de Londres, celle du Rio de La Plata (1862) et celle d'Italie (1872). Au cours des années suivantes, la Banque de la nation (1891) et plusieurs banques publiques et privées de la province furent constituées définitivement. En 1881, la «*Ley General de Monedas*» (Loi monétaire générale) établit l'«unification du système monétaire argentin vis-à-vis d'une seule unité monétaire, d'un seul institut d'émission et de contrôle et d'un seul système de billets et de monnaies». (Olarra Gimenez, 1969, p. 41)

L'unification monétaire mit fin en 1899 à l'interdiction légale qui pesait sur la circulation de monnaie étrangère et de métal.

La pression des intérêts des propriétaires fonciers se manifesta — et se manifestera encore pendant le XXᵉ siècle — sous deux aspects fondamentaux de la politique monétaire de l'époque: l'«émission démesurée» et la dévaluation du peso. L'émission publique de papier-monnaie sans garanties en métal pour financer les dépenses publiques — au lieu d'organiser un régime fiscal ou d'émettre des titres publics — enlevait à l'État l'obligation de rembourser l'argent aux acquéreurs de bons de l'État, mais elle permettait surtout aux propriétaires terriens — pratiquement les seuls en mesure de le faire — d'éviter le paiement des impôts et l'obligation d'acheter ces titres de la dette publique. D'autre part, les prix des marchandises augmentaient plus rapidement que les salaires à cause de l'émission démesurée. C'est par une mécanisme semblable que les propriétaires terriens ont cherché à pousser la dévaluation du peso par rapport à l'or. En effet, la dévaluation augmentait la quantité de pesos qu'ils recevaient en échange de leurs exportations, tandis que l'offre de main-d'œuvre et le manque d'organisation de la force de travail freinaient l'augmentation des salaires. Dans ces deux cas, le manque d'élasticité des salaires face à l'adaptation rapide des prix aux stimulants tels que l'émission ou la dévaluation, se traduisait par de plus grands bénéfices pour les producteurs-exportateurs.

C'est donc un facteur social qui a causé traditionnellement l'instabilité du système monétaire argentin: l'opposition des grands propriétaires fonciers. (Ford, 1966)

Entre 1900 et 1935, s'est développé et consolidé un système bancaire complexe et relativement libre de l'intervention de l'État. La circulation monétaire se réglait automatiquement suivant les fluctuations du commerce extérieur par le régime de l'étalon-or. Les banques publiques — nationales et provinciales — restèrent liées aux affaires rurales et d'exportation de la bourgeoisie argentine, en conservant toujours plus d'importance que les banques privées. Pendant cette période, les banques étrangères ne s'occupèrent que de 15 à 20% de la totalité des opérations bancaires. D'autre part, la concentration économique et géographique de la banque était aussi élevée que celle de l'industrie et de l'agriculture: de l'ensemble des établissements (91 en 1925), 40% se trouvaient dans la capitale fédérale, mais concentraient 80% du capital, 96% des prêts et 85% des dépôts de toutes les banques du pays. (Recensement national des banques, 1925). La création de nouvelles banques publiques et mixtes ne réussit pas à réduire cette concentration.

En 1929, il fut nécessaire d'interrompre à nouveau la converti-bilité du peso, rétablie en 1927, face à l'écoulement de l'or hors du pays comme conséquence de la crise. C'est ainsi que l'on dévalua le papier-monnaie. Dans les dix années après la crise, le pouvoir d'achat extérieur du pays diminua et par conséquent les services financiers à l'extérieur prélevèrent une partie croissante des devises obtenues au moyen des exportations. L'inconvertibilité du peso, sa dévaluation ainsi que la restriction des importations furent les facteurs qui permirent à l'Argentine de payer sa dette financière extérieure.

La Banque centrale, organisme mixte pourvu d'importantes fonc-tions économiques, fut créée en 1936. Sa fondation était surtout une réponse au besoin de défendre le marché monétaire du pays des fluc-tuations prononcées du commerce extérieur: les sorties de devises limitaient la liquidité et le crédit selon le régime de l'étalon-or, ce qui aggravait encore la contraction de l'économie provoquée par la chute des exportations et la réduction forcée des importations. Les fonctions principales de la banque étaient les suivantes: coôntrôler le crédit bancaire au moyen de plusieurs mécanismes mais surtout par la modifi-cation du taux d'intérêt; contrôler la liquidité monétaire; émettre de la monnaie; contrôler le change; maintenir et surveiller les opérations des banques publiques, mixtes et privées. La Banque centrale agissait également comme conseiller auprès du gouvernement. À la même époque, on réévalua l'or et on promulgua une loi des banques qui établissait les fonctions de ces institutions.

Le syndicalisme du secteur de la bourgeoisie financière suivit les mêmes voies que celui de l'agriculture et de l'industrie: la banque de Buenos Aires s'organisa très tôt car il ne s'agissait que de quelques institutions de grandes dimensions; par contre la plupart des petites et moyennes banques, dispersées à l'intérieur du pays, mirent beaucoup plus de temps à constituer leurs organismes représentatifs. Pendant cette période, il n'exista donc qu'une seule organisation patronale bancaire: l'Asociacion de Bancos de la Republica Argentina (ABRA). Cette organisation fut créée en 1919 avec la participation de vingt et une banques, importantes pour la plupart, privées, étrangères et na-tionales, situées dans la capitale fédérale et le Grand Buenos Aires et s'occupant surtout de répondre aux besoins financiers du commerce d'importation et d'exportation (Alcibar, 1964). Le poids de cette Associa-tion, par rapport à celui des organisations des propriétaires fonciers, était relativement faible: il ne faut pas oublier que plus de cinquante pour cent des dépôts et des prêts bancaires se trouvaient dans les mains de l'État.

L'ensemble des banques de l'intérieur du pays — privées, publi-ques ou mixtes — n'eut pas de représentation syndicale pendant cette période; leur organisation ne se constituera qu'en 1956.

## 1.4. LE COMMERCE EXTÉRIEUR ET LE CAPITAL ÉTRANGER JUSQU'EN 1943

Le commerce extérieur a toujours été un facteur décisif de la détermination du développement économique national pour plusieurs motifs. D'abord, il faut signaler que, jusqu'en 1930, les exportations constituaient près de vingt à trente pour cent du produit national brut; les fluctuations des ventes à l'étranger, déterminées par les cycles des économies centrales, produisaient de grandes variations du niveau de l'activité économique interne et de la capacité d'importer. Comme deuxième facteur de dépendance externe, nous avons la haute concentration économique et géographique des exportations: les sous-produits de l'élevage, la viande, les céréales et les oléagineux se vendaient à quelques pays d'Europe occidentale parmi lesquels l'Angleterre était le plus important. Ensuite, la structure de production de l'Argentine s'organisa selon les besoins des métropoles (surtout de l'Angleterre) d'exporter des marchandises et des capitaux, et de s'approvisionner en aliments et en matières premières. Quatrièmement, l'industrie légère établie dans le pays dépendait de biens de capital, de biens intermédiaires et de combustibles importés. La chute du pouvoir d'achat à l'étranger qui se produisit à nouveau à partir de 1950-1952 posera à cette industrie, déjà mal équipée, des obstacles insurmontables. Cinquièmement, l'Argentine étant traditionnellement un pays débiteur de capital, le service financier de cette dette représentait une nouvelle source d'instabilité extérieure et de manque de capitalisation: la rigidité de ces services réduisait fortement les Importations pendant les périodes de contraction des échanges internationaux. En dernier lieu, les relations économiques avec les métropoles déterminèrent la formation de certaines alliances entre des fractions de capitalistes nationaux et étrangers (engraisseurs-trust américain des frigorifiques; industriels nationaux-entreprises étrangères pourvoyeuses d'équipement, de technologie et de crédit). Ces alliances représentèrent des causes autonomes de dépendance et contribuèrent à renforcer la structure des relations internes de production. C'est pourquoi il est nécessaire de passer rapidement en revue les caractéristiques principales de la dépendance externe du pays.

### 1.4.1. L'échange commercial

Une caractéristique constante des exportations argentines a été leur manque de différenciation économique. Depuis le commencement du XIX<sup>e</sup> siècle jusqu'à présent, les produits agricoles et de l'élevage ont représenté plus de quatre-vingt-dix pour cent de la valeur des ventes argentines à l'étranger: sous-produits bovins et ovins (cuirs, viande, laine), céréales et oléagineux, tous proviennent de la pampa du Littoral (*cf*. tableau XIV).

La concentration géographique des exportations a toujours été également très élevée; quelques pays d'Europe occidentale, en particulier l'Angleterre, absorbaient près de soixante à soixante-dix pour cent des ventes. Ces deux facteurs produisirent le manque de capitalisation et la dépendance dans la mesure où les métropoles se trouvaient en situation d'oligopole d'achat face à une multiplicité de producteurs nationaux concurrentiels parmi lesquels l'Argentine.

La valeur globale des exportations montra une hausse permanente jusqu'à la crise de 1929-1933; après cette date commença une longue période de stagnation et de chute des volumes et des prix unitaires des produits agricoles exportés. Ce phénomène fut déterminé principalement par la politique protectionniste des métropoles qui tâchaient de s'approvisionner et de constituer des blocs commerciaux; dans le cas anglo-argentin, la Conférence d'Ottawa en 1932 concrétisa la préférence que l'Angleterre donnait à ses propres dominions. La crise des exportations fut à la base du déclin de l'agriculture du Littoral ainsi que de la chute prononcée de la capacité d'importer (*cf*. tableau XIX).

Les efforts réalisés dans le but de conserver les marchés extérieurs déterminèrent, à partir de 1930, une politique de concessions économiques avec l'Angleterre, le principal acquéreur de la viande argentine. Il ne faut pas oublier que ce sont les grands propriétaires de bétail, liés aux frigorifiques, qui contrôlèrent l'État jusqu'en 1943. Comme résultat de cette politique, s'établirent une série d'accords commerciaux bilatéraux anglo-argentins qui jouaient en faveur du libre accès des marchandises anglaises, de l'établissement de leurs capitaux, du retransfert des bénéfices — à une époque où se trouvait limité le pouvoir d'achat à l'étranger —, de l'établissement de bas prix sur les viandes congelées argentines, de la division du marché anglais en quotes-parts par le trust frigorifique anglo-américain (en laissant dix pour cent aux compagnies argentines) et du contrôle de la Banque centrale. Le premier accord de ce genre fut le pacte Roca-Runciman en 1933, fixé pour trois ans mais ensuite renouvelé périodiquement jusqu'en 1955. Bien que l'Argentine eût des accords bilatéraux de commerce avec d'autres pays européens, leur importance fut relativement bien moindre.

Les importations présentaient une concentration géographique très élevée. Les États-Unis remplacent définitivement l'Angleterre au cours de la Deuxième Guerre mondiale comme premier fournisseur. En analysant la composition économique des importations, on peut voir que les biens de consommation ont prédominé jusqu'à la Première Guerre mondiale, et qu'ensuite ce fut le tour des biens d'équipement et intermédiaires. Ceci indique une nouvelle forme de dépendance:

celle de l'industrie en ce qui concerne l'équipement, la technologie et les biens intermédiaires importés. La dépendance externe des importations n'est pas due à leur importance quantitative par rapport à la demande finale d'articles manufacturés, mais à leur caractère stratégique pour la production industrielle.

Les soldes de la balance commerciale montrent des étapes bien définies : jusqu'en 1900 ils tendaient à être négatifs ou en équilibre ; entre 1900 et 1950-1952, ils furent positifs. La croissance des exportations jusqu'en 1929 (surtout grâce au développement des céréales et des oléagineux) et ensuite la limitation des importations furent les causes de ces soldes positifs. De 1951 jusqu'à 1955, ils furent négatifs quand la chute du volume et des prix unitaires des ventes arriva à la limite de la restriction des achats. Quant au solde commercial par pays, il faut remarquer que pendant tout ce siècle le commerce extérieur avec l'Angleterre fut positif, tandis que les échanges avec les États-Unis donnèrent toujours des résultats négatifs car ce pays était un concurrent traditionnel de l'Argentine sur les marchés alimentaires et un pourvoyeur de biens d'équipement et intermédiaires.

Si nous examinons maintenant le rôle des différents secteurs de la bourgeoisie dans le commerce extérieur, il faut y souligner la présence des grands trusts internationaux. Nous verrons ci-dessous le rôle des frigorifiques anglais et américains dans les ventes de viande à l'étranger. Dans le cas des céréales et des oléagineux, leur commercialisation se trouvait également, depuis le commencement du siècle, sous le contrôle d'un trust international des céréales : il s'agit du trust formé par les entreprises Bunge et Born, Louis Dreyfus et L. De Ridder et leurs filiales (cf. tableau IV). Ce trust opérait aussi dans des branches d'exportation moins importantes comme le coton et son action comprenait toujours toutes les étapes depuis l'approvisionnement jusqu'à la commercialisation sur les marchés européens. Il y avait également de grands groupes d'intérêt, pour la plupart étrangers, qui opéraient dans le commerce d'importation. Cette situation est bien illustrée par l'importation et la distribution de combustibles sur le marché interne, contrôlées jusqu'à la fin de la période péroniste par les deux grandes firmes internationales Standard Oil et Royal Shell, et leurs filiales.

Ces différents groupes d'intérêt visaient à maintenir la structure agraire et exportatrice, tout en s'opposant à la diversification de la production nationale. À partir de 1930, la situation privilégiée des groupes exportateurs commença à se détériorer à la suite de la chute des exportations ; au cours des premières années, les trusts exportateurs purent reporter la crise sur les producteurs agraires ; mais ensuite la pression de ces derniers provoqua l'intervention de l'État qui, à partir de 1933, commença à contrôler le commerce extérieur des grains et de la viande.

En 1929, la convertibilité du peso avait déjà été interrompue et on avait fixé une parité rigide pour l'échange de devises (contrôle du change). En 1933 fut établi un double marché de change: un marché officiel, rigide, pour la vente de devises provenant de l'exportation et un système de licitations par lequel les importateurs pouvaient obtenir de l'État la monnaie étrangère à un prix plus élevé. L'État obtenait de ce double marché un bénéfice qui était tiré sur un Fonds de change récemment créé. En septembre 1933, on fixa un prix minimum pour les trois principaux grains (le blé, le maïs et le lin) et on créa une Junta Reguladora de Granos (Conseil régulateur des grains, JRG) qui devait acquérir tous les grains qui lui étaient offerts à ces prix minima. La JRG vendait ensuite ces grains aux exportateurs à des prix qui s'approchaient des prix internationaux, laissant une marge de bénéfices à ceux-ci. On s'assurait ainsi que les producteurs ne fussent pas trop affectés par la chute des prix et par la structure monopoliste du commerce exportateur. Il faut signaler que la JRG n'avait pas le monopole de l'achat des grains: les producteurs pouvaient les vendre librement sur le marché aux commerçants et aux industriels si les prix étaient supérieurs ou égaux aux prix minima fixés par la JRG. Les opérations courantes de la JRG étaient financées par la Banque «Nacion». Si elle souffrait des pertes, c'est-à-dire si les prix du marché mondial étaient trop bas et inférieurs aux prix minima payés par l'État par rapport aux coûts, les déficits étaient résorbés au moyen des ressources du Fond de change. L'action de la JRG s'étendit entre 1933 et 1936; à cette date, l'augmentation des prix internationaux rendit superflue son intervention dans le commerce extérieur des grains. En trois ans, la JRG acheta près de sept millions et demi de tonnes des trois grains, c'est-à-dire, vingt pour cent du total de l'exportation de ces grains pendant la période. D'autre part, depuis 1935 l'État prenait part également au commerce de tous les grains au moyen de la Comision Nacional de Granos y Elevadores (CNGE) qui permettait aux pouvoirs publics de construire des silos à la campagne et dans les ports afin de contrôler la classification et le transport de ces produits. En 1939, l'État intervint à nouveau dans le commerce des grains à cause de la rechute des prix internationaux durant la guerre; il fixa à nouveau des prix minima pour les trois principaux grains; c'est alors qu'il commença à exploiter directement les grands dépôts de grains des ports de Buenos Aires et Rosario et qu'il en construisit d'autres; pendant le gouvernement nationaliste de 1943-1945, on expropria temporairement les silos privés et l'État, prévoyant la hausse des prix internationaux, se conféra le monopole du commerce des trois grains.

Quant aux exportations de viande élaborée par les frigorifiques, la réduction des exportations argentines vers l'Angleterre fut considérable à partir de 1926. D'abord le pool établi en 1925 entre les entreprises des deux grands trusts, anglais et américain, augmenta la participation de l'Australie, de la Nouvelle-Zélande et du Brésil sur le marché anglais, aux dépens de l'Argentine. Après la crise de 1930, l'Angleterre donna priorité à ses dominions pour l'achat d'aliments; entre 1929 et 1932, la somme des volumes de viande exportée par l'Argentine baissa de 932 000 à 611 000 tonnes. La chute des prix réduisit encore plus les revenus des producteurs et des entreprises frigorifiques; l'indice des prix de la viande passa de 100 en 1926 à 47 en 1933. (Smith, 1970). Mais le trust frigorifique avait les moyens de reporter sur les producteurs et les engraisseurs de bétail la réduction des bénéfices. La riposte de ceux-ci, et surtout des premiers, fut à l'origine de la loi 11.747 de 1933, pour la protection de la viande. Par cette loi était créée une Junta Nacional de Carnes (Conseil national de la viande, JNC) chargée de classer les viandes et de contrôler leur commercialisation; on constituait également la Corporacion Argentina de Productores de Carne (CAP) qui se chargeait d'acquérir le bétail, de l'élaborer et de le vendre hors du champ d'action du pool frigorifique. Immédiatement après, les engraisseurs prendront en main le contrôle de ces deux organismes, provoquant la réaction des éleveurs. La lutte entre les deux groupes de propriétaires terriens pour contrôler ces deux institutions s'accentuera durant la décennie suivante. La CAP, contrôlée par les engraisseurs alliés du trust frigorifique, ne se constituera réellement qu'en 1943.

Il y eut plusieurs organisations syndicales du commerce d'exportation et d'importation. Parmi les plus importantes, on peut mentionner la Bourse des céréales, la Chambre argentine de commerce et la Bourse de commerce.

a)   La Bourse des céréales: cet organisme fut créé à la fin du siècle dernier. Il s'agit d'un marché à terme de céréales, autour duquel se réunirent une vingtaine de chambres syndicales de commerçants, comprenant à peu près mille membres, parmi lesquels se trouvaient également des producteurs agricoles et industriels de céréales et d'oléagineux. Parmi ces chambres se trouvait le Centre d'exportateurs de céréales qui rassemblait les quelques entreprises formant le trust exportateur de ces produits. Dans une publication de cette bourse, on décrit ainsi l'importance des membres du Centre d'exportateurs de céréales:

> Les firmes privées argentines membres de ce Centre, exportent près de 90% de l'ensemble des ventes à l'étranger de céréales, oléagineux, dérivés et sous-produits; le reste correspond à des coopératives de deuxième degré et à des entreprises qui n'y appartiennent pas. La portée de cette proportion ne réside pas tellement *dans l'importance numérique des firmes qui composent le Centre*, mais dans les tâches pionnières qu'elle ont accomplies... (Bolsa de Cereales, 1970, p. 24; c'est nous qui avons souligné.)

Les tableaux IV, XXIX et XXX montrent qu'il existe effectivement un groupe de quatre à six entreprises accaparant quatre-vingt-dix pour cent des exportations des principaux grains argentins. Ce groupe de pression solide joua un rôle central dans l'élaboration de la politique argentine de stockage et de commerce extérieur des grains pendant plusieurs décennies: de plus il s'opposa à ce que l'État eût le contrôle de ces fonctions. L'administration péroniste, en prenant à sa charge le monopole de la vente et de l'achat des céréales, rendra tout à fait inutile le marché à terme de céréales qui cessera de fonctionner pendant dix ans.

b) La Chambre argentine de commerce: fondée en 1924, elle groupa plusieurs centaines de firmes s'occupant du commerce interne et international, en particulier les grandes entreprises d'exportation et d'importation. Depuis lors, elle fonctionna comme un groupe de pression important face aux autorités en tout ce qui concernait la législation commerciale, la classification des produits agricoles, en matière d'impôts et de change. Pendant la période péroniste, cette organisation subsistera mais devra supporter l'existence parallèle des diverses confédérations de commerce fondées par la CAPIC et la CGE dans le but de réunir les petites et moyennes entreprises (cf. ci-dessous, p. 74).

c) La Bourse de commerce: créée en 1854, elle s'occupa d'abord de la cotation du peso papier par rapport à l'or pendant les périodes d'inconvertibilité; elle cotait également les effets de commerce publics et privés (actions des banques, titres publics, cédules hypothécaires). Outre ces fonctions propres à une bourse de valeurs, elle chercha à développer plusieurs bourses de marchandises, destinées en particulier à coter le bétail et ses sous-produits ainsi que divers produits agricoles. Bien que son importance dans le domaine du commerce et des finances soit en général plus grande que celle de la Bourse des céréales, son rôle dans le commerce international est plus réduit car ses fonctions comme bourse de valeurs ont toujours prédominé sur celles de bourse de marchandises.

1.4.2.  Le capital étranger

Depuis la deuxième partie du xixe siècle, l'Argentine a reçu un flux important de capital étranger, surtout d'origine anglaise. Ces investissements, de par leur caractère monopoliste et leur situation stratégique, ont déterminé la structure agraire, exportatrice et demi-coloniale du pays. Jusqu'en 1945, ces capitaux furent placés suivant certaines régularités qui nous permettent d'affirmer que l'étape 1860-1945 possède des caractéristiques particulières. Nous examinerons d'abord la distribution des investissements selon le pays d'origine et selon leur emploi. Le tableau V nous montre la prédominance des capitaux anglais sur ceux d'autres pays, ainsi que la proportion des capitaux affectés aux secteurs directement liés aux exportations.

La plus grande partie des capitaux anglais fut placée dans le système des transports : chemins de fer et installations portuaires du Littoral. La Grande-Bretagne, grâce à la construction entre 1880 et 1930, et à la possession du réseau de chemins de fer (quatre-vingt pour cent en 1930) obtenait ainsi le contrôle d'une des clés de l'économie argentine. L'établissement de tarifs différentiels entravait la circulation des articles manufacturés nationaux tout en favorisant d'autre part l'importation et le transport des marchandises anglaises (Ortiz, 1958). Le réseau en éventail s'étendait dans tout le Littoral et faisait communiquer les régions de l'intérieur avec le port de Buenos Aires. Cette distribution permettait la pénétration des marchandises anglaises et augmentait le déséquilibre régional du pays : l'intérêt de l'Angleterre et de ses alliés locaux était axé sur l'exploitation de la Pampa Humide où la population augmentait et qui se développait aux dépens de l'intérieur du pays.

Le deuxième champ d'action des investissements britanniques s'orienta vers l'achat de titres de la dette publique. Les services de ce genre d'investissements ont absorbé entre trente et quarante pour cent des revenus fiscaux courants de la période. La possession des frigorifiques jusqu'à leur perte partielle face aux entreprises du trust américain de la viande de Chicago (Wilson, Armour et Swift) leur permettait de contrôler une des branches les plus lucratives de l'économie argentine. Après 1930, le groupe de frigorifiques anglais (River Plate Fresh Meat Co., Las Palmas Produce Co., La Plata Cold Storage) réussit à maintenir au cours des pools consécutifs, une participation de près de trente pour cent aux ventes de viandes argentines à l'étranger. Les entreprises anglaises purent se maintenir sur le marché des frigorifiques grâce à leurs pressions, conjuguées à celles des entreprises du transport maritime de la viande, également anglaises, et à celles de la couronne même. (Smith, 1970)

Le capital américain s'installa plus tard et développa de nouveaux champs d'investissements dans l'industrie et le transport, tout en disputant aux groupes britanniques le contrôle de leurs secteurs lucratifs. La lutte entre les groupes d'intérêt des deux métropoles eut lieu pendant la période entre les deux guerres. Dans l'industrie frigorifique, le groupe de Chicago qui commença à s'installer en 1907, introduisit le «chilled», d'une qualité supérieure à la viande congelée des frigorifiques anglais. En peu de temps, le «chilled» commença à déplacer la viande anglaise du marché de Londres et plusieurs pools réduisirent la participation des frigorifiques anglais sur ce marché. Le pool de 1927 concéda au groupe américain 60% des ventes argentines de viande à l'Angleterre, laissant 30% au groupe anglais et 10% aux entreprises argentines. Le trust de Chicago réussit ainsi à prédominer grâce à sa capacité financière et technique plus élevée et au contrôle du marché de Smithfield (Londres) avec l'appui des engraisseurs argentins.

En ce qui concerne le réseau interne de transports, les entreprises américaines poussèrent l'État à construire des routes dans un triple but : liquider le monopole anglais des transports et ses conséquences sur l'importation d'articles manufacturés ; augmenter la vente d'automobiles et de véhicules de transport routier, et stimuler l'importation et la production du pétrole et de ses dérivés sous leur propre contrôle. (Skupch, 1970) D'autre part, le conflit entre la Standard Oil Co. et la Royal Dutch Shell et leurs filiales pour obtenir les concessions d'importation, de prospection et de production du pétrole ainsi que pour empêcher le développement de l'entreprise pétrolière de l'État s'étendit tout au long de ce siècle. (A. Frondizi, 1954) Les accords successifs de partage du marché intérieur de l'essence réussirent à maintenir la prédominance des deux compagnies internationales et de leurs filiales sur l'entreprise publique.

Quant à la production d'électricité, le trust américain Electric Bond & Share (EBASCO) contrôlait depuis 1930 la plupart des usines de l'intérieur du pays au moyen de cinq sociétés filiales par actions, le groupe ANSEC. Ce groupe partageait le marché argentin avec le holding belge SOFINA (Société financière de transport et d'entreprises industrielles) qui contrôlait le marché de la capitale et du Grand Buenos Aires par sa filiale CADE (Compania Argentina de Electricidad). Le groupe suisse Motor Columbus participait également dans la région du Littoral par sa filiale CIAE (Compania Italo Argentina de Electricidad). (Del Rio, 1954)

Vers la fin de la Deuxième Guerre mondiale, les investissements des États-Unis occupaient la deuxième place après les investissements d'origine anglaise (cf. tableau XX). Les capitaux des autres métropoles n'avaient qu'une place secondaire dans le pays. Les entreprises françaises contrôlaient vingt pour cent du réseau de chemins de fer et le port de Rosario ; les capitaux allemands se placèrent dans l'industrie, surtout l'industrie chimique, et dans la production d'électricité jusqu'en 1930 d'où ils furent déplacés par les capitaux américains.

Si nous examinons maintenant l'évolution du montant global des capitaux étrangers, nous trouverons que le chiffre le plus élevé correspond à 1913 et qu'il s'est maintenu à peu près constant jusqu'à la crise mondiale ; le montant total diminua légèrement depuis lors de façon régulière jusqu'en 1945. Au cours de cette première étape, les capitaux étrangers adoptèrent les normes de placement suivies dans tous les pays dépendants, avant la Deuxième Guerre mondiale ; ils se concentrèrent dans l'industrie extractive, les transports, les services, le commerce et les finances (cf. tableau XXI). En 1913, l'Argentine absorbait plus d'un tiers des investissements étrangers en Amérique Latine, quarante-deux pour cent des investissements anglais et vingt et un pour cent des investissements français sur ce continent.

## 2.  LA PREMIÈRE PÉRIODE PÉRONISTE (1943-1955)

Un coup d'État militaire destitua, le 4 juin 1943, le président constitutionnel et c'est alors que commença une étape de gouvernement nationaliste qui aboutit à l'élection directe de Peron comme président. Peron n'occupa pas de postes publics haut placés tout de suite après le coup d'État mais en novembre 1943 il était déjà secrétaire d'État du Travail et de la Prévoyance ; en février 1944, il était nommé également ministre de la Guerre et à partir de juillet 1944 il sera vice-président tout en maintenant les autres postes. La politique du gouvernement nationaliste de 1943-1945 reçut donc l'ascendant chaque fois plus grand de l'initiative du leader de masses le plus adroit de l'histoire argentine ; c'est pourquoi nous pouvons considérer la période 1943-1955 comme une seule unité.

### 2.1.  LE DÉVELOPPEMENT AGRICOLE DURANT LA PÉRIODE

La production agricole de cette période montre des tendances diverses selon les produits considérés. Toute la production destinée exclusivement au marché intérieur continua à croître mais à un rythme plus lent que celui des années précédentes. La production agricole exportable, en particulier les céréales et le lin, a souffert une diminution considérable au cours de cette période. Après quelques années de bonnes récoltes et de prix élevés dans l'après-guerre, la tendance s'est inversée sur le marché international. À partir de 1950, les pays européens se mirent à réorganiser leur économie et à élaborer une politique d'autoravitaillement agricole ; d'autre part, les États-Unis commencèrent à vendre leurs excédents de guerre accumulés, à des prix plus bas que l'Argentine (*cf.* tableau XVI).

En ce qui concerne l'élevage, la période péroniste a correspondu au contraire à un certain développement car les sous-produits de l'élevage n'ont pas connu les mêmes difficultés que les grains sur le marché mondial.

La structure agraire est restée pratiquement inchangée pendant la période péroniste ; la grande exploitation de bétail a continué à prédominer par rapport à la petite unité agricole. Le processus de reconstitution de la grande exploitation de bétail ne fut pas tout à fait freiné par les lois de fermage que l'on commença à appliquer en 1943. Cette année-là, le décret 14.001 réduisit de vingt pour cent le fermage établi dans les contrats et donna le choix au fermier de renouveler son bail aux prix gelés. En 1948 fut adoptée la loi 12.246 qui fixait une durée minimum de cinq ans pour les contrats, rétablissait les prix originaux et les bloquait. Ces mesures prises pour geler les prix et prolonger automatiquement les contrats de fermage et de métayage furent les seules interventions directes importantes du gouvernement péroniste dans les relations agraires de production. En 1952, 39.8% des exploitations agraires de tout le pays étaient encore travaillées par leurs propriétaires, avec ou sans salariés. Ces exploitations couvraient 37.8% de la surface totale exploitée. Les terres en fermage (à l'exclusion des métayages et autres) ne représentaient que 15.7% de la surface totale du pays et 22.3% des exploitations. Les terres publiques couvraient 24% de la surface, et 21.5% du restant appartenaient à la catégorie «autres modes d'occupation» (cf. tableau XXII). En comparant ces chiffres avec ceux que nous avons présentés pour le rencensement de 1937, nous constatons que la proportion d'exploitations en fermage a diminué tandis que la proportion d'exploitations dans les mains des propriétaires a augmenté. Les chiffres ne permettent pas de tirer des conclusions plus précises car les catégories ne correspondent pas entre elles : dans le recensement de 1937, les fermiers, métayers et autres ont été classés ensemble. En 1952, les métayers sont compris dans la catégorie «autres formes d'exploitation». La concentration vers la fin de la période 1945-1955 est très élevée : le tableau XXII montre que 49% des exploitations, jusqu'à 100 hectares, couvrent 5.4% de toute la surface exploitée; 2.3% des exploitations occupent 59.6% de toute la surface exploitée (il s'agit d'exploitations de plus de 2 500 hectares).

En ce qui concerne la place du secteur agricole dans l'ensemble de l'économie argentine, celui-ci fournissait en 1955 17.1% du PIB au coût des facteurs, comprenait 14.7% du capital total et occupait 26.1% de sa population active (cf. tableau XXIV).

Quant au syndicalisme patronal du secteur rural face au gouvernement péroniste, il oscilla entre une acceptation forcée et une opposition directe. En effet, comme nous le verrons plus tard, l'application d'un taux de change très élevé pour le peso désavantageait l'ensemble des producteurs agricoles qui recevaient moins de pesos en échange de leurs dollars. La Sociedad Rural Argentina (SRA) fut contrainte de prendre part aux confédérations patronales successives développées par le régime péroniste, mais sa participation dans celles-ci fut assez faible; la Société tâcha plutôt d'éviter sa disparition. La CARBAP, après avoir collaboré, passa à l'opposition; entre 1945-1947, son président, Nemesio de Olariaga, occupa des postes haut placés dans les organisations chargées de contrôler la production agraire; plus tard, se dressant contre l'étatisme du régime, l'organisation des éleveurs se lança dans une activité d'opposition, ce qui provoqua sa fermeture en 1955.

La Federation Agraria Argentina (FAA) prêta un appui modéré au régime ce qui encouragea la création de coopératives de consommation, de production, de commerce et d'exportation. Ces coopératives ne changèrent pas la structure de base de la propriété de la terre ni la structure monopoliste du commerce intérieur et d'exportation, mais grâce à elles, une partie des petits producteurs de céréales put se libérer partiellement de la domination des grandes entreprises composant le trust des céréales.

## 2.2.  LE DÉVELOPPEMENT INDUSTRIEL ET LA BOURGEOISIE MANUFACTURIÈRE ENTRE 1943 ET 1955

Alors que l'agriculture n'a pas souffert de grands changements au cours de la période péroniste, l'industrie au contraire a connu deux modifications fondamentales par rapport à la période précédente : d'une part, l'État s'est transformé en quatrième capitaliste industriel ; d'autre part, le revenu national a été réorienté vers la moyenne et la petite industrie nationale. Examinons maintenant en détail ces deux processus.

Après la fin de la guerre, les entreprises allemandes, considérées propriétés de l'ennemi, furent nationalisées. En même temps, le premier Plan quinquennal établissait la création par l'État d'entreprises industrielle mixtes et nationales qui devaient former, avec les entreprises expropriées, un secteur de capitalisme d'État. La loi 13.653 de 1949 qui établissait le régime légal des entreprises publiques nationales organisa l'ensemble des entreprises expropriées, quelques entreprises existant déjà et d'autres qui furent créées par le régime. Toutes celles-ci, publiques ou mixtes, fonctionnaient sous la tutelle du Pouvoir exécutif et furent contrôlées par divers ministères et secrétariats. La loi de 1949, modifiée en 1954 par la loi 14.380, fonda quatre groupes d'entreprises :

a)  La Direccion General de Fabricaciones Militares (DGFM) sous la dépendance du secrétariat de la Guerre et dont les précédents remontent jusqu'à 1941. Elle devait étudier et produire du matériel de guerre et possédait des établissements miniers et industriels. Ses usines comprenaient l'élaboration de fonte (cent pour cent de la production du pays en 1955) ainsi que la fabrication d'armes, d'explosifs, de produits chimiques d'emploi industriel et de matériel électrique.

b)  La Direccion Nacional de Fabricaciones e Investigaciones Aeronauticas (DINFIA). Fondée en 1952 à partir d'un organisme existant auparavant, elle concentra la production d'avions et d'automobiles. Elle dépendait du ministère de l'Aéronautique ; en 1953-1954, elle s'associa avec l'entreprise italienne FIAT pour la production de tracteurs et avec l'entreprise américaine KAISER pour la production d'automobiles.

c)  Les Astilleros y Fabricas Navales del Estado (AFNE). Sous la tutelle du ministère de la Marine, ils s'occupaient de la construction et de la réparation de la flotte et produisaient des explosifs pour la Marine de guerre.

d)   La Direccion Nacional de Industrias del Estado (DINIE). Ce groupe fut créé en 1947 pour la gestion des entreprises allemandes expropriées qui faisaient partie des branches métallurgique, chimique, électrique, textile et du bâtiment. L'incertitude du futur, une mauvaise gestion et une politique de simple maintien du niveau de production furent les facteurs qui contribuèrent à la perte de prestige de ce groupe.

SOMISA et ATANOR constituent d'autres entreprises fondées par l'État. SOMISA fut créée en 1947 dans le but de conférer à l'État le monopole virtuel de la production de l'acier. Il s'agissait d'une entreprise mixte dont quatre-vingt pour cent des actions appartenaient à l'État qui la contrôlait au moyen de la DGFM; mais cette société ne fonctionnera pas pendant la période péroniste; elle ne se mettra en marche qu'en 1961. La Société mixte ATANOR, créée en 1946, commença à fonctionner en 1950; il s'agissait d'un grand complexe pétrochimique sous la surveillance de la DGFM. Dans l'ensemble, il faut signaler que la participation de l'État dans l'industrie fut plus verbale que réelle; les entreprises publiques furent particulièrement inefficaces mais la masse de ressources qui leur avait été transférée n'était pas non plus suffisante pour leur donner beaucoup de choix. (Altimir *et al.*, 1966, 1967)

La deuxième innovation de la période péroniste fut l'élaboration d'une politique d'expansion industrielle. Nous avons déjà constaté que pendant la décennie précédente, la crise et la guerre mondiale conditionnèrent des mesures de change et tarifaires qui produisirent l'effet non recherché de promouvoir le processus d'industrialisation; d'autre part, entre 1933 et 1943, la classe dominante considéra une industrialisation modérée comme un moyen de maintenir le niveau de l'emploi et de répondre à la demande interne d'articles manufacturés qui ne pouvait être satisfaite à cause de la forte réduction de la capacité d'importer. Entre 1943 et 1946 s'élabora une politique qui sera appliquée pendant les dix années du gouvernement péroniste, consistant dans la redistribution du crédit en faveur de l'industrie nationale, dans le contrôle du change et dans l'expansion du marché intérieur au moyen de l'augmentation des salaires. D'autre part, tout le système bancaire et les nouveaux organismes de contrôle du commerce extérieur, que nous analyserons plus tard, furent mis également au service de cette redistribution des revenus au profit de l'industrie nationale. Nous allons examiner maintenant les trois premiers instruments de cette politique de substitution des importations industrielles.

La redistribution du crédit en faveur de l'industrie impliqua la nationalisation de la Banque centrale (1946), la création d'une Banque de crédit industriel (1944) et la nationalisation des dépôts bancaires; les détails de cette réforme bancaire sont développés au point 2.3 de ce chapitre. Mais il est important de souligner ici que pendant la période de 1945 à 1950-1952, le système bancaire transféra des ressources financières abondantes au secteur industriel; à partir de 1952, le revirement de la politique économique péroniste commença à privilégier de nouveau le crédit agraire.

Si nous analysons la composition du crédit industriel, nous verrons que la plus grande partie des crédits fut accordée pour le financement des opérations courantes, c'est-à-dire, pour l'achat de la force de travail et des matières premières (*cf.* tableau XXIII). Cette constatation permet de déduire le genre d'industries qui se sont développées dans la période péroniste. Tant à cause de l'absence d'une politique de planification des investissements qu'à cause des difficultés d'équipement de l'industrie sur les marchés extérieurs, la croissance industrielle de cette décennie s'est fondée sur des établissements de faible composition organique du capital, de basse productivité et très souvent de dimensions réduites. En d'autres termes, le développement manufacturier s'est caractérisé par la multiplication des petites et moyennes entreprises incapables d'entrer en concurrence sur le marché international et nécessitant toujours une protection douanière. L'examen du recensement industriel de 1954 confirme cette prédominance de la petite et moyenne Industrie dans la plupart des branches de la production. Le tableau VI montre le type de croissance industrielle de la période: la multiplication du nombre de petits établissements.

Nous avons vu le caractère limité de la redistribution du crédit en faveur de l'industrie. Le maintien de taux de change élevés permettait aux entrepreneurs d'obtenir l'équipement, les matières premières et les combustibles à bas prix. Les devises employées pour les importations industrielles provenaient des exportateurs qui les échangeaient à un taux bien inférieur à celui de leur vente aux importateurs: ceci fut un mécanisme effectif de transfert des revenus des propriétaires agricoles aux industriels.

Finalement, l'industrie nationale se développa grâce à l'augmentation des salaires; il ne faut pas oublier que cette petite et moyenne industrie produisait des biens de consommation durable et non durable, de qualité inférieure aux articles importés et destinés exclusivement aux classes dominées. Quant à l'évolution de la participation des salaires dans le PIB, le maximum, de 46.9%, a été atteint en 1954, et ce chiffre ne se répétera jamais.

Au sujet de cette politique industrielle, il faut dire quelques mots de deux Plans quinquennaux. Le premier, qui fut en vigueur théoriquement entre 1947 et 1951, consistait simplement d'un ensemble de projets de lois soumis par le Pouvoir exécutif au Parlement. La plupart d'entre eux ne furent jamais sanctionnés mais l'on appliqua effectivement quelques-unes des mesures d'encouragement industriel qui y étaient incluses. Le deuxième plan, qui devait s'appliquer entre 1951 et

1956 n'entra en vigueur qu'en 1954; parmi ses objectifs principaux se trouvaient le développement de l'industrie lourde et la consolidation d'une structure industrielle autonome comptant sur l'appui de l'État.

Pour étudier les étapes de la politique économique péroniste, il faut considérer séparément la période qui va de 1943 à 1950-1952 et la période finale de 1950-1952 à 1955. En effet, les mesures de politique économique de la première étape cherchaient de toute évidence à industrialiser et à récupérer le patrimoine national en recouvrant les investissements étrangers. Vers 1950-1952, les limitations du modèle de croissance adopté apparurent clairement: la persistance de soldes commerciaux négatifs, l'épuisement des réserves en devises, la diminution de la production agraire, tous ces facteurs contribuèrent à ce que le gouvernement péroniste se retournât vers la campagne et vers le capital étranger pour tâcher de réduire le blocage externe et de pousser le développement de l'industrie lourde que ni l'État ni la petite industrie nationale n'étaient en condition d'entreprendre.

Les caractéristiques principales de l'industrie en 1955 étaient les suivantes: le capital étranger représentait 11.9% du capital total du secteur; de l'ensemble des investissements industriels étrangers, 42% appartenaient à des firmes américaines, et 22% à des firmes anglaises. 50% du capital étranger total du secteur privé était affecté directement à la production industrielle tandis qu'en 1940 ce chiffre ne s'élevait qu'à 6.4%. L'État fournissait moins de 10% de la valeur de la production industrielle. Ses établissements ainsi que les établissements étrangers se trouvaient parmi ceux de plus grandes dimensions. Les secteurs privés nationaux étaient très hétérogènes et prédominaient parmi les branches de moindre valeur de production. La concentration géographique et économique était très élevée; en 1945, 1.47% des établissements (2 250 firmes) produisaient plus de 60% de la valeur ajoutée du secteur et concentraient 48% de la main-d'œuvre industrielle. En ce qui concerne la relation de l'industrie avec l'ensemble de l'économie du pays en 1955, la manufacture absorbait 15.3% du capital total, 14% de la population active et fournissait 23.4% de la valeur du PIB au coût des facteurs (cf. tableau XXIV). D'autre part, 30% de la valeur de la production industrielle correspondait aux machines-outils. Ces chiffres démontrent que, en 1955, l'importance économique de l'industrie avait rattrapé celle de l'agriculture en Argentine.

Si nous examinons maintenant les organisations économiques des entrepreneurs industriels, nous y trouverons également de profonds changements dont l'analyse peut nous permettre d'inférer la nature de l'alliance de classes constituée par le mouvement péroniste. En 1946, l'Union Industrial Argentina (UIA) fut mise sous tutelle et dissoute. Comme nous l'avons vu, cet organisme représentait la grande industrie de Buenos Aires et avait participé activement à la campagne électorale en s'opposant à la candidature péroniste. En 1946 également, fut créée l'AAPIC (Asociacion Argentina de la Produccion, la Industria y el Comercio) qui essaya de rassembler en une seule centrale confédérée le patronat industriel, agricole et commercial. L'histoire officielle de la CGE décrit ainsi l'organisation de cette confédération :

> L'AAPIC fut fondée le 20 mai 1946 dans la capitale fédérale. Ses principaux membres étaient la Bourse de commerce de Buenos Aires, la SRA, et les associations syndicales de la UIA qui était sous tutelle à l'époque. Les autorités qui la dirigeaient provenaient également de postes d'importance de ces organismes. Elle comptait sur l'adhésion de quelques sociétés de l'intérieur du pays mais peu nombreuses et sans poids décisif. (CGE, *Historia*, 1969, p. 2)

En 1949, l'AAPIC se transforma en CEA (Confederacion Economica Argentina). Selon l'historien de la CGE «ses organismes membres et ses dirigeants sont les mêmes».

Parallèlement, se forma à l'intérieur du pays et avec l'appui du gouvernement, un mouvement de petits et moyens entrepreneurs qui, en 1950, créaient une nouvelle centrale syndicale patronale : la CAPIC (Confederacion Argentina de Produccion, Industria y Comercio). La CEA et la CAPIC s'opposèrent durant plusieurs années bien que toutes les deux soutenaient l'idéologie péroniste. En 1953, les deux mouvements s'unirent à la requête du gouvernement pour former la Confederacion General Economica (CGE). Cet organisme déclara son adhésion au régime et fut mise sous tutelle quelques mois après la chute du gouvernement péroniste.

## 2.3.  L'ALLIANCE DE CLASSES PÉRONISTE : SA STRUCTURE

L'élan important donné au syndicalisme ouvrier par le régime péroniste (la totalité des ouvriers syndiqués passa entre 1944 et 1950 de 450 000 à 3 000 000) et l'effort du Pouvoir exécutif dans le but de développer les contacts entre la centrale patronale et la centrale ouvrière, nous permettent déjà d'établir quelque peu la nature de classe du mouvement péroniste. La masse ouvrière incorporée au processus industriel au cours des dix années précédentes ainsi que les cadres syndicaux constituaient des éléments en disponibilité pour le mouvement polyclassiste qui allait se former. Malgré l'augmentation importante de l'emploi industriel avant 1943, les salaires étaient restés bas, le syndicalisme était réprimé ouvertement ou de façon dissimulée, les revendications syndicales des ouvriers étaient négligées et il n'existait pratiquement pas de législation ouvrière. Le programme politique de Peron et l'action qu'il développa comme secrétaire du Travail entre 1943 et 1945, exprimaient les aspirations des travailleurs industriels dans la même

mesure qu'ils exprimaient les intérêts des producteurs industriels nationaux, qui avaient besoin de protection douanière et de crédit.

Sur le plan de l'organisation, le gouvernement s'efforça de former
une seule centrale patronale qui comprît la grande masse des petits et
moyens capitalistes de l'intérieur et de lui donner une structure confédérée et démocratique où le nombre eut plus de poids que le pouvoir économique. La CGE représenta ainsi l'ensemble du patronat argentin mais ses organes centraux se trouvaient dans les mains des
petits et moyens capitalistes nationaux. Parallèlement, on créa une centrale ouvrière unique, on encouragea l'affiliation massive des travailleurs et l'on favorisa les contacts entre la classe patronale et la classe
ouvrière. Tous ces éléments nous permettent de définir que l'alliance de
classes péroniste était composée d'un secteur hégémonique de petits et
moyens entrepreneurs nationaux du secteur industriel et comptait sur
l'appui ouvert des appareils syndicaux ouvriers et même de la classe des
travailleurs. Le « ciment » de cette alliance fut une armée nationaliste.
Ses officiers mirent sur pied des organisations syndicales et politiques
(le Parti justicialiste) et développèrent l'idéologie et la politique économique nécessaires à cette alliance.

Sur le plan des organisations politiques, nous observons le
même effort pour créer un parti nationaliste unique. En effet, la candidature de Peron compta, en 1945, sur l'appui de deux partis : le Parti
travailliste, formé par un groupe de syndicalistes sociaux-démocrates et
une fraction scindée du Parti radical. Immédiatement après la prise du
pouvoir en 1946 le Pouvoir exécutif ordonna la dissolution des deux
partis et constitua un « Parti unique de la révolution argentine » qui se
transforma en 1947 en « Parti justicialiste ».

Où se trouvaient donc les limites de la politique d'alliance nationaliste et industrialiste ?

a)    Dans l'impossibilité d'étendre le marché intérieur par la simple
redistribution du revenu en faveur du groupe des salariés sans modifier
la structure agraire fondée sur le latifumdium. Face aux limitations
structurelles de la croissance de l'industrie argentine, les augmentations
de salaires, si elles n'étaient pas accompagnées d'une augmentation
de la production et de la productivité, menaçaient l'existence même des
bénéfices industriels et provoquaient une spirale inflationniste des prix et
des coûts.

b)    Dans l'impossibilité que l'État, avec les ressources dont il disposait,
ou l'industrie nationale, trop peu concentrée, puisse envisager l'étape
de création d'une industrie lourde qui implique des investissements
importants et une faible rentabilité durant une longue période.

c)    Dans le retard de la structure agraire, incapable d'augmenter ses
rendements à un niveau significatif à cause de la prédominance de relations de production basées sur le latifundium.

d)   Dans la dépendance des marchés capitalistes internationaux où les prix et les conditions de vente étaient imposés par les métropoles.

## 2.4.  LA POLITIQUE BANCAIRE

Depuis les gouvernements nationalistes de 1943-1945 et le régime péroniste, le système bancaire a souffert des changements radicaux : on employa le vaste appareil financier de l'État qui se trouvait jusqu'alors sous le monopole des affaires agraires d'exportation, pour appuyer la politique industrielle et de plein emploi. En 1944, on fonda ainsi la Banque de crédit industriel qui permettait d'orienter la masse des moyens de paiement vers l'industrie nationale, privée et publique, pour des opérations à moyen et à long terme (*cf.* tableau XXIII). En 1946, on nationalisa la Banque centrale, par le décret 11.554, ainsi que l'ensemble des dépôts des banques privées qui ne conservèrent alors que la liberté d'opérer sur leur propre capital. Cette même année, on rétablit le contrôle du change qui avait été supprimé en 1941 et c'est la Banque centrale qui se chargea de cette fonction. Le taux de change maintenu était élevé, favorisant ainsi les importateurs industriels par rapport aux exportateurs agraires. La Banque créa également un régime de taux préférentiels qui jouait en faveur de l'importation de biens d'équipement et intermédiaires. Pendant toute la période, il y eut une création abondante de moyens de paiement (papier-monnaie, argent bancaire) basée sur la séparation des dépôts et des prêts établie à la suite de la nationalisation des dépôts des banques. En même temps, la Banque de la Province de Buenos Aires fut nationalisée et les fonctions des banques de prêts les plus importantes furent partagées : la Banque de la nation se chargea du crédit pour les secteurs agraire et commercial, la Banque industrielle, du crédit pour le secteur manufacturier, et la Banque hypothécaire, du crédit pour le secteur du bâtiment. En 1949, la Banque centrale fut mise sous la tutelle du ministère des Finances et le titulaire du portefeuille fut également, depuis lors, président de l'institution bancaire. Dans une première étape, la Banque centrale participa également à la régulation du commerce extérieur et elle se constitua ainsi dans la pratique comme l'organisme le plus important de la planification économique.

Du point de vue qui nous intéresse, il est nécessaire de souligner la faiblesse de la bourgeoisie financière : en effet, l'État est resté le principal banquier. L'agriculture et le commerce d'importation et d'exportation utilisèrent les banques publiques jusqu'en 1943. L'industrie nationale ne posséda pas de banque jusqu'en 1944. De 1943 à 1955, la bourgeoisie manufacturière nationale utilisa l'appareil de l'État, considérablement renforcé, pour canaliser les ressources financières à son profit.

## 2.5.   LE COMMERCE EXTÉRIEUR ET LE CAPITAL ÉTRANGER DANS LA PÉRIODE PÉRONISTE

### 2.5.1.   Le commerce extérieur

La composition des exportations et leur destination par pays ne présentèrent pas de grands changements pendant la période péroniste. Les céréales, les oléagineux, la viande et les sous-produits de l'élevage continuèrent à se vendre aux mêmes pays (*cf*. tableau XIV). Les importations au contraire ont connu quelques transformations. Les États-Unis déplacèrent l'Angleterre comme principal pourvoyeur à la suite de la guerre ; les biens d'équipement et intermédiaires commencèrent à prédominer sur les biens de consommation finale.

Jusqu'en 1949, les prix restèrent élevés et la demande de produits argentins demeura importante ; mais au cours du deuxième quinquennat de la gestion péroniste (1950-1955), les prix commencèrent à décliner ainsi que la demande tandis que les États-Unis lançaient sur le marché international des céréales leurs propres excédents d'après-guerre ; une sécheresse circonstantielle provoqua la diminution des excédents exportables ce qui aggrava la crise de la balance commerciale qui commençait déjà à se dessiner. Cette crise du commerce extérieur manifestait le manque de viabilité du projet d'industrialisation basé sur l'exportation de quelques produits agraires.

Au sujet de la politique de commercialisation de la gestion péroniste, il faut souligner les efforts réalisés dans le but d'obtenir un excédent des exportations argentines. En 1946, on expropria de façon permanente les élévateurs de grains de ports et depuis lors l'État les donna à ferme aux entreprises d'exportation. Cette année-là fut fondé l'Instituto Argentino para la Promocion del Intercambio (IAPI, Institut argentin pour la promotion des échanges), organisme officiel de commerce qui prit à sa charge le monopole de l'achat et de la vente de toute la production agricole ; la Banque de la nation et, dans une moindre mesure, la Banque industrielle agirent comme ses agents financiers. La Junta Reguladora de Granos et la Junta Nacional de Carnes furent placées sous le contrôle de l'IAPI et de la Banque centrale, nationalisée peu de temps avant. L'IAPI fonctionna comme un nouvel intermédiaire car il ne réussit pas à éliminer le trust des céréales auquel il revendait le grain en lui laissant une marge de bénéfices et en l'obligeant à opérer comme un simple agent commercial. L'excédent obtenu par l'IAPI du commerce d'exportation était destiné au financement de l'équipement industriel. Les devises que les exportateurs devaient remettre à l'État étaient vendues par l'IAPI aux importateurs de biens industriels d'équipement. Le niveau élevé de la demande et des prix internationaux des grains dans l'après-guerre ont transféré à l'IAPI des ressources qui, dans ce secteur exclusivement, s'élevèrent à 3.894 millions de dollars entre 1946 et 1952. À partir de là, les tendances du marché mondial transformèrent les excédents en déficits car les prix payés par l'IAPI étaient supérieurs aux prix de revente. C'est ainsi que fut retransférée au secteur rural, entre 1953 et 1955, une masse considérable de revenus.

En ce qui concerne les viandes, le processus fut différent mais arriva aux mêmes résultats. Après quelques années, l'IAPI finit par subventionner les frigorifiques du pool par une somme s'élevant à peu près à 7 milliards de pesos courants (1 milliard de dollars courants).

## 2.5.2. Le capital étranger

La politique du gouvernement péroniste montra des variations et des limitations sous cet aspect. Le flux de capital étranger s'arrêta entre 1945 et 1955. La politique de nationalisations réduisit le montant des investissements anglais et français et élimina les investissements allemands (cf. tableau XX). Le transport interne devint tout à fait public: l'État acheta les actions des chemins de fer anglais et français et des lignes urbaines de transport de passagers. Toute l'industrie allemande considérée possession de l'ennemi fut expropriée sans indemnités et ces entreprises formèrent le groupe public DINIE. Les soldes commerciaux positifs importants de l'échange bilatéral avec l'Angleterre, accumulés pendant la guerre et l'après-guerre par suite de la cessation des paiements par ce pays, furent déboursés pour l'achat de soixante pour cent des investissements anglais directs et pour le retransfert complet de la dette publique.

Les nationalisations cherchaient en partie à soulager la balance des paiements externes du poids des services financiers qui représentèrent pendant plusieurs décennies une somme équivalente à trente pour cent de la valeur des exportations ou à cent cinquante pour cent des entrées nettes de capital à long terme. Ces deux chiffres montrent la vulnérabilité externe du pays: quand les exportations diminuaient ou que le flux des investissements baissait, le service de la dette devenait très lourd, forçant le pays à restreindre le rythme de capitalisation interne et le niveau des importations.

Vers la fin de la période péroniste, le service de la dette publique ne représentait qu'un pour cent de la valeur des exportations; l'objectif principal recherché avait donc été atteint. Cependant la simple nationalisation des actifs de l'étranger ne réussit pas à limiter les effets de la distribution de ces capitaux sur la structure de la production et le système des transports. Ainsi, l'État péroniste ne modifia pas le tracé colonial des chemins de fer; il se limita à les nationaliser sans changer les caractéristiques qui les rendaient instrument de contrôle économique et de déséquilibre régional. Nous avons vu également que l'industrie étrangère étatisée ne connut pas de progrès importants depuis son transfert au secteur public. D'autre part, le revirement de la politique économique de 1952-1955 toucha également l'attitude envers le capital étranger.

En 1953, une nouvelle loi d'implantation des capitaux étrangers permettait aux capitalistes externes de participer au développement industriel du pays (loi 14.222). La loi autorisait le renvoi au pays d'origine d'un maximum de huit pour cent des bénéfices, deux ans après la réalisation de l'investissement. Le seul champ d'application de cette loi était le secteur manufacturier : en effet son caractère trop restrictif n'attira des projets que pour une somme totale de 42.7 millions de dollars. Simultanément, on transforma en entreprises mixtes ou privées quelques entreprises du groupe DINIE.

D'autre part, le rapatriement des investissements étrangers au cours des cinq premières années de gouvernement laissa le pays sans réserves en devises. Entre 1949 et 1955, l'Argentine s'endetta de 600 millions de dollars à titre d'emprunts à court et moyen terme pour financer les importations ; les intérêts correspondant à ces emprunts n'étaient pas inférieurs aux services des investissements rachetés.

En 1955, le capital étranger ne fournissait que 5.9 % de tout le capital fixe du pays. Les États-Unis occupaient le premier poste laissant le deuxième à l'Angleterre. Finalement il faut souligner le changement de la structure des investissements étrangers pendant la période péroniste. La plupart étaient concentrés sur la production de biens : 34.3 % dans l'industrie de biens de consommation finale ; 33.8 % dans l'industrie de biens d'équipement et 11.9 % dans l'agriculture.

Du point de vue des relations de dépendance externe, la période péroniste représente à la fois une étape de relâchement de ces liens et une étape de transition de la domination anglaise à la domination américaine. En effet, l'alliance de classes péroniste, en tant que mouvement orienté par une faible bourgeoisie industrielle nationale et par une armée nationaliste, n'arriva qu'à rompre les formes traditionnelles de dépendance, sans pouvoir en même temps éviter l'établissement de formes nouvelles. La structure agraire et exportatrice était devenue insuffisante et la structure industrielle produite par ces nouvelles formes de dépendance était incapable de réaliser la reproduction capitaliste élargie à cause du sous-développement du secteur producteur de moyens de production.

Les principales conséquences de la distribution du capital étranger sur la formation de la classe propriétaire furent les suivantes : a) Les investissements étrangers directs ne se concentrèrent pas sur un secteur défini de l'économie argentine. Ils envahirent au contraire l'industrie comme le commerce et dans une moindre mesure l'agriculture et le secteur bancaire ; ils furent presque exclusifs dans les transports et les services. À partir des nationalisations effectuées par la gestion péroniste, ils tendirent à se concentrer dans l'industrie manufacturière, tout en conservant leurs positions dominantes dans le commerce international. Dans chaque secteur, ces capitaux s'associèrent au capital national suivant certaines modalités. C'est ainsi que s'établit une forte liaison entre la bourgeoisie nationale et les entreprises étrangères : dans l'industrie, au moyen de la co-participation dans le capital-actions des grandes sociétés anonymes ainsi qu'au moyen de l'octroi de crédits, de la concession de licences et de brevets de fabrication, de la fourniture de machines, de pièces et de services techniques aux entreprises nationales par les groupes étrangers ; dans l'élevage, au moyen de l'achat des excédents exportables de bétail par les industries frigorifiques étrangères. Les seuls secteurs en conflit — parfois ouvert, parfois latent — furent celui de la commercialisation de la production agricole (grains, coton, etc.) où les petits producteurs nationaux faisaient face aux trusts intermédiaires, et celui de la petite et moyenne industrie nationale qui avait besoin de protection douanière, d'appui fiscal et de crédit face à la grande entreprise étrangère ; b) Le capital étranger était plus développé techniquement, plus autonome financièrement et plus concentré économiquement ; ces caractéristiques lui donnèrent un haut degré de mobilité et de monopole et lui permirent d'obtenir des bénéfices plus élevés. C'est ce qui explique que ses relations avec le capital national furent des relations de domination, au moins sur le plan strictement économique.

# CHAPITRE 3

# La Révolution libératrice : 1955-1958

Le 16 septembre 1955, un soulèvement militaire destitua l'administration péroniste et établit un gouvernement civil et militaire dirigé par le général E. Lonardi. Deux mois plus tard, celui-ci devait renoncer au pouvoir et le général P. E. Aramburu assuma la présidence provisoire de la République en promettant la «normalisation économique et politique du pays» et la convocation d'élections dans un délai de quelques années, délai nécessaire à ce processus d'institutionnalisation.

Dans une première partie de ce chapitre, nous examinerons l'évolution économique de la période 1955-1958, en mettant l'accent sur les principaux secteurs de l'activité productrice et du commerce extérieur. Nous analyserons également les caractéristiques principales des politiques sectorielles du gouvernement de la Révolution libératrice. Dans une seconde partie, nous étudierons la stratégie gouvernementale globale et les réactions des divers organismes patronaux. Dans une troisième partie, nous analyserons l'origine socio-économique des fonctionnaires de l'État et surtout leurs liaisons avec les entreprises. Ces éléments, ainsi que l'étude des politiques économiques et de leurs résultats, nous permettront de déterminer le caractère de classe de l'État au cours de la période. Pour conclure, nous verrons la restructuration de la scène politique en 1957-1958, qui donnera lieu à la gestion radicale de 1958-1962.

## 1. L'ÉVOLUTION ÉCONOMIQUE DE 1955 ET LES POLITIQUES PAR SECTEUR

### 1.1. L'AGRICULTURE ET L'ÉLEVAGE

La stratégie gouvernementale de la période, orientée par le Plan de rétablissement économique rédigé par Raul Prebisch fut axée sur le secteur agricole. L'objectif de base était celui d'augmenter la production au moyen de la dévaluation monétaire, ce qui placerait les produits argentins sur le marché mondial dans des conditions plus concurrentielles, tout en transférant des revenus aux propriétaires ruraux. Cette politique, mise en œuvre en 1955, immédiatement après la prise du pouvoir, éleva la parité du peso de 7.50 pesos/dollar à 28 pesos/dollar entre octobre 1955 et avril 1958. Aldo Ferrer, économiste argentin de tendance structuraliste, explique les fondements de cette mesure de la façon suivante :

> Traditionnellement, le prix en pesos reçu par les exportateurs a été déterminé par le prix en monnaie étrangère des produits exportés et par le taux de change de celle-ci par rapport à la monnaie nationale. Le prix en monnaie étrangère dépendait et dépend des conditions du marché mondial. Sauf quelques exceptions [les ventes de viande à l'Angleterre], l'Argentine n'a jamais eu d'influence sur les prix internationaux des produits qu'elle exporte. Quant au taux de change, il est conditionné surtout par le résultat des transactions avec l'extérieur et par la politique économique du pays (agissant sur le régime de change, le niveau de la demande intérieure, etc.). Les produits agricoles exportés sont de la même nature que ceux que l'on destine au marché intérieur pour satisfaire les besoins alimentaires de la population du pays et pour ravitailler l'industrie transformatrice de produits ruraux. Traditionnellement, le prix intérieur des produits agricoles a été conditionné par les prix d'exportation en pesos. De cette façon, le taux de change a toujours eu une influence décisive sur les prix internes de vente de la production rurale. Comme les prix des autres secteurs de la production (l'industrie et les services) ne se modifient pas automatiquement dans le même sens et au même degré que ceux de la production agraire, il est évident que la dévaluation du peso doit modifier les prix relatifs de la production rurale et du reste de l'économie nationale. Dans d'autres termes, la dévaluation affecte la structure de prix de l'économie argentine. *Cette modification des prix relatifs implique des transferts de revenus du reste de l'économie nationale vers le secteur agraire.* (Ferrer, 1970, p. 14 et 15. C'est nous qui soulignons.)

Plus loin, Ferrer introduit une autre hypothèse sur la redistribution de revenus produite par la dévaluation :

> La modification de la structure de prix déterminée par la dévaluation engendre non seulement des transferts de revenus entre les secteurs, affectant par suite la participation de chaque secteur d'activité dans le revenu interne, mais *elle change également la distribution du revenu entre les rémunérations du travail, du capital et de l'entreprise.* Les causes de ce processus sont les suivantes : a) la participation des rémunérations du travail dans le revenu net n'est pas la même dans tous les secteurs de l'activité économique. [...] Par conséquent, s'il se produit une modification de la structure des prix et les secteurs de plus haute participation du travail dans les revenus (l'industrie et les services) transfèrent des revenus à ceux de plus basse participation (l'agriculture et l'élevage), cela provoquera nécessairement une

dıminution de la participation du travail dans le revenu de l'ensemble de l'économie du pays [...] b) Le capital et l'entreprise tendent à absorber d'abord dans l'agriculture, les transferts de revenus reçus du reste de l'économie nationale. (Ferrer, *op. cit.*, *loc.cit.* C'est nous qui soulignons.)

Un travail de recherche estime que le transfert de revenus reçus ainsi par le secteur agricole pendant la période s'éleva au moins à 1 milliard de dollars courants, desquels 25% seulement, dans le meilleur des cas, correspond au travail.

L'effet attendu de cette mesure était une augmentation de l'investissement, et par suite, de la production agricole. Les effets réels, outre la redistribution des revenus, furent les suivants : la production resta stagnante (*cf.* tableaux XXV et XXVI) pour l'ensemble du secteur agricole. La production de grains et d'oléagineux n'augmenta pas ; par contre, l'abattage de bétail, surtout bovin, s'accrut. Cette liquidation des stocks fut la conséquence du cours du change fixé : il était de 23 pesos argentins par dollar pour les grains tandis que pour la viande il n'était que de 18 pesos. Par conséquent, de nombreux éleveurs décidèrent de reconvertir leur exploitation à l'agriculture et d'envoyer leur bétail à l'abattoir.

Comment expliquer cet échec de la stratégie gouvernementale destinée à l'accroissement de la production agraire ? A. Ferrer l'attribue à deux motifs : 1. La demande mondiale de produits agricoles est peu élastique par rapport à l'augmentation du revenu des centres de consommation. 2. Le régime de possession de la terre ne stimule pas les fermiers à réaliser des investissements vu la précarité de leur situation légale ; d'autre part, les propriétaires manquent d'«attitude capitaliste typique» et ne réalisent pas non plus d'investissements. (Ferrer *op.cit., loc.cit.*) Quant à Martinez de Hoz, économiste de tendance libérale, il attribue cet échec à la hausse des gages et des salaires accordés pendant la période, ce qui aurait déterminé une augmentation démesurée des coûts de production agricole, et à « la cherté et [au] manque de machines agricoles — spécialement de tracteurs — en vertu d'une trop forte protection à l'industrie nationale aux dépens du secteur agraire ». (Martinez de Hoz, 1967, p. 87)

Notre interprétation du phénomène de la stagnation de la production agraire du Littoral ne coïncide avec aucune des deux explications énoncées qui sont assez représentatives de la pensée de la plupart des économistes et sociologues. S'il est vrai que la demande en aliments des marchés traditionnels de l'Argentine (surtout l'Europe occidentale) a diminué, il est vrai aussi que de nouveaux acquéreurs, en particulier les pays socialistes, ont surgi sur le marché des aliments. Ces marchés n'ont pas été ravitaillés par l'Argentine (mais par l'Australie, le Canada ou les États-Unis) à cause d'une politique commerciale particulière qui a empêché les échanges avec les pays socialistes et a rattaché l'Argentine à la demande décroissante des métropoles de l'Europe occidentale. Nous développerons ce point ci-dessous (*cf.* chapitre 3, section 3). D'autre part, nous ne pensons pas que les propriétaires terriens manquent de mentalité capitaliste; c'est un fait reconnu, bien qu'il n'existe pas de sources officielles sur ce sujet, que les bénéfices de la grande exploitation agricole sont très souvent virés à l'étranger et investis ou déposés dans des pays capitalistes centraux. Un ministre de Finances argentin calculait en 1972 que le chiffre total des capitaux argentins envoyés à l'étranger s'élevait au moins à 8 milliards de dollars, pour la plupart d'origine agricole. En réalité, le propriétaire terrien prend en considération non seulement les rendements de son capital dans l'agriculture, mais aussi le risque d'une expropriation éventuelle et de l'augmentation de son capital en pesos grâce aux dévaluations continuelles de la monnaie argentine. Dans ces conditions, il préfère envoyer ses bénéfices à l'extérieur et ne pas investir. Par contre, nous sommes d'accord avec Ferrer quant à penser que le fermier se trouve dans une situation légale et économique qui le pousse à ne pas investir. Malheureusement, il n'existe pas de renseignements sur l'emploi des bénéfices de l'exploitation agricole pour aucun des deux groupes, ni sur l'évasion des capitaux, ni sur les tendances à investir ou à épargner.

Quant à la seconde interprétation (libérale) de la stagnation du développement agricole du Littoral, il nous est également impossible de l'appuyer. La participation des salariés du secteur agricole dans le revenu brut interne des facteurs est passée de 33.1% à 31.0% entre 1955 et 1958, tandis que l'excédent brut d'exploitation est passé de 66.9% à 69% dans la même période. Dans le secteur manufacturier, la participation des salariés dans le revenu brut interne des facteurs est beaucoup plus élevée bien qu'elle ait également diminué au cours de la période, passant de 47.6% à 41.2%. C'est-à-dire que les revenus des travailleurs employés dans le secteur agricole sont très bas par rapport à ceux des travailleurs employés dans la manufacture et tendent à décroître comme proportion du revenu brut interne. Si nous considérons les rémunérations moyennes annuelles des salariés sans «déflationner», celles-ci ont passé de 7 496 pesos en 1955 à 17 240 pesos en 1958 dans le secteur agricole, tandis que pour l'ensemble du pays elles ont passé de 13 021 à 27 579 pesos. Les augmentations de la rémunération nominale ont donc été de 217% pour l'agriculture et de 212% pour l'ensemble de l'économie[1].

Dans ces conditions, on ne peut pas affirmer que l'augmentation des salaires agricoles ait empêché la réalisation d'investissements productifs. La deuxième cause présentée par Martinez de Hoz n'a

---

1.  Ces chiffres sont extraits (ou calculés à partir) de la publication de la Banque centrale: *Origen del Producto y Distribucion del Ingreso, 1950-1969*, Buenos Aires, 1971. *(Origine du produit et distribution du revenu, 1950-1969.)*

qu'un fondement partiel: il est vrai que la production argentine de machines agricoles se fait à des prix supérieurs à ceux du marché mondial, mais cela est dû surtout à la structure monopoliste de cette branche, que nous analyserons en détail au chapitre 5, sur la base du recensement industriel de 1964. De plus il n'est pas vrai que l'industrie nationale soit protégée puisque les entreprises productrices de machines agricoles, surtout de tracteurs, sont de grandes sociétés étrangères. Il serait plus exact d'affirmer qu'au moyen de la structure monopoliste du marché, ces entreprises sont capables de transférer en leur faveur des revenus des consommateurs (agricoles), dont il est difficile d'estimer le montant.

Pour faire la synthèse de notre interprétation de la rigidité de la production agricole du Littoral au cours de la période, nous affirmerons que les relations de production du secteur rural (latifundium — minifundium) et les relations de pouvoir dans l'ensemble de la société, où l'État empêche l'ouverture de nouveaux marchés, sont les causes centrales et permanentes de ce phénomène. Nous reviendrons plus tard sur ce point.

En ce qui concerne les cultures industrielles, qui ont une très basse participation dans la valeur des exportations, leur stagnation au cours de ces années est due à la contraction du marché intérieur par suite de la redistribution régressive des revenus.

Un deuxième objectif central de la politique agricole du gouvernement provisoire de la Révolution libératrice fut l'introduction de changements dans le régime légal de la possession de la terre. Nous avons vu au chapitre précédent que sous la gestion nationaliste de 1943-1945 et sous le régime péroniste, les baux de fermage et de métayage furent prorogés automatiquement par la loi, sans modifications importantes des prix de location. Ces mesures, face à l'augmentation générale des prix qui s'accéléra à partir de 1949, représentèrent dans les faits un transfert de revenus vers le locataire, indépendamment de la redistribution sectorielle qui se réalisa aux dépens de l'ensemble de l'agriculture.

La gestion de la Révolution libératrice mit fin à cette situation. En décembre 1955, elle passa le décret 7095 qui prorogeait à nouveau les baux, mais pour une année seulement, tandis qu'un changement global du régime légal de la possession de la terre était à l'étude. En décembre 1957, on promulgua le décret-loi 2187, nommé Plan de transformation agraire, qui visait ouvertement à faciliter l'accès du producteur rural fermier à la propriété de la terre, à revenir à un régime de libre contrat entre propriétaires et locataires et à encourager le progrès technique de l'agriculture. Le moyen employé dans ce but fut la création d'un portefeuille de crédits dans les banques officielles, qui s'engageaient à financer entre quarante et quatre-vingts pour cent du prix d'achat du terrain, à un taux d'intérêt peu élevé et un amortissement à long terme. Le Plan initial, ainsi que ses transformations et élargissements en 1957, prévoyait l'expulsion des locataires qui ne se décidaient pas à acheter leur terrain, mais l'on n'arriva pas à appliquer cette disposition car les expulsions rurales furent suspendues par la gestion radicale de A. Frondizi en 1958. Nous ne disposons pas de renseignements sur les effets réels du Plan de transformation agraire, et les recensements ne permettent pas non plus d'estimer l'ampleur du processus de transformation des fermiers en propriétaires. Comme nous le verrons au prochain chapitre, en 1960 l'importance quantitative du fermage paraît avoir diminué selon les données du recensement.

Dans l'ensemble, nous pouvons affirmer que tant la politique de revenus que celle de la possession de la terre ont favorisé surtout les propriétaires terriens vis-à-vis du reste de l'économie dans le premier cas et du fermier dans le deuxième. Dans le premier cas, par l'accroissement relatif des prix agricoles par rapport aux prix industriels, face à des salaires bas et décroissants; dans le deuxième cas, par le Plan de tranformation agraire qui donnait au locataire le choix de rendre la terre, de s'endetter ou bien de payer des rentes élevées aux propriétaires fonciers qui jouissaient d'une situation de monopole.

## 1.2.   L'INDUSTRIE MANUFACTURIÈRE ET LA POLITIQUE DU SECTEUR

Pendant la période se déroulant entre septembre 1955 et avril 1958, l'industrie manufacturière continua à croître lentement malgré les mesures de politique économique qui la désavantageaient par rapport au secteur rural. L'indice du volume physique de la production du secteur passa de 81.1 en 1955 à 93.5 en 1957 et à 101.3 en 1958, prenant comme année de base 1960 = 100 (les valeurs de 1958 contiennent l'accroissement important de l'activité économique qui eut lieu à partir du mois de mai 1958, au commencement de la gestion radicale) (cf. tableau XXV). L'analyse des différents groupes industriels présente déjà une tendance qui s'accentuera plus tard: la croissance de l'industrie moderne de biens de consommation durable ou intermédiaires où prédomine le capital étranger, par rapport aux secteurs qui produisent des biens de consommation non durables, où prédominent le capital national et la petite entreprise. Par exemple, la participation de la branche «Aliments, boissons et tabac» dans le PIB de la manufacture au coût des facteurs a baissé de 23 à 22.2% entre 1955 et 1958; celle de la branche «Textiles et cuirs» est tombée de 21.5 à 18.8%; celle de l'industrie du bois a baissé de 2.6 à 2.3%. Par contre, celle des industries de base des métaux est passée de 3.7 à 4.2%; la fabrication des produits en métal, machines et matériel d'équipement augmenta de 19.7 à 23.2% pour ces mêmes années. En 1958 les branches traditionnelles de l'industrie manufacturière — les groupes industriels 3.1 à 3.4 et 3.9 — réunissent encore plus de 50% du PIB du secteur au coût des facteurs et occupent plus de 50% de la main-d'œuvre. En réalité, tous les secteurs de la manufacture se sont développés entre 1955 et 1958, bien que la croissance des branches traditionnelles ait été plus lente (*cf.* tableau XXVI).

La seule interprétation relativement achevée de la croissance industrielle de l'Argentine dans cette période est celle de Jorge Katz (1969), qui signale précisément ces tendances. Dans son ouvrage sur la structure industrielle argentine de 1946 à 1961, Katz distingue deux périodes : de 1946 à 1954, avec des rendements constants, c'est-à-dire, sans incorporation de technologie, avec plein emploi et des salaires élevés, plus ou moins équivalents dans les divers secteurs grâce à l'action de l'État ; et de 1955 à 1961, avec des rendements croissants, par l'introduction de capital étranger techniquement plus développé, un sous-emploi croissant dû à la technologie et des salaires qui tendent à se déséquilibrer par le caractère monopoliste des entreprises étrangères, la pression des syndicats et un gouvernement qui ne contrôle plus, dans chaque branche, la rétribution de la force de travail. Cette interprétation explique avec assez de précision les données dont nous disposons : les emplois dans l'industrie n'augmentent pas, mais leur structure interne se modifie ; les secteurs « modernes » prédominent chaque fois plus, avec la participation des firmes étrangères, face aux secteurs « traditionnels » de la petite et moyenne industrie nationale.

En ce qui concerne la politique du secteur manufacturier, le gouvernement de la Révolution libératrice accentua les tendances anti-industrielles que la gestion péroniste avait déjà commencé à mettre en pratique depuis 1952. Sur le plan des dispositions générales, le Régime de promotion et de protection des industries d'intérêt national établi par le décret-loi 14630 de 1944 qui restait en vigueur, ainsi que le Plan Prebisch, reconnaissaient l'importance et le besoin d'encourager l'industrie. Le Plan Prebisch exprimait sur ce point :

> En ce qui concerne la production industrielle, nous nous trouvons face à deux problèmes. D'un côté, il faut commencer à appliquer avec vigueur des pratiques qui augmentent la productivité ; de l'autre, il faut encourager de nouvelles activités offrant des bases plus solides au développement industriel [...] Tel est le but des mesures suivantes :
> 1. Etablissement de l'industrie sidérurgique.
> 2. Etablissement et développement des branches métallurgiques et mécaniques qui prennent appui sur la sidérurgie [...]
> 3. Développement d'autres industries substituant les importations [...]
> 4. Accroissement de la productivité [...]
> 5. Promotion de la production minière [...] (*Plan de rétablissement économique*, p. 6-7)

On conserva également en vigueur des lois spéciales pour la promotion de certaines branches de l'industrie lourde : la loi « Savio » (n° 12.987) de 1947, aussi connue sous le nom de Plan sidérurgique argentin; la loi 11.954 de 1954 sur l'industrie de l'automobile, prorogeant pour trois ans la disposition péroniste de 1951; les lois sur les tracteurs, la cellulose, etc. Cependant, les instruments de promotion directe (création d'entreprises publiques) comme les instruments de promotion indirecte (crédits bancaires, franchises douanières, fiscales ou sur le change) ne réussirent pas plus que sous la période péroniste à développer les industries de base.

Malgré des dispositions générales dont le but était de développer l'industrie, nous avons vu que la politique de revenus tendait à redistribuer ceux-ci en faveur de l'ensemble de l'agriculture et au détriment de la manufacture. La politique de crédits industriels diminua également les ressources destinées à ce secteur. Le pourcentage de crédit par rapport au Produit brut du secteur au coût des facteurs baissa de 0.287 à 0.225%. La réforme bancaire de 1957, que nous analyserons au point 1.3 de ce chapitre, a aussi restreint les ressources de la Banque industrielle; la participation de celle-ci dans le financement de l'industrie tomba de 44.5% à 23.0% de 1956 à 1958. La diminution du crédit, à laquelle l'industrie nationale est particulièrement sensible, coïncida ainsi avec le renforcement de la politique économique qui tâchait de rétablir l'agriculture et le capital étranger comme éléments dynamiques de l'économie. D'autre part, la distribution régionale du crédit industriel accordé par la Banque industrielle se modifia également: le Grand Buenos Aires, dont le crédit était passé de 76% en 1947 à 48% en 1954, reçut à nouveau 60% du crédit entre 1955 et 1958. Le crédit aux entreprises publiques souffrit aussi une baisse; le crédit pour les dépenses d'exploitation continua à prédominer sur le crédit destiné aux investissements.

Les dispositions fiscales, secondaires par rapport au crédit, n'ont pas été modifiées substantiellement par le Gouvernement provisoire. Le seul changement important fut la substitution du contrôle du change péroniste par les surtaxes de change sur les importations, comme mécanisme de protection de l'industrie nationale. En ce qui concerne les investissements étrangers, que nous analyserons en détail au point 1.4 de ce chapitre, on abolit la loi 14.222 de 1953; et malgré tout, les capitaux n'affluèrent pas plus que dans la période péroniste.

Quant aux entreprises publiques industrielles, la politique de la Révolution libératrice en privatisa la plus grande partie, appartenant au groupe DINIE, par le décret 15.385 de 1957. Cette mesure s'appuya sur le caractère déficitaire de certaines d'entre elles, sur le manque de ressources de l'État pour envisager leur expansion et sur les circonstances de leur nationalisation. L'État conserva les entreprises sidérurgiques du groupe SOMISA, tant à cause des pressions des secteurs militaires que de l'état avancé des travaux qui d'ailleurs ne furent pas inaugurés dans cette période.

En somme, nous pouvons observer que la politique industrielle de la période, bien qu'étant favorable, au niveau des dispositions générales, au développement de l'industrie, n'avantagea dans les faits qu'un seul secteur: le secteur étranger, qui récupéra les firmes nationalisées, qui accédait plus facilement au crédit bancaire grâce à la libéralisation de celui-ci ou bien au moyen de l'auto-financement, et qui était moins dépendant du financement bancaire. Par contre, l'industrie publique tendit à diminuer et l'industrie privée nationale à perdre son accès aux sources de crédit bien qu'elle conservât une réelle protection douanière; de plus, on lui retira des possibilités d'équipement à cause de la suppression du contrôle du change et de la dévaluation monétaire. La suppression du régime de taxes préférentielles conspira aussi contre l'investissement dans la manufacture privée nationale.

### 1.3. LE SYSTÈME BANCAIRE, LA POLITIQUE ET L'ÉVOLUTION MONÉTAIRES

Le système bancaire souffrit de profondes modifications tendant à sa décentralisation et à sa libéralisation. Le décret 14.570 de 1956 ordonna l'autarcie technique et administrative de la Banque centrale comme organisme de l'État et l'adaptation de son fonctionnement aux dispositions générales du Pouvoir exécutif en matière de politique économique. La libéralisation du système bancaire officiel fut complété par les lois 13.125 à 13.130 d'octobre 1957. La première d'entre elles (n° 13.125) rendait aux banques la faculté de disposer de leurs dépôts, ce qui leur avait été interdit lors de la nationalisation des dépôts en 1946. De même, le gouvernement se chargeait de la dette contractée par l'IAPI et d'autres institutions publiques avec les banques officielles, au moyen d'un bon de consolidation détenu par la Banque centrale. La loi 13.126, (Nouvelle Charte organique de la Banque centrale) réordonnait la structure et les fonctions de cet organisme. Ses facultés principales étaient les suivantes:

> Contrôler le volume du crédit bancaire et des moyens de paiement afin de maintenir le pouvoir d'achat de la monnaie; promouvoir le développement ordonné de l'épargne et de l'investissement et stimuler la croissance ordonnée et continuelle du revenu national en maintenant le plus haut niveau possible d'emploi des facteurs de production. (Décret-loi 13.126)

Nous observons clairement que la position adoptée ici se trouve à mi-chemin entre une attitude libérale qui ne proposerait comme faculté principale que celle de contrôler le volume du crédit et des moyens de paiement comme en 1935, et une attitude interventionniste qui mettrait l'accent sur la croissance et le plein emploi, comme en 1946. D'autre part, dans la nouvelle Charte organique, il était interdit à la

Banque centrale d'accorder des prêts aux particuliers ou à l'État, d'acheter des actions (sauf celles des organismes internationaux), de posséder des biens-fonds (sauf ceux qui étaient nécessaires à son fonctionnement) et de participer dans des entreprises, quel que soit leur genre. Mais la Banque pouvait opérer avec des titres publics dans le but de contrôler le marché monétaire, et effectuer pour un délai d'un an des avances provisoires pour une somme qui ne dépasse pas trente pour cent des revenus fiscaux de celui-ci au cours des douze derniers mois. Ces deux dernières dispositions (articles 49 et 27 respectivement) ont permis aux divers gouvernements de financer leurs déficits fiscaux en émettant de la monnaie à travers la Banque centrale.

La loi 13.127 réorganisa la Banque industrielle, qui se transforma en une simple banque : sa participation au financement de l'industrie diminua et ses ressources furent restreintes.

Quant à l'ensemble des banques commerciales privées argentines, nous pouvons observer qu'au mois de décembre 1957, les institutions officielles et mixtes concentraient presque 70 % des dépôts ; les autres 30 % restaient dans les mains des banques privées (cf. tableau XXVII). La concentration était très élevée, tant dans le secteur public que dans le secteur privé car quelques banques seulement contrôlaient plus de 50 % des dépôts.

Si nous considérons maintenant les principaux éléments de l'évolution monétaire pendant la période, nous observons que les accroissements importants de la masse des moyens de paiements n'ont pas cessé en 1955 malgré la politique de restriction. En ce qui concerne la liquidité réelle, calculée en «déflationnant» la masse monétaire au moyen de l'indice des prix implicites dans le PIB au coût des facteurs, la quantité d'argent par habitant en 1957 était déjà inférieure à celle de 1946 et continua ensuite à baisser. C'est la conséquence de la politique de restriction à la création de moyens de paiement, suivie dans la période 1955-1973 presque sans interruptions. De 1955 à 1958 le crédit bancaire au secteur privé fut le principal facteur de création d'argent ; les prêts au secteur public, en particulier le financement des déficits budgétaires par la Banque centrale, furent le deuxième facteur en fonction de leur importance quantitative. En effet, bien que l'équilibre entre les recettes et les dépenses fiscales fût un des objectifs les plus recherchés de la politique économique de la période, il ne fut jamais atteint car il aurait fallu augmenter le volume du chômage, et l'activité privée n'était pas capable d'absorber la main-d'œuvre libérée par le secteur public. C'est ainsi que, pendant toute la période de la Révolution libératrice, l'État contribua fortement à la création d'argent, bien que l'on reconnût que c'était une des causes principales de l'inflation que l'on voulait combattre.

Finalement, il faut signaler l'entrée de l'Argentine dans le Fonds monétaire international, en octobre 1956, corrélative à la politique monétaire «orthodoxe» et à la nouvelle politique commerciale.

## 1.4.  LE COMMERCE EXTÉRIEUR ET LE CAPITAL ÉTRANGER

### 1.4.1.  Les échanges internationaux et la politique commerciale

La concentration géographique et économique des échanges extérieurs tendit à s'accentuer au cours de la période 1955-1958. La structure des exportations montre que les deux grandes rubriques traditionnelles, les produits agricoles et d'élevage, maintiennent une proportion toujours supérieure à 90 % de la valeur exportée. Cependant, à l'intérieur de ces deux grands secteurs, la participation de certains produits a augmenté; en ce qui concerne les exportations de bétail, les viandes passent de 22.1 à 29.7 % de la valeur totale des exportations. Pour les produits agricoles, l'importance des céréales a diminué de 34.8 à 26.9 % de la valeur totale exportée de 1955 à 1958 mais les oléagineux ont augmenté de 4.9 à 12.7 % de sorte que les deux produits conservent près de 40 % de la valeur globale des exportations. En définitive, en 1958, les viandes et les grains représentaient presque 70 % des ventes argentines à l'étranger.

Examinons maintenant la composition du commerce d'importation. Trois groupes de produits, les produits ferreux, les machines et les combustibles et lubrifiants, concentrent plus de 50 % de la valeur des importations et leur participation tend à augmenter. Ces chiffres montrent clairement la dépendance de l'industrie argentine et des transports vis-à-vis des importations, dépendance qui tend à s'accentuer au cours de cette période.

Si nous observons les échanges extérieurs par pays, nous arrivons à la conclusion que la concentration géographique de ceux-ci tend également à augmenter. La participation des États-Unis comme fournisseurs de l'Argentine croît, apparaissant clairement au premier plan : leur pourcentage sur la valeur totale des importations est passé de 13.2 % en 1955 à 16.4 % en 1958. Mais leur participation comme marché des ventes argentines n'a pas augmenté dans la même proportion. Au contraire, la part des Pays-Bas et du Royaume-Uni comme acquéreurs de produits argentins s'accroît respectivement de 6.9 à 11.5 % et de 18.3 à 23.9 % par rapport à la valeur totale des exportations de 1955 à 1958.

La centralisation par entreprise des principaux produits d'exportation montre également une forte prépondérance de certaines firmes. Dans la branche du «blé», quatre entreprises exportent plus de 50 % de tout le tonnage et ce chiffre tend à augmenter dans la période (cf. tableau XXIX). Les exportations de maïs présentent également ce genre de centralisation (cf. tableau XXX). Quant aux viandes, le pool formé en 1930 et renforcé par les accords bilatéraux de 1933 à 1955, continua à donner de 1956 à 1957, 60 % de la valeur des ventes au groupe de frigorifiques américains et 30 % au groupe de frigorifiques anglais. (On ne trouve pas de chiffres par entreprise.) Dans la rubrique «Cuirs bovins», quatre entreprises centralisent chaque année plus de 50 % des ventes (cf. tableau XXXI). Enfin, la commercialisation des laines ovines est moins concentrée et la position dominante d'une entreprise est limitée par l'existence d'un nombre considérable de moyennes entreprises[2] (cf. tableau XXXII).

Si nous voulons interpréter les chiffres présentés jusqu'ici, il est nécessaire de nous reporter à la politique commerciale de la période, ainsi qu'à la structure économique du pays. La composition des importations et des exportations dépend encore de cette dernière: l'industrie légère installée continue à demander impérieusement des équipements et des biens intermédiaires (y compris les combustibles) importés; d'autre part, le seul secteur capable d'exporter est encore le secteur agricole du littoral, grâce à la fertilité de la terre et au coût peu élevé de la main-d'œuvre rurale. La politique commerciale du Gouvernement provisoire eut des conséquences directes sur la distribution géographique des échanges. En effet, à partir de 1955 on adopta des mesures tendant à éliminer le commerce bi-latéral, et l'Argentine s'intégra aux régions de commerce multilatéral, qui se trouvaient alors en voie de formation. Par suite, la participation des pays d'Europe orientale dans les échanges tomba de 9.5 % à 5 % de 1955 à 1958, et alors le flux des importations provenant des États-Unis et des ventes à quelques pays d'Europe occidentale, spécialement les Pays-Bas, le Royaume-Uni et l'Italie se renforça. D'autre part, on peut observer que la «nationalisation» du commerce extérieur sous le régime péroniste n'eut pas de conséquences durables: une fois mis sous tutelle et liquidé l'IAPI entre 1955 et 1956, les grandes firmes contrôlant les exportations argentines reprirent immédiatement leur rôle hégémonique. On restaura les Conseils nationaux des viandes et des grains et leurs fonctions furent à nouveau celles de standardiser et de classer les produits, et d'établir la politique d'échange et de prix minimaux officiels pour les grains (prix qui n'étaient plus ni uniques ni obligatoires). La politique de change adoptée par les Conseils détermina le déplacement partiel de l'élevage par l'agriculture depuis 1956 et les liquidations de stocks de bétail à partir de cette date. En effet, l'exportation des viandes s'effectuait à un

---

2. Ces estimations des principales rubriques du commerce extérieur proviennent d'un travail personnel plus vaste actuellement en préparation sur la concentration économique du commerce d'exportation.

cours de change de 18 pesos par dollar tandis que pour les grains le cours était de 23 pesos par dollar ; l'État obtenait de cette façon des devises bon marché disponibles pour une série de paiements externes et d'importations indispensables. Les conséquences inattendues de ce déséquilibre furent la liquidation des stocks de bétail, l'abattage excessif qui commença à menacer l'existence des troupeaux et l'accroissement depuis 1957 des exportations agricoles.

Il faut souligner un autre aspect de la politique commerciale de la période : depuis la dévaluation du peso argentin en octobre 1955, on établit des systèmes provisoires de prélèvements (impôts) allant jusqu'à vingt-cinq pour cent sur la valeur des exportations afin d'absorber une partie des bénéfices extraordinaires réalisés par les exportateurs de produits agricoles. C'est ainsi que l'État appropria une partie du transfert de revenus au secteur rural, par suite de ses besoins fiscaux qu'il fit retomber chaque fois plus depuis 1955 sur les propriétaires fonciers traditionnels et sur les entreprises d'exportation.

### 1.4.2. La balance des paiements et le mouvement de capitaux

Depuis 1955 et jusqu'en 1962, les balances de paiements furent presque continuellement négatives, à la suite de la libéralisation croissante du commerce extérieur et des importations, face à la rigidité des valeurs exportées. Les services financiers augmentèrent sans interruption à partir de 1955, et l'afflux de capital étranger, pratiquement arrêté depuis 1945, recommença, bien que d'une façon modérée, en 1955. La loi 14.222 de 1943 d'investissements étrangers fut annulée et le régime provisoire, plus libéral, édicta à sa place les Circulaires 2324 et 2881 de la Banque centrale. Cependant ces dispositions n'attirèrent pas un flux important d'investissements externes directs ; le taux moyen annuel de ceux-ci fut de 17 millions de dollars. Ces capitaux, d'origine américaine pour la plupart, s'orientèrent d'abord vers la production de produits pharmaceutiques et la pétrochimie ; en deuxième lieu, vers l'industrie des machines, des dérivés du pétrole et des automobiles. En 1957, parmi les 100 entreprises ayant la plus haute valeur de ventes du pays, il n'y avait que 14 entreprises étrangères dans l'industrie manufacturière, mais celles-ci représentaient 32.6 % de la valeur totale des ventes des 100 entreprises manufacturières les plus importantes (*cf.* tableau XXXIII).

À la suite des déficits commerciaux successifs, la dette commerciale extérieure augmenta sans cesse depuis 1955 (*cf.* tableau XXXIV). Cette augmentation est due également à l'importance croissante de la dette financière de l'État et des entreprises privées qui commencèrent à utiliser le crédit externe pour couvrir leurs besoins d'équipement, étant donné le manque de devises et la restriction du crédit interne.

Nous avons déjà dit que l'Argentine entra au Fonds monétaire international en 1956. Depuis lors, l'élaboration de politiques monétaires orthodoxes — appliquées en réalité depuis 1952 — devint plus effective, bien que l'adoption d'une stratégie globale de stabilisation suivant les directives du Fonds ne fut réalisée qu'à partir de 1958-1959 sous la gestion radicale de A. Frondizi, quand les crises de la balance des paiements devinrent plus fréquentes et plus profondes.

## 2. LE PLAN DE RÉTABLISSEMENT ÉCONOMIQUE DE 1956-1958: SES OBJECTIFS, SON APPLICATION ET SON ANALYSE PAR LES ORGANISATIONS PATRONALES

Nous avons examiné rapidement les principales caractéristiques de l'évolution économique de l'Argentine entre 1955 et 1958 ainsi que les éléments fondamentaux des politiques appliquées par secteur. Nous allons étudier maintenant le Plan de rétablissement économique dans son ensemble, dans quelle mesure celui-ci a été mis en œuvre et quelles ont été les réactions des grandes organisations d'entrepreneurs capitalistes.

### 2.1. LE PLAN DE RÉTABLISSEMENT ÉCONOMIQUE : ÉLÉMENTS FONDAMENTAUX, APPLICATION ET CONSÉQUENCES

La politique économique et sociale de la période a été orientée par les recommandations du conseiller économique du Gouvernement provisoire, le docteur Raul Prebish, contenues dans le «Rapport préliminaire sur la situation économique» (1955), le «Plan de rétablissement économique» (1956) et dans «Monnaie saine ou inflation incontrôlable» (1956). Les mesures conseillées comprenaient un ensemble de politiques de stabilisation monétaire de tendance orthodoxe et un ensemble de politiques de développement. En fait, seulement les premières furent appliquées avec une certaine cohérence; les autres furent abandonnées, en alléguant le manque de ressources (surtout de devises) et leur caractère considéré nettement étatiste. La période 1955-1958 représente donc une étape de transition entre la politique interventionniste et de développement du régime péroniste, atténuée depuis 1952, et la politique orthodoxe libérale établie en 1959 à partir du Plan de stabilisation monétaire du Fonds monétaire international.

Parmi les mesures mises effectivement à exécution, un premier groupe chercha à démanteler l'appareil d'intervention de l'État, et un deuxième groupe à freiner l'inflation et à rétablir l'agriculture et le capital étranger comme éléments dynamiques de l'économie. En ce qui concerne le premier groupe, nous avons passé en revue la liquidation de l'IAPI, la privatisation des dépôts bancaires et d'une partie des entreprises publiques, la décentralisation des banques officielles, etc. Dans le deuxième groupe, nous avons mentionné la dévaluation monétaire, l'abolition de la plupart des contrôles de prix et des subventions à la consommation, les prix élevés payés à la production agricole, etc. Parmi les mesures anti-inflationnistes qui ne furent pas appliquées, se trouvent le blocage strict des salaires, deux fois rajustés, bien que ces rajustements ne compensèrent pas l'augmentation du niveau du coût de la vie, et l'équilibre fiscal. Le blocage des salaires ne fut pas mis en pratique à cause de la pression du mouvement syndical, qui tâchait périodiquement de rétablir les salaires réels au moyen de grèves importantes. L'équilibre budgétaire ne se réalisa pas non plus, tant à cause de l'impossibilité d'augmenter les revenus fiscaux qu'a cause des conséquences politiquement défavorables d'une diminution de l'emploi et de l'investissement publics. Les résultats de cet accomplissement partiel du programme économique du gouvernement furent une croissance ralentie de l'ensemble de l'économie (*cf.* tableau XXV), une accélération de l'inflation (*cf.* tableau XXVIII) et une chute de la participation des salaires dans le Produit Interne Brut (*cf.* tableau XXXV).

Sur le plan social, un des principaux objectifs du gouvernements fut la destruction de la puissante Confédération générale du travail, péroniste. Sous la présidence du général Lonardi, il y eut de la part du gouvernement une tentative d'accord et de coexistence avec la centrale ouvrière, mais peu après la destitution du général et celle des membres de son cabinet de tendance nationaliste-conservatrice, la politique d'alliance avec la CGT fut abandonnée. Le 15 novembre 1955, les militaires mettaient sous tutelle la centrale ouvrière. En 1956, les décrets 7107 et 14190 interdisaient aux dirigeants de première et deuxième ligne de la période péroniste l'exercice des fonctions syndicales. Le décret 9270 du mois de mai 1956 annulait la loi péroniste d'associations professionnelles; le nouveau décret permettait fondamentalement la formation de plusieurs syndicats participants par branche, éliminant ainsi le syndicat unique. À la suite de ces dispositions, d'une part les dirigeants péronistes de base accédèrent aux postes les plus importants des organisations syndicales, tout en continuant dans la voie de l'orthodoxie péroniste; d'autre part, les dirigeants anti-péronistes (communistes, socialistes et libéraux) revinrent, mais ils restèrent en minorité et généralement s'opposèrent au Gouvernement provisoire. Au mois d'août 1957, se cristallisèrent trois tendances: a) les «62 Organisations», fédérations syndicales péronistes, constituaient le bloc majoritaire; b) les «32 Organisations démocratiques», rassemblaient les sociaux-démocrates et les libéraux indépendants; c) les 19 organisations communistes et socialistes de gauche formaient le bloc minoritaire.

## 2.2.  LA CLASSE PATRONALE FACE AU PLAN DU GOUVERNEMENT

Une fois étudié dans ses grandes lignes le plan économique et social du Gouvernement provisoire, nous pouvons analyser les réponses des organisations patronales à ce plan car elles constituent un autre indice du genre de relations établies entre la bourgeoisie et l'État dans la période.

### 2.2.1.  La Confédération générale économique (CGE)

Par le décret 916 du 22 octobre 1955, le Gouvernement provisoire mit sous tutelle la CGE car il la considérait comme «une création du régime totalitaire déposé» et comme une organisation qui imposait de façon coercitive des cotisations aux entrepreneurs. Le 30 décembre 1955 (décret 7760) on fit cesser les activités de la Centrale des petits et moyens entrepreneurs ainsi que celles des Confédérations de la production, de l'industrie et du commerce qui avaient adhéré à celle-ci. Au mois d'avril 1956, on interdit l'exercice des fonctions syndicales à ses dirigeants (plus de mille entrepreneurs).

Les Fédérations provinciales qui constituaient la CGE et existaient encore, s'organisèrent peu après, tâchant de recréer la Centrale dissoute. Pour cela, elles adoptèrent la stratégie de se séparer idéologiquement et politiquement du mouvement péroniste — alors proscrit — en réaffirmant cependant leur adhésion aux principes de base d'un programme nationaliste de développement industriel.

> Notre organisation n'a été rattachée ni par son origine, ni par son développement, ni par ses objectifs à aucune faction de tendance totalitaire. En tant qu'hommes de l'intérieur, nous représentons de petites entreprises établies dans de petites régions économiques du pays et nous avons vu, au moyen de l'organisation patronale qui se réalisa dans la CGE, la possibilité de nous faire entendre sur un plan d'égalité avec les représentants des grandes entreprises de la République. (CGE, *La Etapa Reivindicatoria*, 1969, p. 2)

Malgré les multiples gestions entreprises par les Fédérations provinciales et par les ex-dirigeants de la CGE, celle-ci n'arriva pas à obtenir à nouveau sa reconnaissance légale sous le Gouvernement provisoire de la Révolution libératrice. Le seul membre de la CGE qui participa au gouvernement fut J. Llamazares, industriel, ministre du Commerce entre 1955 et 1956.

### 2.2.2.  La Société rurale argentine (SRA)

Les grands propriétaires terriens réunis dans la SRA appuyèrent le Gouvernement établi après le coup d'État de septembre 1955. Dans un discours du 29 septembre de cette même année, le président de la Commission directrice de la Société exprima : «La Société rurale argentine offre sa collaboration la plus profonde et la plus sincère.» Et il ajouta : «Nous espérons que l'Argentine resurgira maintenant dans un climat de liberté.» (*Mémoire de l'exercice 1955*, p. 8)

La SRA approuva la privatisation de la Corporation argentine de producteurs de viande (CAP), la libération des prix des viandes, la dévaluation monétaire et l'augmentation des prix minimaux sur les récoltes. Elle s'opposa à ce que le gouvernement crée des conseils régulateurs pour le lait et la laine, réclamés par les producteurs, et obtint de celui-ci l'annulation de ces deux initiatives. Elle réclama la privatisation des compagnies de transport et de communications nationalisées, la collaboration des capitaux étrangers au développement argentin et la diminution des dépenses de l'État. Les politiques proposées par cette centrale coïncidèrent en grande partie avec celles qui furent effectivement adoptées.

Son action comme groupe de pression s'opposa à certains aspects de la politique de l'État : le blocage partiel et temporaire des fermages, parallèle au Plan de transformation agraire ; le renouvellement des accords avec les quatre entreprises étrangères installées au cours des dernières années du gouvernement péroniste qui monopolisaient la production de tracteurs pour le marché interne et jouissaient de la protection de l'État. La SRA s'exprima de la façon suivante sur ces deux points :

> C'est porter atteinte au principe de la propriété privée, même dans le cadre de sa fonction sociale, que de bloquer les prix actuels du fermage et d'obliger le propriétaire à vendre son terrain [...] Le problème social du fermier ne peut se résoudre que grâce au financement public qui encourage la transformation du fermier en propriétaire ou met à sa disposition d'autres terres. (*Mémoires de l'exercice 1955*, p. 25).
>
> [Quant au problème des machines agricoles, la SRA réclame] la rescision de ces accords monopolistes car ils sont antiéconomiques et ont un poids évidemment négatif sur la production agraire. (*Ibid.*, p. 29)

Plus tard, la Société insista sur le besoin d'éliminer les restrictions des échanges, les derniers prix bloqués des biens de consommation et souligna les bénéfices à obtenir de l'importation de tracteurs et de machines agricoles (*Mémoires des exercices 1956 et 1957*). En général ces demandes furent ignorées. En effet, le régime ne pouvait pas appliquer une politique trop stricte de monétarisme orthodoxe et d'extrême libéralisme car il risquait d'augmenter encore le chômage, de diminuer les salaires réels et par conséquent de radicaliser l'électorat pour les élections de 1958. C'est là une constante de toute la période 1955-1966 : le libéralisme poussé de la classe dominante doit être pallié par des considérations politiques et électorales. D'autre part, les intérêts étrangers étaient en train de s'introduire à nouveau fermement dans les structures économiques et politiques de telle sorte que le conflit entre propriétaires terriens et monopoles étrangers se décida cette fois-ci en faveur de ces derniers; cette situation manifeste aussi une tendance qui deviendra chaque fois plus évidente dans la période que nous étudions.

Trois ministres provenant de la Société rurale participèrent au gouvernement de la Révolution libératrice: Eduardo Busso (ministre des Affaires intérieures et de la Justice de 1955 à 1956); Alberto F. Mercier (ministre de l'Agriculture de 1955 à 1958)[3] et Horacio Morixe, propriétaire foncier et minotier (ministre de l'Industrie en 1955). Leur participation aux gouvernements provinciaux fut aussi considérable, bien que celle-ci échappe aux limites de notre étude. La représentation de la SRA dans les fonctions gouvernementales de la Révolution libératrice déclina à partir de 1956, car on n'y trouve depuis lors qu'un seul ministre, celui de l'Agriculture et de l'Élevage, qui d'ailleurs est traditionnellement un membre de cette institution. On observe ici un phénomène que l'on retrouvera dans chaque gouvernement établi après les coups d'État militaires de la période: au début, et pendant quelques mois, les ministres et secrétaires qui sont propriétaires fonciers ont un rôle décisif ou du moins important; ils disparaissent plus tard pour laisser la place aux directeurs des entreprises étrangères.

### 2.2.3.  L'Union industrielle argentine (UIA)

L'Union industrielle approuva dans l'ensemble les mesures économiques du gouvernement. Elle appuya surtout la réouverture des portes au capital étranger:
> Naturellement les besoins financiers posés par l'industrialisation sont énormes. Le capital étranger et le crédit extérieur pourront fournir une grande partie des ressources, d'autant plus précieuses dans le cas du premier qu'il est généralement accompagné de techniques nouvelles et perfectionnées [...] (*Mémoire 1956-1957*, p. 23)

L'UIA était aussi d'accord pour donner un caractère prioritaire à la stabilité monétaire, un des objectifs de l'intervention de l'État dans l'économie. Elle appuya également la politique bancaire du gouvernement:
> Seule une stabilisation monétaire qui encourage l'épargne pourra être la solution. Dans ce sens, la nouvelle organisation bancaire qui crée un stimulant pour que les banques augmentent leurs dépôts tout en assurant un financement du crédit non inflationniste, est une mesure salutaire; de même, du point de vue de l'industrie, l'autorisation des banques commerciales à effectuer des opérations de financement à long terme et les

---

3.  A. Mercier fut également président des Confédérations rurales argentines de 1950 à 1955.

mesures adéquates assurant un taux préférentiel de réescompte aux papiers industriels, auront sans doute une grande transcendance (*Mémoire 1956-1957*, p. 23 et 24)

D'autre part, l'Union industrielle argentine critiqua certaines mesures anti-industrielles: par exemple, les restrictions au fonctionnement de la Banque industrielle, la restriction du crédit ainsi que la répression du mouvement syndical péroniste, qu'elle trouvait inconséquente:

La lenteur de la réorganisation de la Banque industrielle, tant de fois annoncée et qui ne s'est matérialisée qu'en octobre [1957], provoqua une certaine inquiétude car elle pouvait affecter les crédits d'exploitation. Dans ce sens, l'UIA avait déjà exprimé à plusieurs reprises au gouvernement qu'il était nécessaire que ces crédits continuent à dépendre de la Banque industrielle [...] La politique de dévaluation monétaire, par le transfert du marché libre de nombreuses importations et par la taxation[4] partielle de bien d'autres, enchérit les coûts et exerça une forte pression sur la liquidité des entreprises, qui eurent aussi à faire face aux lourdes rétroactivités des conventions de salaires négociées avec lenteur ou arbitrées en 1956. La mise en marche d'une politique de contention de l'inflation fut favorablement envisagée, mais certaines de ses mesures cependant étaient contradictoires, surtout la restriction du crédit qui se répercuta sur le volume de la production industrielle. (*Mémoire 1956-1957*, p. 25)

Le gouvernement de la Révolution libératrice connut de nombreux représentants de l'Union industrielle: E. Blanco (ministre des Finances de 1955 à 1957); A. Krieger Vasena (ministre des Finances de 1957 à 1958); H. Morixe (ministre de l'Industrie en 1955, également membre de la SRA) furent les fonctionnaires, membres de cette organisation, les plus importants.

### 2.2.4. La Chambre argentine de commerce (CAC)

Les derniers événements ont ouvert de bonnes perspectives aux forces créatrices de l'économie nationale. La CAC pense qu'il convient toutefois de montrer une certaine prudence malgré l'appui manifesté. La sensibilité des mécanismes économiques les rend très perméables aux changements violents. (*Mémoire de l'exercice 1955*, p. 82)

C'est ainsi que la Chambre de commerce reçut le Gouvernement provisoire. Elle proposa de diminuer le budget de l'État, d'enlever les contrôles au commerce extérieur pour stimuler les exportations agricoles et augmenter les importations manufacturières, de liquider l'IAPI et de privatiser les entreprises publiques sans exception. En somme, elle coïncidait fondamentalement avec les orientations économiques du gouvernement.

---

4. Taxation: obligation des importateurs (ou exportateurs) d'acheter (ou de vendre) une partie de leurs devises sur le marché libre à un cours du change plus élevé, et une autre partie sur le marché officiel.

D'autre part, elle reprocha aux autorités de ne pas avoir mené plus à fond l'orthodoxie libérale et de ne pas réduire le déficit fiscal, en maintenant des contingents et des dépôts anticipés sur les importations, ce qui permettait ainsi aux petits et moyens industriels, rassemblés dans des coopératives de ravitaillement, d'enlever à la grande entreprise une partie des devises et des bénéfices d'importation. Elle proposa donc que l'importation reste dans les mains des grandes entreprises commerciales et industrielles « qui ont toujours importé leurs besoins ». (*Mémoire de l'exercice 1956*, p. 65) Dans une note adressée au ministre du Commerce et l'Industrie intitulée *Défense de la libre économie*, la CAC attaque le gouvernement parce que celui-ci s'éloigne en partie de l'orthodoxie libérale :

> La situation économique s'aggrave parce que l'inflation continue. Et celle-ci ne peut être arrêtée que par le gouvernement, car il n'y a que lui qui crée les moyens de paiement. À notre point de vue, il faut d'une part stimuler au maximum la participation du capital privé dans tous les secteurs de l'économie nationale, et tout d'abord l'activité pétrolière et la production d'énergie électrique et hydro-électrique, et d'autre part rendre effective la liberté des marchés et bien sûr arrêter l'inflation. Pour ceci, il est indispensable de réduire les dépenses publiques suivant les possibilités des ressources réelles [...] (*Mémoire de l'exercice 1957*, p. 96)

> Il y a eu certains aspects du mouvement ouvrier qui ont conspiré ouvertement contre les intérêts généraux les plus élevés de la Nation. Un ensemble de mauvaises pratiques instaurées par le péronisme dans des buts de domination tyrannique se sont basées sur l'emploi de la violence de la part de certains dirigeants syndicaux [...] (*Ibid.*, p. 99)

La Chambre de commerce, représentant avant tout le grand commerce d'importation et la grande firme industrielle étrangère et nationale, constitua l'organisation de puissants entrepreneurs dont les relations avec le Gouvernement provisoire furent les plus tendues, probablement parce que son idéologie libérale ne pouvait accepter aucune concession. Parmi les membres de la CAC qui occupèrent de hautes fonctions dans le gouvernement, nous trouvons R. Lamuraglia (président de la Banque industrielle de 1955 à 1956), César Bunge (ministre du Commerce en 1955), Luis E. Ygartua (ministre des Communications de 1955 à 1957), C. A. Coll Benegas (président de la Banque de la nation en 1958), A. Dell'Oro Maini (ministre de l'Éducation de la période) et Krieger Vasena.

### 2.2.5.  La Bourse de commerce de Buenos Aires (BCBA)

Cette association patronale approuva aussi le Plan Prebisch et offrit son appui au gouvernement de la Révolution libératrice. Elle suggéra la création d'un conseil consultatif économique para-gouvernemental, formé par des entrepreneurs, et qui fut effectivement créé peu après, avec la participation d'autres organisations de la grande classe patronale et dans lequel la BCBA eut un poids important.

Le programme économique de la Bourse proposé au gouvernement comprenait : en matière agricole, la libération des fermages ruraux, le développement de la technicisation rurale ; en matière industrielle, la privatisation des entreprises publiques, le recours au capital étranger, la détermination des prix des produits alimentaires par le marché, la protection douanière uniquement pour les industries «saines existantes ou à créer» ; en matière commerciale, l'appui aux accords multilatéraux. Par conséquent, ses propositions s'orientaient dans le même sens que les politiques adoptées par la gestion de la Révolution libératrice.

Les hauts fonctionnaires provenant de la Bourse furent, parmi d'autres : R. Lamuraglia, déjà nommé, Eustaquio Mendez Delfino, alors président de la BCBA, comme président de la Délégation argentine qui renégocia la dette externe face à un groupe de pays créanciers d'Europe occidentale, A. Dell'Oro Maini, déjà mentionné aussi. (L'identification des membres de cette institution est incomplète car on n'a pas eu accès à une liste de ses membres.)

### 2.2.6. L'Association des banques de la République argentine (ABRA)

L'ABRA se prononça succinctement en faveur de la politique bancaire de la gestion de la Révolution libératrice. Elle approuva surtout l'inclusion d'un représentant des banques privées dans la direction de la Banque centrale, la privatisation des dépôts bancaires et la nouvelle Charte organique de la Banque centrale. En ce qui concerne la nouvelle organisation bancaire, elle se déclara en faveur d'une plus grande liberté d'action pour les banques privées.

Deux directeurs de banques associés à l'ABRA remplirent des fonctions publiques entre 1955 et 1958 : E. Folcini (ministre des Finances en 1955) et Manuel Rawson Paz (président de la Banque hypothécaire nationale pendant la période).

### 2.2.7. La Bourse des céréales (BC)

Elle appuya inconditionnellement la Révolution libératrice et le Plan Prebisch :

> Les premières mesures du Gouvernement provisoire [...] en matière de changes [...] ainsi que la décision effective et pratique d'encourager par tous les moyens possibles l'accroissement de notre production agraire [...] ont mérité d'être qualifiées de premières mesures pertinentes et patriotiques [...] (*Mémoires 1955*, p. 25)

Elle approuva la liquidation de l'IAPI, la libération progressive des fermages, les mesures anti-inflationnistes, le Plan de transformation agraire de 1957, la réforme bancaire, etc. Il est intéressant de souligner la lutte sourde qui s'établit entre la Bourse et deux organisations de producteurs agricoles «qui prétend[aient] se charger du commerce des grains avec l'appui de l'État» (ibid.), en créant une Corporation de producteurs de grains qui libèrerait le cultivateur du monopole commercial du trust des grains. En particulier, un organisme dépendant de la Fédération agraire argentine, la Fédération argentine de coopératives agraires, réclama que les installations publiques de dépôts et d'élévateurs ainsi que les biens de l'ex-IAPI fussent remis aux coopératives d'agriculteurs, dans le but de former un organisme semblable à la Corporation argentine des producteurs de viande qui rassemble les éleveurs pour faire face au trust frigorifique. La Bourse obtint l'appui des autres grandes associations patronales et l'État rejeta l'initiative des coopératives. Les grandes firmes exportatrices membres de la BC conservèrent ainsi, comme nous l'avons vu, le contrôle des ventes extérieures de grains. L'État garda les fonctions de triage, de détermination des prix minimaux et le contrôle du réseau d'élévateurs de grains.

Juan Llamazares et H. Morixe, directeurs d'entreprises membres de la Bourse furent fonctionnaires dans la période. On a déjà nommé leurs postes, car ils étaient aussi membres d'autres institutions.

### 2.2.8. Conclusions

Nous avons observé que tant la politique économique globale que les politiques par secteur ont provoqué des redistributions de revenus en faveur des grandes entreprises, surtout agricoles, sans atteindre les objectifs recherchés de stabilisation et de développement économique. Nous avons analysé les relations entre le gouvernement et les différents groupes d'entrepreneurs : il est aisé de constater l'adhésion à l'action de l'État de la part des associations du grand patronat, qui d'ailleurs est représenté par de nombreux membres dans les hautes fonctions de l'administration publique. Les critiques partielles, que les grands entrepreneurs adressent au Gouvernement provisoire, dérivent du fait que celui-ci essaie d'une part d'articuler une politique satisfaisant les intérêts prioritaires de l'ensemble de la grande bourgeoisie, et d'autre part de maintenir la stabilité de son système de domination, même si certains intérêts particuliers sont délaissés (surtout dans l'industrie et le commerce d'importation). Les éléments présentés nous permettent-ils de déduire la prédominance d'une fraction de la grande bourgeoisie vis-à-vis des autres fractions ? La réponse à cette question est négative. Chaque fraction se trouve représentée dans le gouvernement de façon plus ou moins large et profite des mesures économiques du Gouvernement provisoire.

Quant à la petite et moyenne bourgeoisie, elle est pratiquement éloignée de l'État; elle s'y trouve à peine représentée et son organisation est dissoute.

## 3. LES FONCTIONNAIRES DE L'ÉTAT NATIONAL SOUS LE GOUVERNEMENT PROVISOIRE

Afin de saisir clairement l'importance des entrepreneurs au sein du Gouvernement de la Révolution libératrice, nous avons analysé l'origine sociale des ministres, secrétaires d'État et présidents des banques officielles importantes (de la nation, centrale, industrielle et hypothécaire nationale). Pour cette période, nous avons étudié en tout les cinquante plus hauts fonctionnaires de l'État national, classés selon les catégories suivantes: 1. Militaires sans liaison avec des entreprises; 2. Professionnels liés à l'armée; 3. Entrepreneurs; 4. Politiciens professionnels sans liaison apparente avec des entreprises; 5. Syndicalistes; 6. Fonctionnaires publics de carrière; 7. Autres.

On peut voir au tableau XXXVI les résultats de ce classement. 38 % de l'échantillon, c'est-à-dire 19 fonctionnaires, ont des antécédents importants comme entrepreneurs, celle-ci étant leur profession principale; 30 % sont des militaires sans liaison apparente avec des entreprises; 10 % sont des fonctionnaires publics de carrière. Le régime paraît être dirigé par la bourgeoisie d'affaires alliée à l'armée.

En analysant la composition interne du groupe des entrepreneurs fonctionnaires au niveau de l'État national, nous pouvons extraire de nouvelles conclusions (*cf.* tableau XXXVII). La représentation des organisations de grands entrepreneurs est à peu près répartie également, mais ce n'est pas le cas de celle des petits et moyens entrepreneurs. D'autre part, la distribution de ces mêmes entrepreneurs fonctionnaires, comme directeurs ou propriétaires (1) d'entreprises étrangères; (2) nationales; (3) à la fois étrangères et nationales, donne le même chiffre pour chaque groupe (*cf.* tableau XXXVIII). Si nous considérons la proportion de directeurs ou de propriétaires de très grandes entreprises — c'est-à-dire parmi les huit premières de leur branche — nous verrons que 11 entrepreneurs fonctionnaires appartiennent à ce groupe face à 8 se trouvant à la tête d'entreprises moins importantes (*cf.* tableau XXXIX); ce résultat était prévisible dans la mesure où ces entrepreneurs sont membres des organisations patronales les plus importantes et qui réunissent les grandes entreprises.

Il n'y a que trois entrepreneurs fonctionnaires qui sont aussi militants de partis politiques (radicaux ou conservateurs): ceci élimine l'hypothèse selon laquelle ils seraient choisis pour leurs liaisons politiques plus qu'économiques. D'autre part, ce fait est une preuve indirecte de notre hypothèse soutenant le manque de représentativité des partis politiques par rapport à la classe dominante.

Finalement, il est intéressant de remarquer que parmi ceux qui ne sont pas entrepreneurs, neuf se sont dirigés vers des entreprises après avoir abandonné la fonction publique. Ces données illustrent l'étroite liaison existant entre les grandes entreprises et les hauts fonctionnaires publics : sur un total de neuf, six se sont liés à de grandes entreprises. C'est le processus que Lénine nommait «union personnelle entre l'État et les monopoles».

Nous pouvons extraire des chiffres présentés jusqu'ici la conclusion suivante : l'analyse des hauts fonctionnaires de l'État national confirme les hypothèses émises lors de l'étude de la politique économique de la période et des relations entre les grandes organisations patronales et l'État. Le régime établi après le coup d'État de septembre 1955 a représenté l'ensemble de la grande bourgeoisie, et non pas, comme l'ont suggéré certains auteurs, seulement les propriétaires terriens ou l'ensemble de la classe propriétaire.

### 4. LA RECONSTRUCTION DE LA SCÈNE POLITIQUE SOUS LA RÉVOLUTION LIBÉRATRICE

Une fois proscrit le parti majoritaire péroniste, le Parti radical apparut comme la principale organisation politique du pays. Les partis conservateurs, socialiste, communiste et démocrate-chrétien n'eurent qu'une importance politique secondaire.

À l'intérieur du Parti radical, l'Union Civique radicale (UCR), se dessinait déjà depuis 1945, l'existence de deux tendances : les «unionistes» dirigés par M. A. Zavala Ortiz, partisans de l'alliance électorale avec les conservateurs et profondément anti-péronistes, et les «intransigeants», plus nationalistes, s'opposant à cette alliance, dirigés par R. Balbin et A. Frondizi. Cette deuxième ligne devint majoritaire. Après la déposition du régime péroniste, le secteur minoritaire appuya le Gouvernement provisoire tandis que l'autre secteur lui était hostile et recherchait l'alliance avec le péronisme proscrit. Au mois de mars 1957, le secteur minoritaire se sépara, entraînant une partie de la majorité, et forma un nouveau parti : l'Union civique radicale du peuple (UCRP) ; la majorité constitua alors l'Union civique radicale intransigeante (UCRI). L'UCRP attira depuis lors une partie importante des votes de la droite, car elle fut considérée comme la seule solution de rechange électorale du péronisme, par son idéologie libérale modérée et favorable au secteur agricole. En 1957, lors des élections de l'Assemblée constituante, l'UCRP fut le parti qui reçut le plus de suffrages, soit 23.2%. L'UCRI en obtint 21.2%, se plaçant deuxième. Le péronisme proscrit fut le véritable vainqueur : il obtint 24.5% des votes (en blanc, suivant les ordres de Peron) plus 2.4% d'un parti provincial propéroniste, c'est-à-dire en tout 27% des votes exprimés (*cf*. tableau XL).

Au cours des élections présidentielles générales de 1958, l'UCRI s'allia au péronisme et reçut ainsi 41.8 % des votes. L'UCRP en obtint 25.4 % et le péronisme qui ne répondit pas à l'alliance, 11.5 % de votes en blanc (*cf*. tableau XL). Le programme de l'UCRI, dirigée par A. Frondizi, élu président, était axé sur la nationalisation des richesses naturelles[5] et le développement industriel autonome poussé par un État interventionniste et protectionniste. Cette plate-forme électorale n'était pas très différente de celle du péronisme qui ne vit pas d'inconvénient à l'appuyer, comme le firent le Parti communiste et d'autres groupes politiques de gauche.

Il faut souligner que les partis radicaux constituent, pendant la période post-péroniste, de vastes organisations électorales axées sur le comité, peu représentatives des deux grandes classes sociales : la bourgeoisie et le prolétariat. Ils s'appuient de façon permanente sur les couches moyennes non bourgeoises : professionnels, techniciens, bureaucrates publics, petits producteurs ruraux et urbains. Éventuellement, et selon les accords électoraux, ils peuvent recevoir les votes ouvriers (par exemple : alliance UCRI-péronisme en 1958) ou bourgeois (alliance UCRP-conservateurs en 1957, 1958 et 1963). Mais comme caractéristique fondamentale, ils manquent de programmes définis qui varient selon la conjoncture politique et économique.

---

5. A. Frondizi est l'auteur d'un ouvrage remarquable *Pétrole et politique (Petroleo y Politica*, 1954) où il analyse de façon bien documentée l'action corruptrice des trusts pétroliers en Amérique latine. Le livre disparut de la circulation en 1957 et n'y est pas réapparu.

# CHAPITRE 4

# Le Gouvernement de Frondizi : 1958-1962

L'Union civique radicale intransigeante, appuyée par le péronisme et le Parti communiste, triompha aux élections du mois de février 1958. Le 1er mai, A. Frondizi devint Président constitutionnel de la nation, comptant sur un Parlement où son propre parti possédait la majorité.

Pendant les premiers mois de gouvernement, l'UCRI tâcha d'appliquer sa plate-forme électorale, en y introduisant quelques amendements, mais elle dut bientôt faire face à l'opposition du bloc de pouvoir et de son représentant politique, l'armée. Vers les derniers mois de 1958, A. Frondizi commença à changer substantiellement son programme et la composition de son cabinet : il remplaça son plan nationaliste et «développiste» par un programme orthodoxe de stabilité monétaire et de recours au capital étranger, et les politiciens radicaux de son cabinet par de puissants entrepreneurs. Après quatre ans de gouvernement sous la pression de plusieurs dizaines de «menaces» militaires, la gestion radicale intransigeante reçut le coup de grâce au cours des élections de mars 1962 où triompha le péronisme ; il fut alors renversé par un mouvement militaire.

Dans ce chapitre, nous verrons dans une première section l'évolution économique de la période et les politiques par secteur ; une deuxième section sera dédiée à l'étude des plans économiques et sociaux de 1958 et de 1959-1962 et à la réaction des organisations patronales à ces plans ; dans une troisième section, nous analyserons la composition du groupe de fonctionnaires de l'État national et son évolution ; en dernier lieu, nous étudierons les caractéristiques de la scène politique qui ont mené au coup d'État militaire d'avril 1962.

## 1. L'ÉVOLUTION ÉCONOMIQUE DE 1958 À 1962 ET LES POLITIQUES PAR SECTEUR

### 1.1. LE SECTEUR AGRICOLE PENDANT LA PÉRIODE

L'évolution du secteur agricole dans la période se caractérise par une stagnation sensible de la production. L'indice de production agricole est passé de 99.4 à 106.6 entre 1958 et 1962. Le groupe principal, celui des céréales et du lin, est tombé de 98.6 à 94.8; l'accroissement le plus important se produisit dans le groupe des oléagineux qui est passé de 100 à 126.2. L'élevage de bétail est resté stagnant: de 101.0 à 101.6 stagnation qui se répète pour chacun des sous-produits (viandes, laines, lait et volailles). Entre-temps, on observe une légère récupération des stocks bovins qui varient de 41.3 à 43.1 millions de têtes; mais celle-ci est annulée par la diminution des stocks ovins de 47.8 à 45.7 millions de têtes. En somme, l'agriculture argentine ne s'est pas développée pendant la période; la production et les stocks de bétail ont souffert la même situation.

Au cours des premiers mois de gouvernement, la gestion radicale prit quelques mesures s'opposant à la tendance de « donner priorité au secteur rural », c'est-à-dire, au transfert de revenus vers les propriétaires, tendance que la politique économique argentine accentuait de façon croissante depuis 1952. C'est ainsi qu'en 1958, la loi 14451 prorogea tous les baux de fermage jusqu'à l'année agricole 1961-1962, et jusqu'en 1964-1965 si le propriétaire refusait la proposition d'achat du fermier. La même loi maintint les réductions du montant de la rente dans les contrats de métayage et libéra par contre les baux de fermage, multipliant de cette façon par dix les revenus réels des propriétaires. (CIDA, 1965) Cette loi, aussi appelée le Deuxième Plan de transformation agraire, augmenta encore plus les facilités de crédit que la Banque de la nation accordait aux fermiers si ceux-ci se décidaient à l'achat de terrain.

Quels ont été les effets du Premier et du Deuxième Plans de transformation agraire sur la structure de la possession de la terre, et par conséquent, sur la structure des classes du secteur agricole? Malheureusement, il n'existe pas de renseignements dignes de foi pour pouvoir en juger avec trop de précision. En ce qui concerne le fonctionnement de l'agriculture, nous avons observé la stagnation persistante des divers groupes de produits agricoles; dans ce sens nous pouvons affirmer que l'objectif ultime de ces plans, à savoir l'accroissement des rendements agricoles, n'a pas été atteint. En ce qui concerne la propriété agraire, nous pensons que la conséquence fondamentale a été la diminution du nombre de fermiers et métayers, sans que la concentration élevée de la propriété de la terre en fût modifiée. En 1947, il y avait dans tout le pays 170 000 fermiers qui exploitaient des terres de propriété privée et près de 31 000 locataires supplémentaires classés par le recensement de cette année sous « d'autres formes de location ». Selon le recensement de 1960, il y avait 77 000 fermiers et 69 000 locataires sous « d'autres formes », soit en tout une réduction de 25 % du nombre de locations. La quantité d'hectares en location baissa de 50 à 35 millions entre les deux dates, soit une diminution de 30 %. En 1962, il n'y avait que 9 137 fermiers et métayers ayant acheté des terres sous le régime des deux Plans après cinq ans d'application. (CIDA, 1965, p. 109 et 110) Dans l'ensemble, nous pouvons affirmer que les effets des deux lois paraissent avoir été l'expulsion des locataires à cause de l'accroissement des rentes libérées et la tendance à la reconstitution de la grande propriété consacrée à l'élevage, et non pas la transformation des locataires en propriétaires.

Les chiffres du Recensement de 1960 et ceux du Conseil de planification économique de la Province de Buenos Aires pour l'année 1958 nous permettent d'observer en détail l'importance de la concentration de la propriété agraire. Les chiffres du Conseil concernent uniquement la Province de Buenos Aires qui est la plus peuplée et possède la plus haute production du pays ; le Conseil les a obtenus à partir des fiches de la Direction générale des impôts de la Province pour les parcelles de plus de 10 hectares. En 1958, les parcelles entre 10 et 149 hectares réunissaient 73.07 % de l'ensemble de la Province et ne représentaient que 17.75 % de la surface totale ; de l'autre côté, 3.6 % des parcelles de plus de 1 000 hectares chacune, concentraient 41.07 % de la surface totale (cf. tableau XIII). Le document qui nous sert de base signale :

Les chiffres précédents ne concernent que les parcelles qui correspondent aux régistres cadastraux de la Province ; mais si l'on tient compte que les parcelles ne représentent pas des unités économiques, et qu'un même propriétaire en possède plusieurs, on observe alors que la concentration est encore plus élevée. (Conseil de planification économique de la Province de Buenos Aires, 1958, p. 7)

En effet, une liste de propriétaires de plus de 5 000 hectares confectionnée par le même Conseil selon des chiffres de la DGI de la Province montre que 536 propriétaires — personnes physiques ou sociétés anonymes — possèdent 5 271 218 hectares, soit 17.5 % de la surface totale de la province et 21 % des terres cultivables. En ce qui concerne la distribution de la terre suivant le régime légal de possession, D. Slutzky (1968) a démontré la tendance à la reconstitution de la grande unité agricole et d'élevage dans la région « Pampeana ». En 1960, le pourcentage d'exploitations louées dans les provinces de Buenos Aires et Santa Fe était de 23.1 % contre 49.2 % en 1947, tandis que le pourcentage de parcelles exploitées par leurs propriétaires ne s'éleva que de 31.9 % à 49.5 %. C'est-à-dire que l'accroissement de la proportion de propriétaires fut inférieur à la diminution du pourcentage de fermiers pour l'ensemble des exploitations. On compte l'apparition de 20 000 nouveaux propriétaires mais la disparition de 52 000 fermiers.

Il faut cependant remarquer que le processus de concentration de la terre — accéléré en 1958-1962 par les Plans de transformation agraire — n'eut pas lieu dans tout le pays mais seulement dans la région de la Pampa. En effet, bien que dans cette région la classe des locataires ruraux tende à disparaître, dans les autres régions où prédominent les cultures industrielles, les exploitations classées par le recensement comme « infra-familiales » (c'est-à-dire de dimensions inférieures à celles qui sont nécessaires pour alimenter une famille) tendent à augmenter, en chiffres absolus et relatifs. On peut attribuer ce processus au besoin des grandes exploitations de l'intérieur de fixer sur place la main-d'œuvre attirée par les villes ; le moyen qu'elles emploient pour conserver la force de travail consiste à louer et/ou vendre de petites unités de terrain au travailleur. Ces parcelles permettent au travailleur d'obtenir une partie de sa subsistance et au propriétaire de réduire la part de la rétribution de la force de travail en argent.

Un deuxième objectif de la politique agraire de la période fut le rétablissement du secteur agricole en tant qu'élément dynamique de l'économie à travers les exportations, en continuant et en approfondissant à partir de 1959 la tendance de base de la politique économique de la Révolution libératrice. Dans ce but, le marché du change fut libéré en janvier 1959 ; le dollar passa ainsi de 28 pesos à 82 pesos en avril 1962, au cours effectif. En même temps, on éleva considérablement les prix minimaux fixés par le Conseil national des grains pour les récoltes. On élimina également les autres contrôles de prix sur la vente des produits agricoles sur le marché intérieur. Comme dans la période précédente, on établit des prélèvements sur les exportations, de 10 % pour les viandes froides, congelées et en conserve, pour les laines et le bétail sur pied ; et de 20 % pour les céréales et les oléagineux ainsi que leurs sous-produits, et pour les viandes séchées salées et les cuirs. L'État obtint de cette façon près de 10 % de ses recettes fiscales annuelles du secteur exportateur, bien que ce chiffre diminuât vers la fin de la période, où l'on rabaissa les prélèvements afin de compenser l'augmentation des prix internes. De toute façon, la dévaluation représenta un transfert important de revenus au secteur agricole, transfert qui n'eut pas les résultats attendus car, comme nous l'avons vu, la production resta pratiquement stagnante.

Les résultats d'un autre ensemble de mesures destinées à reconstituer les stocks de bétail furent plus favorables. En effet, d'une part les prélèvements sur les exportations de bétail sur pied et de viandes furent moins élevés que les taxes appliquées à la production agricole ; d'autre part, on réduisit aussi d'autres impôts sur la production et la

vente de bétail. Ceci produisit la rétention d'animaux et l'accroissement des stocks bovins, et l'abattage déclina en 1959 et 1960 par suite
de cette situation.

Il faut signaler qu'en 1958, dans le cadre du programme nationaliste et réformiste de l'UCRI, le gouvernement radical de la province
de Buenos Aires tenta une vaste réforme du régime fiscal de la terre,
basée sur la productivité potentielle de celle-ci ; cet essai aboutit à la
démission de l'équipe économique de la Province sous les pressions
militaires et économiques des grands propriétaires agraires. À partir
de 1959, toutes les politiques réformistes en matière agricole furent
abandonnées et remplacées par les mesures libérales orthodoxes dont
nous venons de faire la synthèse.

Les explications de l'échec de ces politiques libérales ne diffèrent
pas de celles soutenues pour la période précédente. Les économistes
orthodoxes, comme Martinez de Hoz (1967), attribuent cet échec à
l'accroissement des coûts de main-d'œuvre, d'équipement et de matières
premières. Il ne serait pas difficile de démontrer, même ne disposant
que de quelques sources d'information statistique, comme nous l'avons
fait au chapitre précédent, le manque de fondement de cette interprétation. D'autre part, les structuralistes (Ferrer, Brodershon et al., 1968)
attribuent l'échec des politiques agraires de la période au manque de
mentalité capitaliste des propriétaires fonciers ; face à cette interprétation, nous maintenons la position que nous avons exposée au chapitre
précédent. En effet, ce qu'il faut expliquer, c'est l'insistance d'une politique qui tâche vainement de donner au secteur agricole une situation
économique privilégiée par la simple redistribution de revenus en sa
faveur ; à notre avis, *cette redistribution est l'objectif recherché en dernier ressort par cette politique* et non pas un moyen pour «rendre plus
dynamique» le secteur, en augmentant ses investissements à travers
des revenus plus élevés. En ce sens, la politique agraire a été réussie,
puisque les propriétaires fonciers du secteur exportateur ont vu leurs
revenus augmenter.

## 1.2. L'ÉVOLUTION INDUSTRIELLE ET LA POLITIQUE MANUFACTURIÈRE

Dans le secteur agraire, les principaux bénéficiaires de l'intervention de l'État pendant la période furent les grands propriétaires fonciers qui reprirent le contrôle des parcelles louées et retrouvèrent leurs
rentes et/ou leurs gains augmentés. Dans l'industrie manufacturière,
les grandes entreprises, surtout les firmes étrangères opérant dans le
pays. Nous examinerons ici les caractéristiques de ce processus.

Le développement industriel de la période montre de fortes oscillations : en 1958, croissance et plein emploi de la capacité installée par suite des augmentations de salaires décrétées en mai de cette même année et d'une politique de crédits en expansion ; récession en 1959 à cause de l'application des mesures de stabilisation à partir de janvier 1959 ; croissance inégale en 1960 et 1961 par suite de l'afflux de capital étranger vers quelques secteurs de la manufacture et du relâchement de la politique de restriction monétaire ; contraction en 1962 par l'arrêt de l'afflux du capital étranger et la nouvelle application stricte des mesures de stabilisation (cf. tableau XXV).

En observant le développement de la structure interne de la manufacture, on peut remarquer qu'il présente des niveaux dissemblables dans les différentes branches : contraction absolue dans les secteurs traditionnels où prédomine la petite et moyenne entreprise nationale (cf. tableau XXVI, groupes industriels 3.1 à 3.4 : Aliments, boissons et tabac ; Textiles et cuir ; Bois et meubles ; Papier, produits de la presse et de l'édition) ; croissance des secteurs modernes (groupes industriels 3.5 à 3.8 : Industries chimiques ; Minerais non ferreux ; Industries des métaux de base ; Machines et équipement).

Par conséquent l'importance relative des secteurs traditionnels dans l'ensemble de l'industrie manufacturière baissa. La participation de ces secteurs (groupes industriels 3.1 à 3.4) dans le Produit Interne Brut au coût des facteurs et de la main-d'œuvre occupée diminua, tandis que la participation relative — selon ces deux indices — des groupes modernes de l'industrie augmenta.

La concentration industrielle continua à croître dans la période. L'essai de P. Skupch (1970) sur la concentration économique dans les cent premières entreprises manufacturières, montre que ces cent firmes ont produit en 1962, 26.53 % de la valeur totale de la production manufacturière (cf. tableau XLI) par rapport à 20.2 % en 1958. La participation des firmes étrangères parmi ces grandes entreprises a également augmenté.

Nous allons maintenant essayer d'expliquer cette évolution au moyen de l'analyse de la politique industrielle de la période. Au cours des premiers mois de gouvernement radical on tâcha de suivre une tendance semblable à celle du régime péroniste : salaires élevés, crédit abondant et bon marché, protection à l'industrie nationale. Les limitations de cette stratégie se sont vite fait sentir. Au mois de mai 1958, il y eut une augmentation des salaires de 60%, ce qui élargit la demande interne de la production industrielle ; l'effectif bancaire minimal fut réduit et le crédit devint plus accessible aux entreprises. Les industriels tâchèrent immédiatement de renouveler les matières premières et le matériel d'équipement, grâce à l'amélioration de la situation financière et du marché. En quelques mois, les réserves de devises, déjà peu abondantes, s'épuisèrent et la balance commerciale montra un solde négatif assez élevé. Alors, la gestion radicale changea tout à fait sa stratégie industrielle et chercha à transformer l'investissement étranger en moteur principal du développement manufacturier.

Entre juillet et décembre 1958, le Pouvoir exécutif signa directement des contrats avec un groupe d'entreprises américaines et anglaises (Carl M. Loeb Rhodes de New York, Panamerican International Oil Co. de New York, Union Oil de Californie, Esso, Tennessee Argentina de Delaware; Shell Production Co. of Argentina) pour la production de pétrole et de gaz naturel, sans concours public ni consultations techniques, économiques ou légales avec les organismes publics ou d'autres instances de l'État, déplaçant ainsi l'entreprise nationale d'hydrocarbures, Yacimientes Petroliferos Fiscales (YPF. — Gisements Pétroliers de l'État) de la position dominante qu'elle possédait sur le marché intérieur de production du pétrole.

En décembre 1958, la loi 14780 réglementa les investissements étrangers pour attirer des capitaux vers les secteurs modernes de l'activité manufacturière, surtout les automobiles et les machines, la pétrochimie et la métallurgie (cf. point 1.4 de ce chapitre). Cette loi comprenait non seulement le secteur industriel mais aussi l'ensemble des activités économiques; nous examinerons plus tard ses caractéristiques et ses effets.

La loi 14781, appelée loi de Promotion industrielle, compléta la loi 14780 et remplaça le décret-loi 14630/44 de Promotion et défense des industries d'intérêt national, encore en vigueur. La loi 14781 permettait au Pouvoir exécutif de déterminer la politique industrielle à suivre, au moyen de réglementations futures. Sous la gestion radicale, on n'arriva jamais à créer une réglementation complète de cette loi qui, soi-disant, devait rétablir l'égalité de traitement entre l'industrie nationale et l'industrie étrangère, favorisée par la loi 14780. La loi 14781 donnait au Pouvoir exécutif les facultés suivantes : a) éliminer les taxes douanières sur l'importation d'équipements que l'industrie nationale ne peut pas fournir; b) établir ou augmenter les impôts douaniers ou sur le change pour les importations concurrentielles; c) suspendre ou limiter ces importations concurrentielles; d) avantager au moyen d'opérations de change l'exportation d'articles manufacturés de l'industrie nationale; e) faciliter des crédits préférentiels; f) accorder un traitement préférentiel aux achats de l'État; g) accorder des exemptions et des dégrèvements sur les impôts. Le Pouvoir exécutif ne promulga que des réglementations partielles (régionales ou spéciales pour certains groupes industriels). Les régimes par secteur favorisèrent les industries sidérurgiques (décret 5038/61), pétrochimiques (décret 5039/61) et de la cellulose (décret 8141/61); ces branches reçurent des bénéfices fiscaux, financiers, des franchises pour les investissements étrangers et d'autres encouragements. Il est à remarquer que dans les trois groupes, la participation du capital étranger était très élevée, de sorte que ce n'est pas l'industrie nationale qui réellement en bénéficia (nous verrons d'ailleurs que ses organisations patronales réclamèrent vainement pendant toute la période une réglementation «correcte» de la loi). Les régimes de promotion régionale comprirent la région de la Patagonie, où l'on élargit progressivement une zone franche au sud du 42ᵉ parallèle, en incluant de nouvelles régions et de nouvelles activités où les marchandises étrangères purent pénétrer sans passer par la douane (décrets 3011/59, 12529/60 et 6130/61, parmi d'autres); la région du Nord-Ouest (décret 9477/61) et la Province de Corrientes (décrets 11324 et 2081 de 1961).

Dans l'ensemble, les deux lois de promotion manufacturière, 14780 et 14781, établirent un traitement inégal et défavorable pour l'entreprise nationale, dans le domaine douanier, fiscal, du change et du crédit. De plus, il faut ajouter que la politique de restriction du crédit affecte plus la petite et moyenne industrie que la grande — qui souvent peut s'autofinancer et a plus d'accès au crédit intérieur et extérieur. Tout ceci explique assez clairement le recul des secteurs traditionnels parmi lesquels prédominent les petites firmes nationales, par rapport aux branches modernes de la manufacture.

Si nous passons maintenant des dispositions générales concernant l'industrie à l'évolution des entreprises publiques pendant la période, nous verrons que la tendance globale resta celle de la privatisation du secteur public manufacturier. Le transfert du groupe DINIE au contrôle privé s'accéléra dans la période. Des modifications furent introduites dans la Charte organique de SOMISA, l'entreprise sidérurgique mixte, permettant la participation d'actionnaires et de sociétés étrangères, et réduisant celle de l'État[1].

---

1. Parmi les réformes de la loi Savio ou Plan sidérurgique argentin qui fonda SOMISA, figuraient les suivantes:
   a) Suppression du caractère nominal des actions, de l'exigence que les actionnaires soient des personnes physiques ou des entreprises de nationalité argentine, de l'interdiction que les membres dépendent de trusts ou holdings qui possèdent à l'étranger des intérêts semblables.
   b) Elimination de la majorité minimale de 51% du capital actionnaire de l'Etat Argentin, permettant au capital anonyme, sur l'origine et la nature duquel l'Etat décline d'enquêter, d'en absorber jusqu'à 90%.
   c) Annulation du droit de véto que la loi Savio accordait aux représentants de l'Etat, au cas où les décisions des Assemblées et du Directoire fussent contraires à la loi, aux statuts ou puissent engager les intérêts de la nation, ainsi que de toute autre garantie établie dans le régime général des entreprises d'économie mixte.
   d) Annulation de la disposition provisoire de l'article 20 de la loi Savio qui assurait au consommateur argentin de fer et d'acier (demi-produits) les prix en vigueur dans les centres de production étrangers les plus importants avec une augmentation qui ne pouvait dépasser 5%; substitution par les prix en vigueur sur le marché de Buenos Aires [plus élevés que les précédents]...
   e) On n'adopte pas d'indice de réévaluation qui garantisse le rajustement de la valeur de transfert des actions au capital privé, en fonction du coût actuel des installations des usines...
   f) L'entreprise, qui ne sera plus un organisme d'intérêt public mais une compagnie commerciale lucrative, est exemptée du paiement des impôts jusqu'au 31 décembre 1966.
   g) [...] Elle conserve le privilège de disposer d'un port propre.
   h) [...] Le Pouvoir exécutif a la faculté de garantir aux intérêts privés un dividende minimum [...] (Del Rio, 1961)

En 1960, les entreprises publiques officielles et mixtes les plus importantes ne produisirent que 1% de la valeur de la production industrielle totale (non comprises les activités pétrolières); ce pourcentage se concentrait dans les groupes Industries des métaux de base, et Automobiles et machines; le secteur public et mixte fournissait à peu près 5% de la valeur de la production de chacune de ces branches.

En ce qui concerne l'encouragement fiscal dans la politique de développement industriel, les impôts directs conservèrent un rôle secondaire. Les impôts indirects subirent des changements suivant la tendance commencée entre 1955 et 1958: les taxes aux importations remplacèrent le contrôle du change, aboli en 1959; ces taxes eurent une incidence diverse selon la catégorie des produits: elles étaient plus basses dans le cas des équipements et des machines, et plus élevées dans le cas des articles somptuaires. En dehors des aspects concernant les impôts dans les régimes spéciaux analysés auparavant, les bénéfices fiscaux favorisèrent les entreprises nationales et étrangères sur un pied d'égalité.

Quant aux facteurs financiers favorisant le développement industriel, la participation relative du crédit manufacturier dans le financement par le système bancaire de l'ensemble des activités économiques augmenta, mais la Banque industrielle n'a pas suivi cette tendance. Au contraire, sa participation au financement de l'industrie continua à baisser entre 1958 (23%) et 1962 (16.6%). Le crédit global du système bancaire aux différents secteurs baissa dans la période par suite de l'application des mesures anti-inflationnistes, et le crédit industriel tendit à se maintenir à un niveau inférieur au crédit agricole en ce qui concerne le pourcentage de son financement par rapport au Produit Brut du secteur. Cependant, il est intéressant de signaler que les prêts à la manufacture diminuèrent dans une moindre mesure que les prêts orientés vers l'agriculture. Enfin, il faut remarquer que vers la fin du Gouvernement radical, les secteurs modernes ont commencé à recevoir plus de crédit que les branches traditionnelles; jusqu'en 1957, le groupe le plus favorisé par le système bancaire fut celui des Aliments, boissons et tabac; à partir de 1960, c'est le groupe des Métaux qui reçut le plus de crédit bancaire. Il est évident que la consolidation dans la période des activités industrielles les plus développées, contrôlées en général par le capital étranger, fut suivie d'un plus grand afflux de crédit du système bancaire.

En somme, le secteur industriel moderne s'est développé dans la période, mais aux dépens d'une croissante dénationalisation et d'une plus grande concentration économique, ces deux aspects faisant partie d'un même processus. Les mécanismes de promotion industrielle favorisèrent nettement les corporations étrangères qui investirent dans le pays, et surtout dans le secteur manufacturier, des sommes bien supérieures à celles des années précédentes. Le crédit du système bancaire national tendit à les favoriser en partie parce qu'elles représentaient des clients plus sûrs. Le secteur public de la manufacture continua à perdre du poids et la provision de financement à l'industrie de la part de la principale banque publique de crédit industriel déclina.

## 1.3.  L'ÉVOLUTION BANCAIRE ET MONÉTAIRE

Le système bancaire se développa dans le cadre des règlements promulgués en 1957. Pendant la période, sa structure ne subit pas de modifications profondes, et la banque officielle garda le contrôle de 70% des prêts et des dépôts de l'ensemble du système. Dans le secteur privé, la banque étrangère et la banque nationale conservèrent essentiellement les mêmes positions relatives qu'en 1957. La concentration géographique des prêts et des dépôts ne changea pas non plus : la capitale fédérale centralisa près de 70% de ceux-ci, n'en laissant que 30% à l'intérieur du pays.

Il faut observer que pendant la période, le système financier non bancaire fut développé de façon inorganique et spontanée, sans contrôle légal et par des institutions très diverses : compagnies d'épargne et d'emprunt, sociétés financières, sociétés coopératives de crédit pour la consommation, de capitalisation et d'épargne, etc. Il manque des chiffres complets pour la période, mais l'on peut affirmer que ces sociétés jouèrent un rôle très important dans le financement des ventes de biens de consommation durable et dans la canalisation de ressources financières vers la petite industrie, le commerce et l'agriculture, aux moments où le crédit se trouvait limité.

Le principal instrument de la politique de crédit fut la régulation des effectifs minimaux des banques, car les autres mécanismes n'eurent pas les effets attendus par suite de l'inflation (qui entrava partiellement l'utilisation du réescompte) et de l'absence d'un marché flexible de titres publics (qui limita les politiques de marché ouvert). En 1958, la première politique économique du régime radical réduisit les effectifs minimaux du système bancaire, en particulier pour financer l'augmentation des salaires de soixante pour cent, mettant ainsi en marche une étape d'expansion du crédit qui ne dura que quelques mois. Peu après, ils furent à nouveau augmentés dans le cadre des mesures de stabilité monétaire appliquées à partir du mois de décembre 1958 : l'accroissement des prix et la chute des réserves internationales en devises déterminèrent en partie ce changement de tendance.

En ce qui concerne l'évolution monétaire, le principal résultat des mesures restrictives fut la chute de la liquidité réelle. Malgré tout, l'indice des prix montre que l'inflation n'a pas cédé et que le coût du niveau de la vie a augmenté avec les prix (*cf.* tableau XXVIII). L'accroissement des prix des articles importés qui se joignit à la dévaluation progressive de la monnaie explique en partie l'intensification de l'inflation.

Le secteur privé était toujours le principal facteur de création d'argent, mais l'État commença à y participer également de façon assez intense car il avait besoin de financer le déficit budgétaire.

En somme, la politique menée pour combattre l'inflation eut des conséquences contraires aux effets recherchés: en fait, l'inflation augmenta et la production s'en ressentit à cause du manque de liquidité. Ainsi que nous l'avons observé, ce manque de liquidité causa plus de tort à la petite et moyenne entreprise nationale, qui dut avoir recours au crédit extra-bancaire (plus cher), qu'aux grandes compagnies, qui comptaient sur des ressources financières propres supérieures et accédaient plus facilement au crédit intérieur et extérieur.


## 1.4. LE COMMERCE EXTÉRIEUR ET LES MOUVEMENTS DE CAPITAUX

### 1.4.1. Les échanges commerciaux

Pendant la période 1958-1962, le pays a présenté presque continuellement des soldes négatifs élevés, à cause de la stagnation des valeurs exportées face à l'augmentation des importations. On n'obtint un léger solde positif qu'en 1959 grâce à la forte réduction des achats à l'étranger. Les limitations du commerce international sur la structure de la production ne se sont jamais fait sentir de façon aussi aiguë que dans cette période.

Quant aux exportations, la structure de base analysée auparavant a souffert de légères modifications internes: accroissement de la participation des produits d'élevage jusqu'en 1961, surtout par l'augmentation des ventes de laine; en 1962, augmentation de la participation des produits agricoles, à cause de l'accroissement relatif des ventes de céréales et du lin. La structure des importations montre une réduction importante des achats de combustibles et de lubrifiants par suite de l'augmentation de la production interne, et un accroissement accentué de la participation des branches «Fer et produits ferreux» et «Machines». En particulier, cette dernière représenta en 1962 plus de cinquante pour cent de la valeur des importations. Ces chiffres donnent une image de l'importance du rééquipement effectué pendant les dernières années du gouvernement radical, sous la protection des mesures de promotion industrielle avec une forte participation du capital étranger.

Quant au commerce extérieur par pays, les caractéristiques déjà observées s'accentuèrent. Les États-Unis augmentèrent encore leur importance comme fournisseur de l'Argentine : leur participation passa de 16.4 % du total de la valeur importée en 1958, à 29.4 % en 1962 ; entre-temps leur importance en tant qu'acheteurs ne se modifia que de 12.9 % en 1958 à 13.5 % en 1962 sur le total de la valeur des exportations argentines. Par conséquent, le solde négatif des échanges avec ce pays passa de 74.25 millions de dollars en 1958 à 309.9 millions en 1962. Dans le domaine des exportations, la proportion des achats du Royaume-Uni baissa face à l'augmentation du poids relatif des ventes aux Pays-Bas, à l'Italie et à l'Allemagne Fédérale. Les échanges avec le Bloc oriental déclinèrent à 5 % des importations et 1.7 % des exportations, quand ces pourcentages étaient respectivement de 6.6 % et 4.6 % en 1958. En somme, le flux triangulaire des échanges argentins s'accentua : exportations vers quelques pays de l'Europe occidentale et importations des États-Unis.

La concentration par entreprise des ventes argentines à l'étranger n'a pas souffert de changements importants ; les firmes traditionnelles ont conservé leurs positions dominantes dans les branches principales : céréales, viandes et cuirs (*cf.* tableaux XXIX à XXXII).

La politique commerciale extérieure suivit les tendances de la période précédente. Les derniers accords bilatéraux furent interrompus et le pays commença à participer pleinement au régime multilatéral qui lui était désavantageux, car il ne lui assurait pas la vente de ses exportations face au besoin croissant d'importer. L'État établit des taxes aux importations en tant que principal mécanisme de contrôle quantitatif et qualitatif des achats, et comme source additionnelle de recettes fiscales. On appliqua des impôts aux exportations afin d'absorber une partie des revenus transférés au secteur agricole par suite des dévaluations. Au mois de janvier 1959, dans le cadre du Plan de stabilisation, on abolit le contrôle du change et depuis lors le cours fut fixé pour un marché unique, libre et fluctuant où, comme nous l'avons dit, le peso passa de 18 et 23 unités par dollar (1958) à 82 par dollar (avril 1962). Malgré toutes ces mesures, les exportations n'augmentèrent pas ; mais les soldes commerciaux négatifs, le prix des importations (industrielles) et l'endettement externe de l'État et des particuliers subirent des augmentations. Nous examinerons ce dernier point dans la section suivante.

1.4.2.   La balance des paiements et les mouvements de capitaux

Le déficit du compte courant de la période, déjà élevé à cause des soldes commerciaux négatifs, devint encore plus important par suite de l'accroissement constant des services financiers dont la valeur arriva à dépasser en 1961, 10 % des revenus en devises des exportations.

D'autre part, l'afflux de capitaux privés à long terme fut particulièrement important entre 1960 et 1962, et revint aux investissements directs dans les activités manufacturière et extractive. Nous allons examiner maintenant leur origine et leur structure.

Il faut signaler que les chiffres dont nous disposons correspondent aux permis annuels d'investissements sous la loi 14780 et non pas aux investissements réels qui furent inférieurs aux valeurs autorisées dans la période; malheureusement ce sont les seuls chiffres auxquels on peut avoir accès [2].

Avant d'analyser les chiffres de permis annuels d'investissements nous devons signaler que ceux-ci ne comprennent pas les investissements réalisés en vertu des contrats de production de pétrole, car ces derniers se sont effectués sous un régime spécial et non pas à l'abri de la loi 14780.

Une première caractéristique importante des investissements de la période réside dans leur montant total, bien supérieur aux moyennes annuelles précédentes; le flux de capital atteignit son point le plus élevé en 1959 et baissa en 1960 pour reprendre de l'élan en 1961. En ce qui concerne la distribution par secteur, nous observons que des investissements de 173 millions furent autorisés pour la pétro-chimie et la transformation des dérivés du pétrole entre 1958 et 1962 (soit 43.2% du total entre ces deux dates); et que des investissements de 102 millions le furent pour l'industrie de l'automobile, soit 25.7% du total de la période. D'autres secteurs importants, qui ne reçurent pas plus de 10% chacun de la somme des autorisations, furent la métallurgie et les machines. Dans l'ensemble, plus de 90% des investissements se concentrèrent dans la manufacture. Quant à la distribution des permis par pays, ceux réclamés par les États-Unis s'élevèrent à 55% du montant total, ceux réclamés par l'Angleterre et la Suisse, à peu près à 8% chacun, et ceux réclamés par l'Allemagne Fédérale, l'Italie et la Hollande, à entre 5 et 6% chacun (cf. tableau VIII). Il est intéressant d'observer que les fonds ar-

---

2. Une étude préliminaire réalisée par un groupe d'économistes du Conseil national de développement (CONADE, Cimillo et al., 1971) mentionne les chiffres d'une enquête de Fabricaciones Militares sur les investissements étrangers, à laquelle nous n'avons pas pu avoir accès. Selon ces chiffres les capitaux étrangers qui pénétrèrent effectivement dans le pays entre 1958 et 1964 ne s'élèvent qu'à 175.3 millions de dollars alors que le montant total de capital autorisé dans la période était de 407 millions de dollars. Les sorties à titre de dividendes des entreprises qui investirent — quelques-unes s'étant établies dans le pays auparavant — s'élevèrent à 113.6 millions de dollars, c'est-à-dire 65% du capital investi. Ces chiffres selon les auteurs du travail (dont nous partageons l'opinion) sont «une preuve éloquente de la faible contribution du capital étranger au processus d'accumulation». (Op. cit., p. 15) Entre 1958 et 1964 le montant des biens intermédiaires importés à partir de ces investissements directs fut de 559.6 millions de dollars, pour la plupart en pièces et parties d'automobiles qui entrèrent sans taxes douanières dans le pays. Dans l'industrie de l'automobile, selon l'enquête de F.M., le montant du capital établi ne serait que de 33 millions de dollars et celui des achats de biens intermédiaires de 396.1 millions tandis que 52.3 millions seraient sortis à titre de retransferts de bénéfices dans le même délai (1958-1964).

gentins se trouvant à l'étranger n'affluèrent pas dans le pays car la loi 14780 ne parut pas représenter pour ceux-ci un encouragement suffisant.

Le «succès» relatif de cette loi par rapport aux lois précédentes provient de son extrême libéralité, surtout en ce qui concerne le retransfert de bénéfices et de capitaux investis et les avantages en matière d'impôts, de crédits et de taxes douanières accordés aux entreprises qui s'établirent. D'autre part, comme nous l'avons dit, la loi 14781 favorisa également les investissements dans des firmes déjà installées, bien qu'elle recherchât explicitement à promouvoir l'industrie nationale.

En plus des investissements directs, le crédit extérieur aux entreprises industrielles s'intensifia et adopta de nouvelles formes Jusqu'alors, le financement étranger se faisait au moyen d'importations au paiement différé et de crédits commerciaux à court terme. À partir de 1957-1958, un nouveau genre de crédit fit son apparition : les prêts à long terme accordés par des organismes financiers internationaux (la Banque interaméricaine, la Banque mondiale, l'AID) surtout à l'industrie manufacturière. Cette source de financement arriva à représenter plus de 5% de l'investissement total de l'industrie de la période.

Sur le plan de l'électricité et de la production de pétrole, on donna la priorité aux grandes entreprises étrangères[3]. Sur le plan de la nouvelle industrie de l'automobile, les principaux résultats des inves-

---

3.  Les services d'électricité de la ville de Buenos Aires, accordés en 1907 pour cinquante ans à une compagnie allemande (CATE, Compagnie allemande transatlantique d'électricité) devaient passer aux mains de l'Etat en 1957. Suivant les termes de la concession, la municipalité devait recevoir, sans indemnisation, tous les biens et installations de l'entreprise dont l'amortissement devait s'effectuer à raison de 2% annuellement pendant la durée de l'accord. En 1936, on prorogea les contrats pour une durée minimale de quinze ans à partir de 1957 et la clause de réversion fut éliminée. Le caractère irrégulier des prorogations de 1936 donna lieu a une enquête effectuée en 1943 sous la gestion nationaliste pré-péroniste ; la Commission d'enquête Rodriguez Conde arriva à la conclusion que la prorogation avait été obtenue au moyen d'un accord dolosif entre les conseillers municipaux qui l'avaient ratifiée de leur vote, le Département exécutif municipal et l'entreprise concessionnaire belge qui en possédait alors les bénéfices (SOFINA, Société financière de transports et d'entreprises industrielles). D'autre part, les gains obtenus par l'entreprise étaient démesurés et supérieurs à ceux qu'admettait la concession. La Commission d'enquête conseilla d'annuler la reconnaissance légale des sociétés impliquées et de révoquer les concessions. Ces mesures ne furent pas adoptées et l'on maintint les prorogations.
    En 1957, le Gouvernement provisoire de la Révolution libératrice créa une Commission consultative nationale qui se déclara en faveur de l'annulation des prorogations et de la mise sous tutelle des entreprises, car elle avait constaté de nouvelles irrégularités. Malgré tout, on permit aux entreprises de saisir les tribunaux, ce qui ajourna la décision sur le différend.
    En 1958, le gouvernement radical transféra à la compagnie la plupart des biens que celle-ci devait rendre à la municipalité, il réévalua ces biens et fonda une société mixte, l'Etat s'engageant à acheter les actions de la nouvelle société au cours des dix ans suivants. D'autre part, la gestion radicale acheta en 1958 les biens de la société américaine ANSEC qui produisait de l'électricité dans l'intérieur du pays et dont les biens furent rachetés, selon certains experts, à un prix bien supérieur à leur véritable valeur (Del Rio, 1961, 2e partie, chapitre II).
    Quant à l'extraction de pétrole, l'entreprise publique Y P F fut reléguée à l'arrière-plan en ce qui concerne la production, par les entreprises adjudicataires. En 1962, le pays arriva presque à s'auto-approvisionner en combustibles et l'on n'importe depuis lors que certains variétés qui pas produites dans le pays, bien que le coût du pétrole obtenu ainsi ne fût pas très différent du coût de celui qu'on achetait sur le marché international.

tissements furent la prolifération d'une vingtaine d'entreprises produisant chacune de petites quantités d'unités à un coût unitaire plusieurs fois supérieur à celui du marché mondial, et le sur-développement d'une branche que l'on peut difficilement considérer prioritaire pour la croissance de l'économie nationale.

Entre-temps, la dette externe totale de la période augmenta de 60% (*cf.* tableau XXXIV).

## 2.  LES PLANS ÉCONOMIQUES ET SOCIAUX ENTRE 1958 ET 1962 ET LES ORGANISATIONS PATRONALES

### 2.1.  LES PLANS: LEUR APPLICATION ET LEURS RÉSULTATS

On peut distinguer clairement deux étapes dans la période de la gestion radicale intransigeante: a) les premiers mois, pendant lesquels la gestion radicale tâcha de mettre en œuvre, du moins en partie, son programme électoral; b) le reste de la période, jusqu'au coup d'État militaire d'avril 1962, avec l'application plus ou moins stricte des plans de stabilisation monétaire basés sur les recommandations du Fonds monétaire international (FMI), dont certains aspects ont déjà été traités lors de la description des politiques par secteur.

Le premier groupe de mesures n'apparaît pas sous la forme d'un plan de gouvernement mais elles agencent une forme d'intervention de l'État qui présente des ressemblances avec celle des années allant de 1946 à 1955: élargissement du marché intérieur au moyen de la redistribution des revenus au profit des salariés, augmentation des crédits disponibles du système financier, négociation directe avec les corporations pétrolières afin de réduire les importations de combustibles. Les deux premiers éléments de cette politique rencontrèrent bientôt les mêmes obstacles insurmontables qui s'étaient manifestés de 1950 à 1955: diminution des réserves en devises et inflation à cause de la rigidité de l'offre. Peu de mois après la prise du pouvoir, la gestion radicale dut abandonner les restes de son programme électoral et accepter la démission de la plupart de ses ministres. Entre novembre 1958 et avril 1962, un cabinet composé par de puissants entrepreneurs mena une politique orthodoxe libérale dont nous allons analyser les éléments fondamentaux.

Le Plan de stabilisation monétaire fut annoncé au pays le 30 décembre 1958. Il avait été préparé sur la base des recommandations du FMI qui avait déjà accordé en 1957 un crédit de 75 millions de dollars mais qui se refusait à donner plus d'aide financière sans que le gouvernement ne s'engageât à appliquer un plan anti-inflationniste. Le Plan de stabilisation cherchait à atteindre l'équilibre budgétaire et de la balance commerciale et à freiner l'inflation tout en libéralisant l'économie. Puisque, selon les experts, l'inflation et les déséquilibres étaient dus à une offre excessive d'argent, il s'agissait de restreindre celle-ci en diminuant les dépenses publiques, en contenant les augmentations de salaires, en augmentant les exportations et en supprimant les contrôles de prix, de change et les subventions. Les lois du marché, une fois l'inflation disparue, se chargeraient d'assurer une croissance saine et soutenue de l'économie argentine.

Le Fonds toléra cependant, quant à l'application du Plan, des restrictions temporaires au commerce extérieur, les « prélèvements » sur les exportations — de 10 à 20 % sur les produits d'élevage et agricoles — et les taxes à l'importation — de 300 % sur les articles somptuaires et les types de biens fabriqués dans le pays, de 20 à 40 % sur d'autres articles manufacturés comme l'équipement, et sur les matières premières — ; en fait, on commença à réduire les prélèvements et les taxes un an après l'application du Plan. Parallèlement, on annula les anciens impôts du commerce extérieur, le contrôle du change (mesure qui, comme on l'a déjà dit, représenta en fait une forte dévaluation) et les subventions aux producteurs (sauf les producteurs de sucre). Le crédit bancaire fut restreint en augmentant les effectifs minimaux et en limitant les prêts à l'industrie et au bâtiment. On abolit les contrôles de prix (sauf ceux de la viande). On décréta une réduction des dépenses de l'État, destinée surtout à éliminer les déficits des entreprises publiques, ce qui provoqua des augmentations de 50 à 200 % des prix des biens et services produits par ces entreprises : chemins de fer, métro, essence, électricité. Dans le même but, on réduisit le personnel de l'État et les dépenses destinées aux Travaux publics et on augmenta certaines recettes fiscales comme l'impôt sur le revenu (de 7 à 9 %).

Quels furent les résultats de cette application du plan en 1959 ? La production baissa de 7 % et la production industrielle de 10 % (*cf.* tableau XXV). On réduisit la consommation privée et le niveau de l'emploi ainsi que les revenus réels des travailleurs, qui baissèrent de 25 % par rapport à 1958 par suite de la redistribution des revenus au profit de la propriété et du secteur rural, et du blocage des salaires. On obtint un faible excédent de la balance commerciale mais aux dépens d'une forte réduction des importations et sans une augmentation des exportations. Le coût de la vie monta de plus de 100 % en 1959 de sorte que la stabilité monétaire désirée ne fut pas atteinte malgré la réduction sévère de la liquidité. L'afflux de capitaux donna lieu à un accroissement des réserves de 120 millions de dollars, mais en échange l'endettement devint plus élevé. Il ne fut pas possible de réduire le déficit budgétaire ; au contraire celui-ci augmenta à cause de l'augmentation générale des prix et de l'impossibilité de grossir les recettes fiscales.

En 1960, on renouvela l'accord avec le FMI et on obtint deux nouveaux crédits «*stand-by*» de 100 millions de dollars chacun. Le Fonds conseilla de réduire le déficit budgétaire, de maintenir les salaires bloqués, de continuer à restreindre le crédit, tout en éliminant les derniers accords bilatéraux et en réduisant les taxes à l'importation. Le gouvernement arriva à appliquer la plupart de ces mesures mais les salaires ne purent pas être tout à fait retenus à cause de l'opposition des syndicats, et le déficit fiscal ne diminua pas malgré les licenciements d'employés publics. Les résultats de cette politique se manifestèrent en 1960 et 1961 comme conséquence de l'entrée de capitaux étrangers, sous la forme d'investissements directs et de prêts, ce qui encouragea l'investissement mais d'un autre côté provoqua une hausse considérable de la dette extérieure. Le secteur industriel put augmenter ainsi sa production globale, dépassant en 1961 le niveau de 1958; mais cette récupération ne toucha que les secteurs modernes de la manufacture et l'industrie extractive, c'est-à-dire les secteurs où s'appliquèrent les investissements, tandis que les secteurs traditionnels ne rattrapèrent pas le niveau de 1958 (*cf.* tableau XXVI). Quant à l'agriculture, en 1961 la production atteignit le même volume physique qu'en 1958 (*cf.* tableau XXV). L'emploi et les salaires réels restèrent dans toute la période inférieurs aux niveaux de 1958; les revenus réels des salariés passèrent de 100 en 1958 à 90 en 1961. La participation des salaires dans le revenu interne brut des facteurs (y compris les cotisations sociales versées par les entreprises) baissa de 44.4% en 1958 à 40.8% en 1961 (Banque centrale, 1971, p. 3), c'est-à-dire que les profits bruts d'exploitation augmentèrent de 3.6%. Les prix continuèrent à croître mais à un rythme inférieur à celui de 1959 (*cf.* tableau XXVIII). Les déséquilibres des balances commerciales et des paiements tendirent à augmenter et non pas à diminuer surtout par suite de la rigidité des exportations. En 1960, l'afflux de capitaux compensa la fuite d'or provoquée par le solde commercial négatif; mais par contre en 1961, les entrées inférieures de capitaux ainsi qu'un déficit commercial important causèrent une sortie nette de devises de près de 200 millions de dollars et par conséquent la diminution de la liquidité créée par le secteur externe. Vers la moitié de 1961 commençait à nouveau une étape de contraction de l'économie argentine.

En somme, les résultats du Plan de stabilisation furent franchement négatifs. On n'arriva ni à atteindre les objectifs recherchés, ni à obtenir l'inflation, ni à diminuer les déficits. L'emploi et les rétributions du travail s'en trouvèrent réduits. La concentration et la dénationalisation de l'économie s'accélérèrent, surtout dans le secteur industriel.

Sur le plan politique et social, au cours des premiers mois de 1958, on appliqua une politique destinée à obtenir l'appui des travailleurs et des entrepreneurs nationaux. La loi d'Associations professionnelles de la Révolution libératrice fut abolie et remplacée par une loi qui rétablissait le syndicat unique par branche et d'autres dispositions semblables à la loi péroniste. L'intervention du gouvernement dans la centrale ouvrière paraissait être une mesure provisoire de régularisation. Mais l'application du Plan de stabilisation et le blocage des salaires rendirent les rapports entre le gouvernement et les syndicats chaque fois plus tendus; les grèves menèrent la quantité de journées de travail perdues à son point le plus haut et la CGT resta sous tutelle pendant toute la période.

Quant aux rapports avec les entrepreneurs, au cours des premiers mois de 1958, le gouvernement radical reconnut à nouveau légalement la Confédération générale économique, malgré l'opposition des organisme de grands entrepreneurs. Ces derniers décidèrent enfin de former une organisation confédérée dont les membres les plus importants étaient la Société rurale argentine, l'Union industrielle, la Bourse de commerce de Buenos Aires, la Chambre argentine de commerce, la Bourse des céréales et l'Association des banques de la République argentine. Examinons maintenant les rapports entre les associations patronales et le gouvernement national.


## 2.2. LES ORGANISATIONS PATRONALES FACE À LA POLITIQUE ÉCONOMIQUE ET SOCIALE DU GOUVERNEMENT RADICAL

### 2.2.1. L'Union industrielle argentine (UIA)

En 1958, l'UIA adopta une attitude ambivalente face à la gestion radicale. Lors de l'évaluation de la situation économique générale de la première année, elle critiqua la politique de crédits et de salaires, mais elle appuya l'appel au capital étranger et le commencement du processus de libération de l'économie:

> Les contrôles de prix ont disparu, et l'intention d'ouvrir les portes au capital étranger, si longtemps considéré avec méfiance et même parfois rejeté et exclu, est devenue évidente; ce sont des faits irréversibles que nous envisageons favorablement, mais nous avons vu apparaître également de dangereuses vacillations, surtout en ce qui concerne la tentative de rétablir les contrôles des importations, le retour à une politique économique inflationniste et une conduite syndicale erronée. (*Mémoire de l'exercice 1958*. p. 16)

Cependant, la loi d'établissement des capitaux étrangers reçut outre cette adhésion, des critiques sur le traitement inégal de l'industrie nationale:

> Ainsi qu'on l'a signalé au commencement, un des faits favorables et irréversibles de la période fut l'abandon de l'attitude de mé-

fiance envers le capital étranger dans la politique du gouvernement [...] Mais la réalisation de ce changement trouva de sérieuses
difficultés dans le sein du gouvernement qui ne sut adapter ses
organismes et les dispositions légales envisagées, non seulement
aux buts recherchés mais au maintien de l'égalité de traitement
pour l'industrie nationale. (*Mémoire de l'exercice 1958*, p. 19)

L'UIA critiqua l'augmentation des salaires du mois de mai 1958,
les dépenses plus élevées de l'État et l'expansion du crédit, et elle
approuva d'autre part la libération des prix. Le Plan de stabilisation de
décembre 1958 fut accueilli favorablement.

On a bientôt remarqué que l'on utilisait souvent le Pouvoir public
en fonction des besoins de comité et que l'on trompait encore
le peuple en augmentant les salaires par décret, tandis que les
dépenses de l'État s'accroissaient de façon démesurée [...] Le
Plan de stabilisation et de développement exigea une révision
complète de la politique économique suivie jusqu'alors et un
changement encore plus profond des procédés du gouvernement
[...] *Notre organisme n'a pas participé à la confection du Plan* et
nous n'avons pas l'intention d'en discuter les détails. Il suit fondamentalement les tendances d'autres plans qui ont été mis en pratique avec succès dans plusieurs pays ayant passé ou passant par
des difficultés semblables aux nôtres. Son objectif est énoncé
dans sa dénomination. Il cherche à atteindre la stabilisation
*et le développement économique par les seuls moyens possibles,
c'est-à-dire, ceux que tous les entrepreneurs, nous sommes en
train de réclamer* depuis que la Révolution libératrice a rendu la
liberté de parole : en finir avec le mensonge des inflations
réglementées ou contrôlées qui ne sont que des tours d'adresse
empirant les maux que l'on tâche de soigner [...] (*Mémoire de
l'exercice 1958*, p. 23 et 24. C'est nous qui soulignons.)

L'UIA critiqua les taxes aux importations et quelques augmentations de salaires tolérées en marge du blocage global des salaires
pour dix-huit mois. D'autre part, elle présenta à la Chambre des députés,
le 29 juin 1958, une demande contre les lois d'Associations professionnelles (14455) et d'indemnisations (11729) ; la première loi fut cependant adoptée ; ce n'est pas le cas de la deuxième qui ne fut pas réformée.

En 1959, dans une première évaluation de l'application du Plan,
l'Union approuva la réduction du crédit, mais réprouva l'accroissement
du déficit budgétaire et les augmentations des coûts provoqués par la
dévaluation. Il faut remarquer que la dévaluation et l'augmentation des
coûts industriels étaient des conséquences directes de l'application du
Plan, ce dont l'UIA ne parut pas se rendre compte, tandis que l'augmentation des dépenses publiques était le résultat de sa stricte
application.

Une des mesures du Plan de stabilisation consista à réduire le
crédit bancaire, ce qui se produisit au commencement du Plan
lorsque l'on éleva les taux d'effectif minimum que doivent posséder les banques pour assurer leurs dépôts. Pour être véritable-
ment efficace, c'est-à-dire pour répondre aux buts du Plan de stabilisation et aux besoins financiers légitimes des entreprises, cette

mesure doit être complétée par des dispositions étrangères au domaine monétaire qui dans ce cas comprennent deux aspects : la réduction du déficit fiscal et l'adoption d'une politique de stabilisation des coûts. Aucun de ces deux aspects n'a été accompli de façon tout à fait adéquate [...] (*Mémoire de l'exercice 1959*, p. 24)

Les facteurs déterminants de l'inflation dans cette période furent selon l'UIA : 1. le déficit fiscal ; 2. l'augmentation des coûts par suite de la politique du travail, de l'augmentation des prix des services publics et de la décapitalisation des entreprises ; 3. la détérioration des termes de l'échange extérieur. Pour la combattre, l'État devait réduire le déséquilibre budgétaire en augmentant les recettes fiscales, en réduisant le nombre d'employés publics, en bloquant les salaires et en éliminant les taxes aux importations. En grande partie, la théorie de l'inflation soutenue par l'Union répondait à celle du Fonds monétaire ; cette ressemblance se répète quant aux politiques à mener pour y porter remède.

Les changements de cabinet effectués en 1959 — et que nous analyserons dans la section suivante — furent approuvés par l'UIA. Ces changements, qui impliquèrent en essence la démission du cabinet économique radical et son remplacement par des ministres d'origine patronale, liés aux associations de grands entrepreneurs, eurent «une orientation plus technique et en accord avec le plan économique du gouvernement national». (*Mémoire de l'exercice 1959*, p. 41)

Dans le courant de l'année 1960, l'Union applaudit à la politique pétrolière, mais condamna les progrès limités en matière de stabilisation monétaire :

Il se peut que le seul aspect défini, de progrès rapide et presque spectaculaire soit celui du pétrole, où l'on a déjà atteint actuellement l'auto-approvisionnement [...] Les mérites de la politique adoptée par le gouvernement national à ce sujet, sont irréfutablement démontrés de façon adéquate à travers le langage des chiffres.

La situation devient plus sombre quand nous jugeons les résultats du programme de stabilisation monétaire, seule base saine pour une évolution appropriée des plans de développement économique. Dans ce sens, les grands maux que subit le pays, le déficit fiscal et l'inflation soutenue des coûts, ont conservé toute leur vigueur, atténuée seulement par les sacrifices qu'impose la politique de crédits. On peut faire la synthèse de cette situation en un seul mot : inefficacité. (*Mémoire 1960, p. 26*).

D'autre part, l'UIA approuva la politique du travail en 1960 :
Ceci [la rigidité des salaires] est dû sans aucun doute à une politique économique et sociale cohérente du gouvernement national qu'il a mis en pratique de façon coordonnée dans ses divers ministères et secrétariats d'État [...] Le ministère du Travail et de l'Assurance sociale [...] a tâché d'agir avec une certaine indépendance (*Mémoire 1960*, p. 42).

En 1961, l'UIA fait un bilan global du plan et de la crise qui commence à se dessiner et en conclut que le plan lui-même est correct mais que son application n'a pas été assez rigoureuse.

La source la plus proche de la situation actuelle réside dans la conduction erronée du Plan de stabilisation monétaire et de développement économique annoncé au pays le 29-12-1958. Cette tentative avait un dessein qui dépassait le domaine strictement technique et économique, puisqu'il comprenait l'inauguration d'une nouvelle philosophie politique et sociale. En effet, après trois décennies d'interventionnisme de l'État dans les activités économiques, particulièrement profond au cours de la deuxième moitié de cette période, et d'exclusion du capital étranger, le pays a décidé de changer de direction vu les résultats négatifs obtenus et de chercher sa prospérité au moyen de la liberté économique et de la coopération du capital étranger [...] *Le Plan a presque totalement échoué quant à atteindre son objectif fondamental qui était d'arrêter le processus inflationniste aigu et d'acheminer le pays dans des voies solides et de croissance fluide.* Cet échec ne peut aucunement être attribué à la nature intrinsèque du régime de liberté économique, mais à des défauts de base de l'exécution du Plan mentionné» (*Mémoire 1961*, p. 19 et 20. C'est nous qui soulignons.)

Parmi les erreurs d'application, l'UIA mentionne l'émission excessive d'argent pour financer les dépenses publiques et les coûts croissants du secteur privé. Elle attribue la crise de la balance commerciale à une absence d'encouragement aux exportations et à une «déformation» des importations (par exemple, l'importation sans taxes douanières de pièces d'automobiles). Les salaires, qui n'ont pas cessé d'augmenter dans la période, ont contribué, selon l'Union, à l'inflation des coûts.

En somme l'UIA approuva le Plan mais critiqua son application, jugée trop peu sévère, ainsi que certaines de ses conséquences nécessaires. Les mesures les plus approuvées furent collatérales ou bien complémentaires au plan : les accords pétroliers, la loi sur les investissements étrangers et les blocages de salaires. Les plus fortes critiques furent adressées au déficit fiscal, aux taxes sur le change et aux augmentations de prix des services publics, ces dernières étant nécessaires au bon fonctionnement du Plan. Pour l'UIA, l'objectif central de toute politique économique cohérente paraît être l'accomplissement de la stabilité monétaire.

Cette organisation patronale eut de nombreux représentants dans le gouvernement radical intransigeant, qui pour la plupart n'appartenaient pas au parti. Parmi les dirigeants les plus importants de l'UIA qui occupèrent des postes ministériels, nous trouvons l'ingénieur Arturo Acevedo, membre du Conseil directeur de l'UIA en 1957 et président du Centre d'industriels de la sidérurgie de l'Union (ministre des Travaux publics de 1961 à 1962) ; José A. Blanco, ex-président de l'UIA et président de la Chambre argentine de l'industrie du maté (secrétaire à l'Industrie et aux Mines de 1961 à 1962); Carlos A. Juni, membre du Conseil directeur de l'UIA en 1957, comme délégué de la Chambre syndicale de l'industrie chimique (secrétaire à l'Industrie et aux Mines de 1958 à 1959, ensuite secrétaire au Commerce); d'autres membres et industriels importants furent le ministre de l'Économie de 1959 à 1961, l'ingénieur Alvaro Alsogaray; le secrétaire aux Finances de 1960 à 1961, Ramon Lequerica; le président de la Banque industrielle de la République argentine de 1959 à 1961, Ricardo Pasman; le secrétaire aux Transports de 1959 à 1961, Manuel F. Castello. (Les données globales par institution patronale sont présentées au point 3.)

### 2.2.2.  La Société rurale argentine (SRA)

Pendant les premiers mois du gouvernement de A. Frondizi, la SRA se plaça nettement dans l'opposition : elle s'opposa à la prorogation des fermages ruraux, à la promulgation des lois fiscales de la Province de Buenos Aires qui grevaient les activités lucratives et la propriété de la terre, à la loi existante (n° 14392) de colonisation et à la création d'un Conseil agraire national, chargé de coloniser des terres publiques. De toutes ces mesures, elle n'arriva à empêcher que la promulgation des lois fiscales de la Province de Buenos Aires, obtenant la démission du cabinet économique radical, dirigé par Aldo Ferrer.

Une fois en marche le Plan de stabilisation économique, la SRA lui donna son appui :

Les déclarations formulées par le Président de la République concernant le Plan de stabilisation économique traduisent la position soutenue par la SRA. (*Mémoire 1958-1959*, p. 15)

Mais elle s'opposa immédiatement — sans obtenir de résultats — aux prélèvements sur les exportations agricoles; elle objecta les prix minimaux des céréales et du lin car elle les considérait trop bas et elle proposa, sans succès, qu'une partie des devises obtenues des exportations fussent destinées à l'importation de machines agricoles pour la technicisation de la campagne. Les mauvais rapports entre la Société et le gouvernement se manifestèrent également lors de la dispute publique entre le ministre de l'Économie, l'ingénieur Alsogaray, et le résident de la SRA, vers la fin du mois de juin 1959.

En 1959-1960, la Société accueillit favorablement le nouveau ministre de l'Agriculture (Ernesto Malaccorto, membre de la SRA) qui remplaçait le réformiste Bernardino Horne, du parti UCRI, mais dans l'ensemble, la position de la SRA resta fortement critique. Les taxes aux exportations et les impôts envisagés sur la terre témoignent de la distance considérable existant entre les propriétaires fonciers et le gouvernement radical. La SRA répondit aux critiques formulées par différents secteurs sur la stagnation de la production agricole malgré les transferts de revenus en faveur du secteur agricole, en accusant le manque d'appui du crédit public, les prélèvements sur les exportations, les prorogations des fermages, etc.

En somme, la SRA montra une attitude d'extrême méfiance et d'opposition au gouvernement radical quand les politiciens professionnels exercèrent le pouvoir mais aussi quand, dans une deuxième étape, les industriels et les commerçants éloignèrent l'équipe radicale au moyen de pressions militaires.

La Société n'eut qu'une représentation modérée sous le gouvernement de Frondizi. Deux des quatre ministres figurant dans les listes de membres de la Société avant d'exercer la fonction publique, occupèrent successivement le poste de secrétaire d'État à l'Agriculture et à l'Élevage (E. Malaccorto de 1959 à 1961, C. Urien de 1961 à 1962), portefeuille habituellement offert à un membre de cet organisme. Deux autres propriétaires terriens firent partie du cabinet: Mendez Delfini (secrétaire aux Finances de 1959 à 1960 et président de la Banque centrale de 1960 à 1962), ex-président de la Bourse de commerce, et Miguel A. Carcano (ministre des Affaires étrangères et du Culte de 1961 à 1962). Le bilan est assez maigre pour un gouvernement où défilèrent presque soixante-dix ministres, secrétaires d'État et présidents de banques officielles.

### 2.2.3. La Bourse de commerce de Buenos Aires (BCBA)

L'évolution du gouvernement radical au cours de l'année 1958 et l'établissement du Plan de stabilisation furent interprétés par la Bourse de la façon suivante:

L'économie du pays a été soumise, durant l'année 1958, à des orientations contradictoires de la gestion officielle [...] La deuxième période, à partir du 1er mai, présenta comme caractéristiques l'encouragement du processus inflationniste, poussé par une augmentation massive démesurée des salaires, une politique délibérée d'expansion du crédit et une forte augmentation des dépenses publiques alors que les recettes fiscales ne pouvaient en résorber que la moitié, tandis que sur le plan social une politique de discrimination syndicale légalisait les grèves, établissait des paiements rétroactifs et accentuait le chaos en provoquant par conséquent le délabrement economique, l'affaiblissement de la discipline et le manque de respect et d'égards à toute hiérarchie [...] La troisième période, que nous situons dans les deux derniers mois de l'année, manifeste un changement profond de la direction économique, *avec un programme sérieux de stabilisation, qui, par ses principes de base et ses grandes lignes, a mérité l'appui des secteurs les plus responsables de notre économie (Mémoire 1958, p. 5 et 6)*

Simultanément, le gouvernement constitutionnel a mis fin moyennant accord avec les intéressés, à de vieilles affaires qui, au

désavantage des investissements étrangers, avaient porté préju-
dice au crédit du pays à l'extérieur, et entravaient la reprise d'un
flux ouvert et franc de capitaux. Il invita en même temps des
entreprises étrangères à collaborer dans l'exploitation de notre
pétrole, s'élevant ainsi contre les mythes nationalistes qui ont
mené le pays à son état actuel de prostration. (*Ibid.* p. 7)
*La période finit par la sanction du plan de stabilisation et d'assai-
nissement auquel, comme nous l'avons dit, nous adhérons par
ses principes de base et sa structure générale* (*Ibid.*, p. 8). Enfin,
nous voulons signaler que, dans la conjoncture actuelle, on doit
mener avec beaucoup de prudence la politique économique et
financière [...] Dans cette perspective, *la composition de l'équipe
qui exécutera le programme projeté a une importance éminente*
[...] (*Ibid.*, p. 10 et 11. C'est nous qui soulignons.)

En somme, faisant en 1959 un bilan rétrospectif de l'année précédente, la Bourse critiqua la politique radicale des premiers mois,
approuva le Plan de stabilisation et le recours au capital étranger et
incita le gouvernement à se défaire des ministres radicaux qui restaient
encore dans le cabinet, ce qui d'ailleurs arriva, dans le cas des portefeuilles économiques, au cours de l'année 1959.

Plus tard, la Bourse critiqua la politique officielle mais sur un ton
beaucoup moins acerbe que la Société rurale. Une des cibles de ses
attaques fut la politique de crédit, jugée trop restrictive, ainsi que
le déficit fiscal et la politique agraire (prélèvements sur les exportations,
prorogation, des fermages et lois du travail).

Les rapports entre la Bourse et le gouvernement furent assez
cordiaux à partir de 1959. La Bourse eut des représentants dans le
gouvernement de Frondizi, parmi lesquels son ex-président Mendez Delfino; R. Pasman, membre titulaire de la Commission directrice de la
Bourse et qui fut le successeur de Mendez Delfino comme président
de la Banque centrale; P. M. Garcia Oliver comme secrétaire d'État en
Commerce; C. A. Coll Benegas comme président de la Banque de la
nation; R. Lequerica comme secrétaire d'État aux Finances de 1960 à
1961; et Alberto Tedin comme secrétaire d'État à l'Industrie et aux
Mines de 1958 à 1959. Dans l'ensemble, les membres de l'UIA et de la
Bourse contrôlèrent le cabinet économique du gouvernement à partir
de 1959.

### 2.2.4.   La Chambre argentine de commerce (CAC)

Dans un document adressé à Frondizi (*le Moment économique
national*) le 30 juin 1958, la Chambre manifesta son inquiétude face aux
premières mesures du gouvernement radical.

Monsieur le Président, ce document est motivé par la profonde
inquiétude qui nous accable au sujet de quelques mesures récemment adoptées et d'autres mesures annoncées par le gouvernement, qui paraissent indiquer le danger de revenir sur certaines

erreurs dont nous avons souffert et souffrons encore les conséquences fatales (*Mémoire 1958*, p. 55).

Les mesures objectées comprenaient l'augmentation des salaires
de soixante pour cent au mois de mai, le projet de blocage des prix (qui
ne fut pas adopté), la suspension des importations pour ce même mois,
et la loi d'Associations professionnelles promulguée cette année-là. Plus
tard, elle s'opposa à deux lois du travail, présentées successivement
aux présidents de la Chambre des Députés et du Sénat, et qui modi-
fiaient le régime de renvoi et l'embauche des employés de commerce.
Elle attaqua également la politique fiscale menée par le radicalisme
dans la Province de Buenos Aires.

Mais la Chambre approuva le Plan de stabilisation mis en pratique
en 1959, tout en critiquant les prélèvements et les taxes grevant le commerce extérieur. Elle donna son approbation aux mesures prises dans le
but d'éliminer les derniers accords bilatéraux et proposa de privatiser
complètement la production d'électricité.

En somme, on peut affirmer que la Chambre offrit un appui modéré au Plan de stabilisation et critiqua toutes les déviations de celui-ci
et de la politique strictement libérale qu'elle soutenait. Ses représentants dans le gouvernement furent, parmi d'autres, E. Malaccorto, ex-
directeur de la Chambre, et de façon plus indirecte C. A. Bunge, R. T.
Alemann et E. Mendez Delfino, qui passèrent immédiatement au Conseil
consultatif.

### 2.2.5. La Bourse des céréales (BC)

L'attitude de la Bourse des céréales fut semblable à celle des
autres organisations traditionnelles de puissants entrepreneurs déjà exa-
minées : objections aux premières mesures du gouvernement radical et
appui au Plan de stabilisation. En ce qui concerne le commerce
extérieur, elle s'opposa — comme la Chambre argentine de commerce —
à la formation d'un organisme public d'importations et d'exportations
(INCA) proposé par les membres radicaux du Parlement, ainsi qu'à la
création de conseils régulateurs du thé et du coton, réclamés par les
producteurs face à la chute des prix et à leurs effets déprimants provoqués par les trusts exportateurs ; ces conseils, ainsi que l'Institut
national de commerce argentin, n'arrivèrent jamais à dépasser le stade
de simples projets parlementaires.

Tout au long de la période, elle critiqua le maintien du déficit
fiscal et les lois de fermages ruraux, ainsi que les prélèvements sur
les exportations. Plus tard, elle approuva les encouragements offerts
au capital étranger pour faciliter son établissement dans le pays et la
diminution progressive des impôts au commerce extérieur.

Les représentants de la Bourse dans le cabinet furent les suivants:
son vice-président, P. M. Garcia Oliver, commerçant de céréales, qui fut

secrétaire au Commerce jusqu'en 1962; Mendez Delfino et l'ingénieur Alsogaray étaient également des membres de la Bourse; G. W. Klein, secrétaire d'État aux Finances était le conseiller légal d'une des principales entreprises membres du trust des céréales et faisant partie également de la Bourse: Louis Dreyfus et Cie.

### 2.2.6.  La Confédération générale économique (CGE)

La CGE obtint au mois de juin 1958 sa restauration syndicale du gouvernement de Frondizi (décret 867/58). Face aux attaques des associations traditionnelles regroupées depuis lors dans l'Association coordonnatrice des institutions patronales libres (ACIEL), la CGE répondit en faisant appel à «l'union de tous les secteurs d'entrepreneurs» et en soutenant qu'il n'existait que des différences de «nuances» entre la CGE et l'ACIEL.

> La CGE a toujours exigé, et elle ne cèdera pas sur cela, que toute organisation patronale nationale possède des fondements fédéralistes authentiques et fermes. (*Mémoire 1958*)

En ce qui concerne le Plan de stabilisation, elle l'approuva dans son ensemble mais elle critiqua l'augmentation des déficits de l'État ainsi que la réduction excessive du crédit qui fut considérée comme un «frein à la production». Selon la CGE, on devait rendre plus flexible le plan du Fonds monétaire au moyen de l'augmentation de la protection douanière à l'industrie nationale, du crédit et de la défense de la manufacture locale, ainsi que de la consultation permanente des entrepreneurs et des ouvriers; ce dernier point concordait avec sa politique (d'inspiration péroniste) d'alliance avec la Confédération générale du travail. Elle réclama également la diminution des taxes aux importations.

L'attitude de la CGE envers le capital étranger se trouve clairement synthétisée dans une déclaration effectuée au cours des Journées de la Rioja au mois de mai 1958 (avant sa reconnaissance légale), que nous transcrivons en partie:

> Investissements privés et développement national: [la CGE propose]: 1. que l'encouragement aux investissements de capitaux étrangers se soumette dans ses grandes lignes à l'obtention de crédits à long terme permettant la capitalisation nationale; 2. que les investissements effectués, y compris les investissements de capitaux, s'orientent vers les industries nouvelles, où le rééquipement est indispensable; 3. que l'on donne la préférence à l'établissement d'industries qui emploient des matières premières nationales; 4. que l'on donne la préférence aux investissements qui combinent les capitaux et les techniciens étrangers avec ceux des industriels nationaux; 5. que l'on n'accorde pas de bénéfices au capital étranger qui ne sont pas accordés non plus au capital national dans les mêmes conditions; 6. que l'on favorise l'investissement de capitaux qui contribuent au progrès

technique, à l'expansion de la petite et moyenne entreprise et au développement économique des régions les moins développées de l'intérieur du pays; 7. que l'on n'enlève pas aux industries déjà installées les crédits que pourraient demander les nouveaux investissements; ceux-ci devront prévoir leur capital d'exploitation nécessaire avant de venir s'établir. (*Mémoire 1958*)

En ce qui concerne ses rapports avec les travailleurs, la CGE invita les trois groupes syndicaux confédérés existant alors — le MUCS (Mouvement d'unité et de coordination syndicale, communiste), les «32 Syndicats démocratiques» (libéraux et sociaux-démocrates), et les «62 Organisations majoritaires» (péronistes) — en juillet 1958, à élaborer ensemble un plan économique. Parallèlement à ses mauvais rapports avec l'ACIEL, la CGE maintint en général des rapports cordiaux avec la centrale ouvrière, de majorité péroniste; les programmes des deux confédérations coïncidaient d'ailleurs sur de nombreux points fondamentaux.

En 1960, lors d'un premier bilan du Plan de stabilisation, la CGE adopta une position franchement critique envers le gouvernement, mais non pas — comme dans le cas des autres organisations — parce qu'elle considérait l'application du plan peu stricte.

En 1960, l'exécution des plans économiques du gouvernement manquèrent d'un objectif clair et défini, fondamentalement en ce qui concerne le développement économique, s'orientant surtout vers une politique de libéralisme économique — libre-échange — qui ne répond pas du tout aux besoins et aux intérêts du pays à l'étape de croissance économique où il se trouve [...] Les principes du libéralisme économique ne peuvent plus mener au développement économique ni surtout répondre aux besoins d'industrialisation des nations les moins développées. (*Mémoire 1960*, p. 6)

Bien qu'elle approuvât la politique pétrolière, la CGE déplora le manque de réglementation de la loi 14781, considérée insuffisante pour stimuler le développement de la manufacture nationale.

On a pris des mesures décisives en matière de pétrole, et nous sommes près d'atteindre l'auto-approvisionnement; ces politiques ont montré leurs effets positifs dans la balance commerciale pendant l'année 1960. (*Mémoire 1960*, p. 10)

Mesures de protection nécessaires à l'industrialisation du pays: l'industrie ne peut pas croître tant qu'existe un manque de sûreté permanent par défaut d'un instrument légal qui tende à la protéger de façon appropriée [...] On n'obtiendra la substitution des importations qu'au moyen de l'accroissement de le production industrielle. Mais pour obtenir une production industrielle nationale supérieure, il faut compter sur des mesures économiques de promotion, de protection et de défense. (*Ibid.*, p. 13)

Quand le ministre de l'Économie, l'ingénieur Alsogaray, déclara que l'industrie nationale souffrait d'une protection excessive, la CGE répondit en réclamant plus de crédit, de protection douanière et la diminution des impôts; elle exposa alors les tendances de son programme économique, clairement différentes des plates-formes économiques des autres centrales patronales, et contraires en bonne partie au Plan de stabilisation:

> Comme le crédit bancaire se trouve restreint jusqu'à des limites insuffisantes, dans tous les domaines les industries sont en train de souffrir les effets négatifs du capital usuraire. Dans ces conditions, c'est lui asséner la peine de mort à court terme que de réclamer des conditions concurrentielles avec les indutries des pays développés, possédant d'abondantes ressources financières. (*Mémoire 1960*, p. 13)

La CGE proposa les mesures suivantes:
> 1. Réglementer la loi 14781, de promotion à la production industrielle, dont l'objectif fondamental consiste à dicter des mesures de protection douanière et de change, tout en orientant la politique de crédit et d'impôts, en vue d'une production industrielle effective [...] 2. Une plus grande protection douanière, maintenant constant le tarif actuel des taxes et des surcharges; 3. Des crédits bancaires pour l'équipement industriel et pour le financement de la production et de la commercialisation [...] 4. Une politique fiscale réaliste, encourageant les entreprises industrielles [...] 5. La protection contre les dumpings et des mesures de soutien contre l'apparition sur le marché mondial des excédents industriels d'autres pays [...] 6. Développer une politique de promotion des exportations industrielles [...] 8. Orienter l'établissement des capitaux [étrangers] vers des secteurs qui nous permettent de substituer des importations tout en prenant soin qu'ils contribuent à la fortification et non pas à l'affaiblissement de la classe patronale nationale [...] 10. Donner à l'industrie un marché intérieur sûr et ferme qui la protège des fluctuations irrégulières du commerce extérieur. (*Mémoire 1960*, p. 14)

En 1961, la CGE insista pour que l'on approuve les investissements de capitaux étrangers dans l'extraction du pétrole, la chimie de base et la production d'automobiles, mais elle critiqua le déficit fiscal, principal «moteur» de l'inflation, ainsi que la réduction de la consommation et du crédit, jugées des politiques trop orthodoxes en matière monétaire.

Un seul haut fonctionnaire de la CGE fut secrétaire d'État dans la période: il s'agit de P. M. Garcia Oliver, également dirigeant de la Bourse de céréales. La Confédération générale économique fut pratiquement mise à l'écart de l'État national et son attitude de critique permanente n'arriva à aucun moment à modifier la politique économique et sociale de la période.

2.2.7.   Conclusions: quelques tentatives d'explication

L'analyse des politiques économiques et sociales que les centrales d'entrepreneurs proposèrent à l'État met en évidence l'appui que donnèrent les organisations regroupées depuis 1958 dans l'ACIEL au Plan de stabilisation, et leur opposition à toute mesure qui s'écartât de cette stratégie libérale anti-inflationniste et d'attraction de capital étranger. Les grandes organisations patronales eurent d'autre part de nombreux représentants dans le Pouvoir exécutif national. Les petits et moyens entrepreneurs nationaux groupés dans la CGE proposèrent un programme d'encouragement et de protection à la manufacture nationale et s'opposèrent à la plupart des mesures du Plan de stabilisation, tout en considérant que l'inflation devait être cependant combattue.

Nous tâcherons maintenant d'expliquer les causes de ces stratégies opposées de l'ACIEL et de la CGE qui commencent à se dessiner dans la période 1958-1962 et qui s'approfondiront par la suite. Pourquoi les organisations économiques de la grande entreprise choisirent-elles un plan de stabilisation monétaire, le recours sans limitations au capital étranger, la libération du change et en général, les politiques orthodoxes du Fonds monétaire?

L'économiste marxiste Oscar Braun présente une réponse partielle à cette question dans son analyse des grandes entreprises:

En Argentine, le frein le plus important au développement plus grand et plus efficace des entreprises monopolistes était probablement l'inflation. Par leurs caractéristiques propres, les grands monopoles ont besoin de planifier leurs investissements à long terme, ce qui devient difficile à effectuer rationnellement dans des conditions d'instabilité des prix. D'autre part, les avantages dérivant de l'application de méthodes modernes de production qui permettent de réduire les coûts disparaissent ou du moins diminuent quand ceux-ci ne peuvent pas être calculés avec une certaine précision. Enfin, même si malgré tout, ils arrivent à produire à des coûts inférieurs, et à vendre leurs marchandises à des prix plus bas que ceux de leurs concurrents moins importants, cela ne représente pas un avantage de poids, car dans une atmosphère d'inflation généralisée, des différences de prix peu élevées ne sont pas nécessairement perçues par les consommateurs qui ont également des difficultés à effectuer un « calcul économique » rationnel. (O. Braun, 1969, p. 21-22).

Cette interprétation, cependant, présuppose que les grandes firmes étrangères sont intéressées à développer la concurrence des prix contre les plus petites entreprises, et qu'elles cherchent à maximiser l'efficacité, au niveau des coûts d'exploitation. Ces postulats sont très discutables; nous y opposons d'autres éléments d'explication, qui se trouvent dans les avantages « marginaux » qu'accordent les politiques de stabilisation aux grandes entreprises. D'abord, la restriction du crédit affecte bien moins les entreprises monopolistes ou oligopolistes, très souvent d'origine étrangère ou bien liées techniquement, financièrement ou commercialement au capital étranger, car elles disposent de ressources propres et peuvent accéder plus facilement au crédit extérieur et intérieur; ce sont les petites entreprises qui sont les plus touchées par les limitations des prêts du système bancaire. Deuxièmement, la réduction des taxes douanières et la libération du change affectent

bien moins les grandes entreprises — qui ont la possibilité de se défendre face à d'éventuels concurrents extérieurs — que les petites et
moyennes. Troisièmement, l'établissement d'investissements étrangers
directs crée l'existence de dangereux concurrents internes pour les petites firmes nationales. Nous trouvons un exemple clair de cette dernière situation dans l'industrie textile argentine, traditionnelle et peu
concentrée, basée sur l'élaboration de filés de laine et de coton qui subit
depuis 1955 la concurrence croissante des grandes firmes américaines
de tissus synthétiques. Confirmant les trois éléments explicatifs que
nous venons de présenter, les chiffres élaborés par P. Skupch (1968)
montrent que la concentration industrielle manufacturière s'accélère aux
moments de récession par la disparition des petites entreprises ; il ne
faut pas oublier que les récessions économiques argentines ont suivi
immédiatement et furent les conséquences de l'application des plans de
stabilisation dans la période postérieure à 1955. Quatrièmement, et en
dernier lieu, les entreprises étrangères produisent pour des consommateurs à revenus relativement élevés ; elles souffrent donc moins que l'entreprise nationale du blocage des salaires, comme celui qui a accompagné les plans de stabilisation, ainsi que de la chute de la demande
interne et de la consommation privée qui s'ensuit.

En ce qui concerne les petites et moyennes entreprises nationales, elles affrontent une situation opposée. Bien qu'elles soient affectées
par le processus inflationniste, elles subissent beaucoup plus les conséquences de la restriction du crédit ; le blocage des salaires réduit
leur marché interne ; la libéralisation douanière les laisse sans défense ;
la concurrence étrangère les élimine du marché. Pour cette raison, la
CGE proposa que le capital étranger se limite aux secteurs qui lui sont
inaccessibles techniquement et financièrement.

## 3. LES FONCTIONNAIRES DE L'ÉTAT NATIONAL

Ainsi que pour la période précédente, nous avons analysé les
professions principales des soixante-six ministres, secrétaires d'État et
présidents des quatre grandes banques officielles de la gestion radicale
intransigeante. Les résultats figurent au tableau XXXVI. Le groupe principal est celui des entrepreneurs qui cette fois-ci a une participation
de 60.6% dans notre échantillon. Le deuxième groupe est celui des
politiciens professionnels avec 18.2%, les militaires n'occupent que le
troisième rang avec 12.1%. Si nous comparons ces résultats avec ceux
de la Révolution libératrice, nous verrons qu'il y a maintenant deux
groupes beaucoup plus importants : celui des entrepreneurs, nettement
majoritaire et dont la montée se produit depuis la fin de 1958 quand les
pressions militaires écartèrent la plupart des politiciens professionnels ;

celui des politiciens, qui a la majorité au cours des premiers mois de gouvernement. Les militaires ne conservent plus que les secrétariats d'État rattachés aux secteurs correspondants de l'armée.

Si nous analysons la composition interne du groupe des entrepreneurs suivant leur affiliation aux organisations patronales, nous observerons d'abord (*cf.* tableau XXXVII) la prédominance des membres des organisations du groupe ACIEL — 29 membres —, certains d'entre eux affiliés à plusieurs de ces organisations. Il y a quatorze entrepreneurs sans affiliation reconnue, pour la plupart directeurs de sociétés anonymes commerciales et industrielles. On ne trouve qu'un seul adhérent de la CGE parmi les fonctionnaires et on n'en compte aucun appartenant aux autres associations patronales de la petite bourgeoisie telles que la Fédération agraire. Quant à la distribution des entrepreneurs suivant l'origine prédominante des firmes qu'ils dirigent (*cf.* tableau XXXVIII) nous verrons que la plupart sont à la tête à la fois d'entreprises nationales et étrangères. On compte parmi eux un groupe important d'anciens directeurs d'entreprises anglaises et de hauts fonctionnaires publics de la décennie 1930-1940, à présent directeurs et conseillers de firmes américaines et nationales (E. Mendez Delfino, C. Bunge, M. de Apellaniz, E. Malaccorto, C. A. Juni, D. Taboada et d'autres.

L'étude de la distribution des entrepreneurs fonctionnaires par secteur d'activité prédominante montre que 42.5% sont liés fondamentalement à l'industrie, 30% au commerce et 20% seulement au secteur agricole, bien qu'ils soient très souvent rattachés à plusieurs activités à la fois, ce qui corrobore les hypothèses de certains auteurs — et la nôtre — au sujet de la liaison existant en Argentine entre les grands entrepreneurs de l'industrie, de l'agriculture, du commerce et des finances. D'autre part, au moins 70% d'entre eux sont liés au moins à une grande entreprise, c'est-à-dire à une des huit premières entreprises quant à la valeur de sa production par rapport à la branche à laquelle elle appartient; il n'y en a que 30% qui ne se trouvent pas dans cette situation (*cf.* tableau XXXIX). Enfin, nous pouvons analyser la distribution des fonctionnaires qui ne sont pas entrepreneurs, une fois qu'ils abandonnent leur poste public: 38.5% sont entrés dans des entreprises, tendance qui s'accentue surtout dans le groupe des militaires: plus de 50% des militaires ayant rempli de hautes fonctions publiques ont participé ensuite à la direction de sociétés anonymes. Seulement un tiers des politiciens a suivi cette voie.

Pour interpréter les données que nous venons d'exposer, nous devons signaler que le gouvernement radical, après un premier cabinet de politiciens professionnels et une stratégie économique et sociale d'alliance avec le péronisme, fut «accaparé» quelques mois plus tard par le bloc dominant des grands entrepreneurs qui avaient fait pression (militairement) pour obtenir des changements importants de ministres et une nouvelle stratégie économique (le Plan de stabilisation du FMI) Cette interprétation se confirme si nous étudions séparément les différents cabinets du gouvernement radical. Dans le premier cabinet — y compris comme toujours les directeurs des quatre grandes banques officielles et non compris pour l'instant les ministres des forces armées —, on comptait sur un total de vingt fonctionnaires, huit politiciens de métier, quatre fonctionnaires publics de métier et six entrepreneurs (trois sans liaisons politiques et trois avec liaison).

Dans le courant de 1959, treize des vingt ministres et secrétaires d'État donnèrent leur démission et s'éloignèrent complètement des hautes fonctions de l'État ; il s'agissait de quatre fonctionnaires publics de métier, de cinq des huit politiciens, des trois entrepreneurs rattachés à un parti politique et d'un entrepreneur sans liaison politique. Le secteur du Pouvoir exécutif le plus affecté par les changements fut le cabinet économique (ministère de l'Économie, ministère des Travaux et des Services publics et leurs secrétariats). Les politiciens radicaux ne conservèrent que les ministères de l'Éducation et de la Justice, de l'Assistance sociale et de la Santé publique, des Affaires intérieures et de la Défense nationale, c'est-à-dire les appareils idéologiques et répressifs de l'État.

Au mois de juin 1959, le cabinet économique fut occupé par un groupe cohérent de grands entrepreneurs d'idéologie libérale et/ou conservatrice, presque tous sans affiliation politique ou adhérant à de petits partis conservateurs (comme le ministre de l'Économie, dirigeant principal du Parti civique indépendant, de faible importance électorale). Ce groupe conserva le contrôle du cabinet économique et des grandes banques officielles jusqu'en 1961, et mit à exécution le Plan de stabilisation.

Vers la fin de la période, Frondizi constata le besoin d'obtenir un appui électoral pour son parti aux importantes élections de mars 1962. Faisant front à la pression militaire, il nomma à nouveau quelques politiciens radicaux et installa au cabinet économique des entrepreneurs rattachés de façon moins ouverte aux grandes affaires. Cependant, l'opinion publique lui fut défavorable et la popularité de son parti déclina.

## 4. ÉVOLUTION DE LA SCÈNE POLITIQUE DANS LA PÉRIODE. LE COUP D'ÉTAT DE 1962

L'alliance électorale avec le péronisme ne survécut pas à l'année de sa formation qui fut témoin du triomphe radical (février 1958). Peu après sa montée au pouvoir, le gouvernement radical mit sous tutelle la Confédération générale du travail afin de rendre aux syndicalistes péronistes des "62 Organisations" le contrôle de nombreux syndicats des deux autres tendances; le gouvernement annula la législation répressive de l'année 1956 et dicta une nouvelle loi d'Associations professionnelles (n° 14455) qui rétablissait le syndicat unique par branche et la Centrale unique des travailleurs. Mais le Plan de stabilisation et le nouveau groupe de ministres empêchèrent tout prolongement possible du pacte de l'UCRI avec le péronisme, qui d'ailleurs était encore proscrit[4]. Dès lors, l'Union civique radicale intransigeante s'érigea en «solution de rechange électorale» du péronisme, position que d'ailleurs l'UCRP était en meilleure condition d'exploiter en 1960.

Aux élections partielles de 1960, le vote en blanc — commandé à nouveau par Peron pour démontrer sa divergence avec l'UCRI et l'illégalité du mouvement — obtint presque 25% des suffrages et les groupes "néo-péronistes" qui n'obéirent pas à l'ordre, encore 2.4%. Une nouvelle fois, c'est le péronisme qui fut le vainqueur absent des élections argentines. Au deuxième rang se trouva l'UCRP qui réunit 23.7% des votes; l'UCRI revint à son capital électoral antérieur à l'alliance avec le péronisme: elle n'obtint que 20.6% des votes. Les trois partis socialistes nés de la division du Parti socialiste ouvrier augmentèrent leur capital électoral puisque deux d'entre eux, le Parti socialiste argentin et le Parti socialiste démocratique, obtinrent chacun presqu'autant de votes que le Parti socialiste ouvrier auparavant. Les autres n'eurent qu'une importance secondaire (cf. tableau XL).

Aux élections partielles de mars 1962, le péronisme fit sa rentrée; sa participation aux élections avait été autorisée par le gouvernement radical qui pensait le battre en accaparant tous les votes anti-péronistes. Cette stratégie fut valable dans une certaine mesure puisque l'UCRI augmenta son capital électoral à 24.5%; mais le péronisme fut le principal vainqueur car il recueillit presque 32% des votes, obtenant le gouvernement de onze des dix-neuf provinces qui renouvelaient leurs autorités et de quarante des quatre-vingt-seize sièges à remplir au Parlement. La troisième place revint à l'UCRP avec 20% des votes. Parmi les provinces gagnées par le péronisme, se trouvaient les plus importantes comme celle de Buenos Aires où l'ouvrier syndicaliste de l'aile gauche du péronisme, Andres Framini, fut élu gouverneur avec un programme contenant de profondes réformes. Le gouvernement national répliqua en mettant sous tutelle la plupart des provinces gagnées par les péronistes et en annulant en partie les élections. Cependant, peu de jours après, un coup d'État militaire renversa A. Frondizi et le Parlement fut dissous.

---

4. A cette époque, disparut de la scène politique l'auteur de l'alliance radicale-péroniste, Rogelio Frigerio, entrepreneur, ex-socialiste, conseiller économique et social de la Présidence de la nation pendant la première année de gouvernement radical et principale cible des attaques et des pressions militaires.

Poussé par les circonstances — pression militaire, absence de vice-président[5] — José M. Guido, président du Sénat, dut assumer la présidence provisoire de la nation.

---

5. Alejandro Gomez, vice-président élu, donna sa démission six mois après la prise du pouvoir.

# CHAPITRE 5

# Un interrègne, la gestion de Guido : 1962-1963

Au cours des derniers jours du mois de mars, après le renversement et l'emprisonnement de Frondizi par les forces armées, commença une des périodes les plus turbulentes de l'histoire politique argentine, qui fut un interrègne entre les deux gouvernements radicaux ainsi qu'un prélude aux violentes luttes sociales déchaînées en 1969.

L'évolution économique eut comme contexte le renouvellement et l'application encore plus stricte des plans de stabilisation monétaire, et leurs effets récessifs sur la production que nous étudierons dans la première section de ce chapitre. La division entre les stratégies économiques des différents groupes de la haute bourgeoisie devint plus claire (section 2) et chacun des groupes mobilisa ses soutiens militaires, provoquant la scission des forces armées en deux factions contraires qui s'opposèrent à plusieurs reprises jusqu'à ce que l'une d'elles triomphe ; pour les mêmes motifs, la composition des cabinets changea constamment (section 3). Entre-temps, à la désorganisation politique de la classe dominante, se joignit l'affaiblissement du mouvement syndical des salariés, seul organisme de représentation à la fois économique et politique de ceux-ci ; la Confédération générale du travail fut incapable de résister à la stratégie de stabilisation dont elle était la première affectée (section 4). Dans ces conditions, la scène politique resta à nouveau dans les mains des seuls cadres de parti possédant une certaine efficacité électorale : l'Union civique radicale du peuple, qui gagna aux élections de juillet 1963 et se chargea du gouvernement en octobre de cette année-là, le péronisme restant toujours proscrit.

## 1. L'ÉVOLUTION ÉCONOMIQUE ET LES POLITIQUES PAR SECTEUR DANS LA PÉRIODE

### 1.1. LE DÉVELOPPEMENT AGRICOLE

La production du secteur agricole augmenta légèrement dans la période : en 1962 et 1963, elle était de 4 % et 6 % respectivement supérieure au niveau de 1961, mais seulement de 3% et 5% respectivement par rapport à la production de 1955 (*cf.* tableau XXV). L'analyse de sa composition interne montre une augmentation considérable en 1962 de la production agricole, qui déclina en 1963, et un accroissement de la production de bétail, faible en 1962 mais considérable en 1963 (à cause de la sécheresse qui provoqua une forte liquidation des stocks).

Les cultures industrielles sont celles qui augmentèrent le plus, tandis que la branche principale, celle des céréales et du lin, resta stagnante à des volumes inférieurs au niveau de 1960. Quant à l'élevage, l'abattage de bétail bovin augmenta considérablement; par contre celui des autres animaux tendit à baisser.

Dans cette période, la structure interne des prix varia en faveur de l'agriculture, car l'État cessa, en avril 1962, de soutenir le cours du change, ce qui provoqua une augmentation de la cotation du dollar de 82 pesos en avril 1962 à 140 pesos en octobre 1963. Ainsi, en 1962 et 1963, les prix de vente en gros des produits agricoles étaient passés à 144.9 et 195.8 (pour un indice de base 1960 = 100), tandis que les prix industriels ne montèrent qu'à 139.6 et 176.0 respectivement à partir de la même année de base. Le premier objectif de la politique économique du gouvernement de Guido fut d'augmenter la production agricole au moyen de dévaluations permettant de transférer des revenus aux propriétaires agriciles. Malgré la forte modification du cours du change, l'encouragement ne fut pas très efficace si l'on tient compte de la faible croissance des volumes de la production. L'augmentation réduite des exportations fut plutôt le résultat de la chute de la consommation privée interne et de l'élimination des prélèvements sur les exportations, ce qui permit aux exportateurs de recevoir intégralement la redistribution de revenus provoquée par la dévaluation.

D'autre part, l'État continua à encourager les propriétaires à récupérer les terres en insistant sur des mesures dont le but explicite était la transformation des fermiers en propriétaires. On dicta ainsi un Troisième Plan de transformation agraire (décret-loi 4403) au mois de mai 1963, réglementé par le décret 8332 du mois de septembre. Les deux dispositions s'appliquaient aux fermiers ou métayers dont les contrats avaient été prorogés; on fixa comme dernier délai d'application du Plan le 31 mai 1965 et la Banque de la nation s'engagea à accorder au locataire des crédits pour un montant entre 80 et 100% de la valeur taxée ou du contrat d'achat et de vente. Il n'existe pas d'estimations officielles sur les effets de ce Troisième Plan de transformation agraire; son effet principal à court terme fut de maintenir l'instabilité de la situation légale des locataires de terres, empêchés dans la plupart des cas d'acheter la terre qu'ils exploitaient.

Les deux objectifs principaux de la politique agraire dont nous venons de faire la synthèse constituent un ensemble de mesures particulièrement favorables aux propriétaires terriens, qui récupéraient la ou les parcelles rurales louées et obtenaient un transfert de revenus qu'ils ne devaient pas partager avec l'État grâce à la suspension des prélèvements et à l'absence de nouveaux impôts directs.

## 1.2.  L'ÉVOLUTION MANUFACTURIÈRE

Le volume de la production manufacturière baissa de plus de 6% en 1962 et de 4% encore en 1963 par rapport à 1961 (*cf*. tableau XXVI). Les groupes industriels qui subirent les plus grandes récessions furent: Textiles et cuirs (−21% en 1962 et −24% en 1963); Bois et meubles (−8% et −18% respectivement); Papier et imprimeries (−9% et −13%); mais quatre autres groupes connurent également un déclin important de leur production dans la période et il n'y eut qu'un groupe qui augmenta faiblement au cours de ces deux années: Aliments, boissons et tabac (*cf*. tableau XXVI). La capacité employée dans l'industrie et l'emploi industriel tombèrent considérablement; quant à la première, une enquête du Conseil national de développement montra que la capacité oisive oscillait entre 40% dans l'industrie de l'automobile, des machines électriques et des tracteurs et 50% dans celle des machines agricoles, des machines, des constructions navales et des outils. (CONADE, 1963) L'emploi industriel global diminua de 8% en 1962 et encore de 5% en 1963. (Banque centrale, 1971, p. 20)

On peut expliquer cette évolution par la chute de la demande provoquée par le renouement de l'application stricte des mesures de stabilisation: le blocage des salaires, la réduction des dépenses publiques, la restriction du crédit et de l'emploi déterminèrent une forte diminution de la consommation interne et de la demande d'investissements. D'autre part, les taxes aux importations, réduites en 1961, furent appliquées en avril 1962 et augmentées en février 1963, entravant l'approvisionnement et le rééquipement de l'industrie. La dévaluation rendit difficiles les paiements des entreprises manufacturières à leurs fournisseurs et créanciers, qui durent acheter des dollars à un cours plus élevé.

Sur le plan des dispositions générales de politique industrielle, on dicta en juillet 1963 une réglementation générale de la loi 14781 qui, en fait, ne représenta que l'agencement et la systématisation des régimes spéciaux et régionaux déjà existants. En d'autres termes, on conserva les caractéristiques des réglementations partielles pré-existantes, en ce qui concerne le traitement inégal de l'industrie nationale.

Dans le domaine des entreprises publiques, le gouvernement de Guido continua la politique de privatisation des entreprises du groupe DINIE. Le financement public du secteur privé conserva les caractéristiques de la période précédente: la Banque industrielle n'effectua qu'une partie limitée de l'ensemble des prêts du système bancaire à l'industrie. Bien qu'en 1962 la participation de la Banque augmenta légèrement ce ne fut que la conséquence d'un régime spécial de réescompte établi cette année-là afin de contrecarrer les effets de la récession industrielle; d'autre part l'emploi des crédits suivit également les lignes antérieures: la plupart d'entre eux furent utilisés dans des dépenses d'exploitation (80% du total en 1963) et non pas pour de nouveaux investissements. Quant au financement de la Banque par branche, le secteur qui reçut le plus de crédit fut l'industrie textile (24.2% en 1962 et 27.2% en 1963 par rapport à la somme totale de crédits de la Banque industrielle); la deuxième place revint à l'industrie des Aliments, boissons et tabac (16.4% et 16.5% respectivement) et la troisième à l'industrie des Métaux et ses manufactures (19.2% et 12.8% respectivement).

Enfin le flux d'investissements et de crédits étrangers diminua surtout à cause de l'instabilité politique du pays. Nous traiterons ce sujet ci-dessous.

En somme, le secteur industriel subit fortement les conséquences de l'application du Plan de stabilisation et de l'ensemble des mesures qui tendirent à limiter le rôle de l'État en tant que promoteur du développement de l'industrie nationale.

## 1.3. L'ÉVOLUTION MONÉTAIRE

Par suite de la politique de restriction monétaire, le rythme de croissance des composantes de la quantité d'argent fut nettement inférieur à celui des périodes précédentes. Malgré l'accroissement des billets en cours, l'augmentation du niveau général des prix fit diminuer la liquidité réelle. On arriva ainsi à une situation paradoxale d'inflation monétaire accompagnée d'une déflation de production, dans un contexte de manque de liquidité où l'on utilisait comme billets toutes sortes de documents commerciaux et même les bons de l'État émis dans le but de résorber le déficit fiscal et d'acquitter en partie les créanciers de l'État et les employés publics. Le secteur public fut le principal créateur de moyens de paiement, déplaçant ainsi le secteur privé.

On limita le crédit bancaire, en augmentant les effectifs minimaux, mais le déficit budgétaire resta élevé à cause de la réduction des recettes du commerce d'exportation et malgré l'ajournement du paiement des gages et salaires des employés publics.

On n'arriva donc pas à atteindre le principal objectif de la politique économique car l'inflation redoubla; par contre, on mit des entraves aux stimulants les plus importants de l'activité manufacturière, à savoir le crédit et la demande interne.

## 1.4.  LE SECTEUR EXTÉRIEUR

### 1.4.1.  Les échanges commerciaux

On trouve en 1962 un accroissement des exportations par rapport à l'année précédente, surtout par suite de la réduction de la consommation privée. Les importations baissèrent, mais le solde commercial de cette année fut encore négatif bien que considérablement inférieur à 1961. L'année suivante, les exportations continuèrent à augmenter tandis que les importations furent brutalement réduites, ce qui permit d'obtenir un solde commercial positif.

Si l'on observe la structure des exportations, on ne remarque pas de changements importants. La participation relative des céréales augmenta grâce à de bonnes récoltes en 1961-1962 et celle des viandes s'accrut en 1963 par suite de la sécheresse déjà mentionnée dans les régions d'élevage, ce qui provoqua une liquidation considérable des stocks. Un nouveau facteur modifia la composition interne des exportations en 1963 : il s'agit de l'augmentation de la participation des ventes d'articles manufacturés, qui s'éleva à près de 10% du total des ventes à l'étranger.

Quant à la composition interne des importations, la branche « Machines » représenta plus de 50% de la valeur totale des achats à l'étranger : il s'agissait en grande partie d'équipements dont l'achat avait été convenu dans la période précédente ; la participation de la rubrique « Combustibles et lubrifiants » continua à diminuer grâce à la croissance de la production interne.

La concentration économique des exportations resta inaltérée quant à ses principaux articles : céréales, cuirs, viandes et laines (*cf.* tableaux XXIX à XXXII).

Les échanges par pays ont conservé les tendances fondamentales déjà observées : les États-Unis en tant que principal fournisseur et l'Europe occidentale en tant que principal acquéreur. Le commerce avec le reste des pays d'Amérique et l'Asie fut assez réduit et avec l'Afrique et l'Océanie pratiquement nul. Les échanges avec les pays d'Europe orientale continuèrent à baisser.

### 1.4.2.  La balance des paiements et le courant des capitaux

En 1962, une sortie nette de capitaux s'ajouta au déficit de la balance commerciale, surtout à cause des fortes dettes contractées à court terme par les secteurs privé et public. Par conséquent, les réserves en or et en devises diminuèrent de 340.3 millions de dollars. Afin d'améliorer la situation de la balance des paiements, on obtint au mois de juin un nouveau crédit «*stand-by*» du Fonds monétaire international. De plus, le pays signa plusieurs accords avec diverses institutions américaines et internationales de crédit: un prêt de 50 millions de dollars du Trésor des États-Unis, un autre de 95 millions de la Banque internationale pour la reconstruction et le développement (BIRD) pour le rééquipement de SEGBA; 20 millions de l'Association internationale de développement (AID) destinés à financer des importations des États-Unis, et 45 millions de la Banque interaméricaine de développement (BID) pour des organismes publics et privés.

En 1962, l'excédent de la balance commerciale (obtenu en grande partie grâce à la forte réduction des importations) permit de payer le solde négatif du courant de capitaux et d'améliorer la situation des réserves en or et en devises qui augmentèrent de 147.2 millions de dollars. L'État put régler quelques dettes et le cours du change resta stable dans le courant de l'année grâce à l'afflux de devises et à une demande restreinte. En octobre 1963, la dette de l'État argentin avec le Fonds monétaire international s'élevait à 268 millions de dollars plus les intérêts correspondants. Le 31 décembre 1963, la dette extérieure totale du pays était de 3,872 millions de dollars, dont plus des deux tiers correspondaient au secteur officiel (*cf*. tableau XXXIV).

Le flux des investissements étrangers diminua en 1962 par rapport à 1961; il déclina encore plus en 1963, probablement à cause de l'instabilité de la situation politique. La distribution par pays et par secteur d'activité économique ne subit pas de modifications importantes. Les industries manufacturières absorbèrent presque tous les investissements; ce sont surtout les industries de l'automobile, des machines, de la métallurgie et de la pétro-chimie qui reçurent les sommes les plus importantes. Les États-Unis, suivis de l'Italie et de l'Angleterre présentèrent les projets d'établissements les plus ambitieux.

## 2. LE PLAN DE STABILISATION EN 1962-1963: CARACTÉRISTIQUES FONDAMENTALES ET POSITIONS DES ORGANISATIONS PATRONALES

### 2.1. LES PLANS DANS LA PÉRIODE: OBJECTIFS, PROCÉDÉS ET RÉSULTATS

Deux nouveaux plans annuels de stabilisation monétaire, mis en œuvre par le gouvernement national avec l'accord du Fonds monétaire international, avaient les mêmes objectifs de base que les plans précédents: stabiliser le niveau général des prix en contenant l'inflation; équilibrer le budget national en réduisant le financement bancaire déficitaire de celui-ci; équilibrer la balance des paiements au moyen de l'augmentation des exportations et de l'afflux de capitaux étrangers.

Les procédés utilisés dans cette période pour atteindre le premier objectif furent les efforts (infructueux) de réduire le déficit fiscal considéré comme le moteur des pressions inflationnistes; les mémoires de la Banque centrale de 1962 et 1963 mettaient en évidence l'impossibilité de transférer le personnel du secteur public au secteur privé, ce qui élimina le moyen principal de réduire les dépenses de l'État. D'autre part, on augmenta les tarifs des services publics afin d'équilibrer les comptes de ces entreprises (électricité, téléphone, transport par chemin de fer et métropolitain); mais ce but ne fut pas atteint et l'on contribua de plus à stimuler l'inflation car ces augmentations de prix furent transmises aux autres biens. D'autres augmentations des recettes fiscales, comme celle des impôts donnèrent aussi des résultats peu satisfaisants. En outre, on bloqua strictement les salaires et on diminua radicalement les prêts bancaires.

Quant à la balance commerciale, la principale conséquence de la libération du cours (l'État cessa de soutenir la cote du peso en avril 1962) fut une dévaluation de soixante pour cent du peso sans obtention d'une augmentation significative du volume des exportations. On atteignit un solde positif des échanges en 1963 en s'écartant de la politique orthodoxe de stabilisation, à savoir, grâce à la restriction obligatoire des importations au moyen de taxes élevées, et non pas par l'action automatique des lois du marché qui, livré à ses propres forces, eut tendance à accentuer le déséquilibre. L'augmentation des devises de cette année fut accompagnée d'un accroissement considérable de la dette extérieure.

Deux différences fondamentales caractérisent cette période par rapport à la période précédente, différences qui affectèrent les résultats des plans de stabilisation. D'une part, la réduction du flux de capitaux étrangers qui avaient stimulé en partie l'investissement en 1960 et 1961, tendit à déséquilibrer, dans la période considérée, la balance des paiements à cause de retransfert des capitaux et des bénéfices. Ensuite, les salaires furent bloqués de façon plus rigide sous la gestion de Guido; par conséquent la demande interne de consommation baissa et les pressions extra-économiques sur les travailleurs durent s'accentuer afin de combattre le mécontentement des organisations syndicales.

Les mesures prises et les conditions dans lesquelles elles furent appliquées expliquent les résultats obtenus: diminution de la production pendant les deux années (l'indice du volume de la production passa de 107.1 en 1961 à 105.3 en 1962 et à 102.8 en 1963); chute de la puissance productrice employée dans l'industrie; réduction de l'emploi et de la rémunération des travailleurs (l'emploi global baissa de 5.7 à 5.5 millions entre 1961 et 1963; baisse de la participation des salaires et des gages dans le P.I.B. au coût des facteurs de 38.1% en 1961 à 36.6% en 1963; passage des salaires industriels réels de 90 en 1961 à 86 en 1963 en partant d'un indice de base 1958 = 100). *Comme dans la période précédente, les salariés furent les plus lésés par le plan de stabilisation; mais contrairement à l'étape 1958-1962, l'industrie fut aussi considérablement affectée aux dépens de l'agriculture.* En effet, la manufacture dut supporter une demande restreinte, un crédit limité, des coûts croissants des biens intermédiaires importés au moment où l'endettement était élevé; l'agriculture reçut les bénéfices d'une demande extérieure en expansion et de revenus plus élevés grâce à la dévaluation qu'elle n'eut pas à partager cette fois-ci avec l'État.

## 2.2.  LES ORGANISATIONS PATRONALES FACE À L'ÉTAT NATIONAL

### 2.2.1.  La Société rurale argentine (SRA)

En dehors de l'adhésion générale de la Société rurale argentine aux stratégies orthodoxes de stabilisation monétaire, les rapports entre le gouvernement et la Société furent excellents: des quatre ministres de l'Économie qui se succédèrent pendant la période, trois étaient des membres importants et des dirigeants de cette association patronale.

Le premier d'entre eux, Federico Pinedo, membre influent de la Société et ex-ministre des gouvernements conservateurs de la décennie de 1930, ne conserva le poste que pendant dix-neuf jours du mois d'avril 1962. La seule mesure économique importante qu'il prit dans ce bref délai fut la libération complète du marché de change, avec la dévaluation et les redistributions de revenus que nous connaissons déjà.

Le deuxième ministre de l'Économie fut l'ingénieur Alvaro Alsogaray, industriel, ex-ministre de l'Économie du gouvernement de Frondizi qui pouvait compter sur l'appui d'un des deux groupes de l'armée (son frère, le général Julio Alsogaray, était alors le commandant de la Première Région militaire qui siège à Buenos Aires). Au cours des sept mois de son ministère, les rapports du cabinet économique avec la SRA furent extrêmement tendus. On essaya d'abord de rétablir, au cours de l'exercice commençant le 1er novembre 1962, les prélèvements sur les exportations. Cette tentative provoqua la réaction des organisations agricoles, dirigées par la Société rurale qui envoya une note de protestation à J. M. Guido le 5 septembre 1962. Peu après, la Société rurale s'opposa à la pression ministérielle exercée dans le but d'obtenir la démission de César Urien, secrétaire à l'Agriculture et à l'Élevage, membre de la SRA. La SRA déclara dans une note adressée au président provisoire de la nation qu'Urien était «un véritable représentant des producteurs agricoles». (*Mémoire 1962*) Elle exprima, à plusieurs reprises dans la presse et dans des notes soumises aux autorités, des opinions contraires à la promulgation de l'impôt provisoire de cinq pour cent sur la production agricole, que A. Alsogaray essayait d'établir. Dans une note adressée au ministre de l'Économie le 15 novembre 1962, la Société rurale affirme:

> Sans doute la politique de V. E. a échoué [...] Pour répondre aux critiques fondées qui vous sont formulées, vous profitez de votre fonction ministérielle comme moyen d'accuser les dirigeants du secteur agraire [...] Votre Excellence s'écarte de la vérité et confond l'opinion publique quand elle annonce que l'impôt de 5% aux producteurs est une mesure d'exception dans le but d'équilibrer le budget de 1963, et elle s'en éloigne encore plus quand elle affirme que l'opposition des organismes agricoles traduit le manque de compréhension du problème et de solidarité sociale de la part de leurs dirigeants, poussés par des passions politiques ou simplement par un esprit de classe qui les mène à une défense excessive de leurs prétendus droits. *L'opinion générale du secteur agricole est actuellement contraire à votre conduite économique* (*Mémoire de l'exercice 1962*, p. 24. C'est nous qui soulignons)

Dans le reste de la période, de janvier à octobre 1963, la Société rurale approuva l'ensemble de la gestion officielle, sans trop se prononcer sur la conduite économique, menée par deux de ses membres. Nous reviendrons sur ce sujet au point 3 du chapitre.

De l'ensemble des organismes formant l'Association coordonnatrice des institutions patronales libres (ACIEL), la Société rurale fut de loin la mieux représentée dans le gouvernement. Comme nous l'avons déjà dit, trois des quatres ministres de l'Économie appartenaient à cet organisme: Pinedo (avril 1962), E. Mendez Delfino (décembre 1962 à mai 1963) et J. A. Martinez de Hoz (de mai à octobre 1963). Trois des quatre secrétaires à l'Agriculture et à l'Élevage en étaient aussi membres: C. I. Urien (d'avril à octobre 1962), J. A. Martinez de Hoz (de décembre 1962 à mai 1963), J. C. Lopez Saubidet (de mai à décembre 1963). De plus, deux des trois secrétaires d'État au Commerce, J. S. M. Oria (en avril 1962) et J. B. Martin (de décembre 1962 à octobre 1963); le secrétaire d'État à l'Énergie et aux Combustibles, J. Bermudez Emparanza; un des quatre secrétaires aux Finances de la période, H. A. Garcia Belsunce; un des trois secrétaires à la Marine, le contre-amiral Gaston Clément et trois présidents des banques officielles étaient des propriétaires terriens membres de la Société rurale. Pour trouver une participation aussi active de la Société rurale dans le gouvernement national, il faut se reporter à l'histoire argentine antérieure à 1943; d'autre part, le gouvernement de Guido fut le dernier de la période sur lequel les propriétaires fonciers eurent une influence décisive; observons que leur poids fut plus fort au commencement, disparut à une étape intermédiaire et réapparut vers la fin de la période.

## 2.2.2. L'Union industrielle argentine (UIA)

L'Union industrielle critiqua très fortement la gestion économique du gouvernement de Guido. Dans les commentaires au sujet de la mise en marche du plan de stabilisation, la section du *Mémoire 1962-1963* dédiée à la situation économique reproduit le texte suivant:

> Malgré la restriction monétaire, on n'est pas arrivé à stabiliser le niveau général des prix [...] Voici où réside le manque de cohérence de la politique du gouvernement: prétendre stabiliser les prix avec le seul moyen de la restriction monétaire, laissant de côté les autres mesures qu'il devait prendre dans les autres secteurs de la politique économique et qui ont également de l'influence sur le niveau général des prix. (*Mémoire de l'exercice 1962*, p. 26) L'industrie subit les répercussions déflationnistes de la dévaluation et des mesures monétaires, fiscales et de crédit qui s'ensuivent. Elles produisent non seulement une redistribution de revenus mais aussi une diminution de la demande globale effective [toutes deux contraires au développement industriel; elles n'auraient pas lieu...] si l'Etat menait une politique économique ferme et cohérente complémentaire à la dévaluation. (*Mémoire 1961-1962*, p. 23)

L'UIA qualifie la situation monétaire et du crédit d'«asphyxie monétaire», étant donné le manque de moyens de paiement qui prévaut par rapport à l'accroissement des coûts. Selon l'UIA, cette situation a provoqué une conjoncture économique dans laquelle non seulement des entreprises marginales et inefficaces ont fait faillite mais aussi quelques firmes industrielles très importantes et dynamiques.

D'autre part, l'UIA critiqua le gouvernement de ne pas avoir respecté les accords signés avec le Fonds monétaire international, surtout en ce qui concerne la restriction des dépenses publiques, le blocage total des salaires et l'équilibre des balances commerciale et des paiements.

Face à la prédominance des intérêts des propriétaires fonciers dans le gouvernement national, l'UIA déclara qu'elle «s'opposait au retour à la campagne» sans qu'il fût nécessaire pour cela de retomber dans un «interventionnisme détaillant plein de déformations et de contrôles. Ce n'est pas le contrôle des changes, la nationalisation des dépôts bancaires ou le monopole de l'État sur le commerce extérieur, ce qui permettra la croissance solide de la richesse nationale.» L'Union industrielle s'écartait ainsi de la stratégie de développement manufacturier soutenue par le péronisme et contenue en bonne partie dans le programme économique de la CGE.

L'UIA posséda une faible représentation dans le gouvernement de Guido par rapport à la Société rurale et en comparaison avec la période précédente. Nous trouvons la liste suivante de dirigeants de l'UIA (à l'exclusion de l'ingénieur Alsogaray) qui occupèrent des fonctions publiques: R. G. Martelli, secrétaire d'État à l'Industrie et aux Mines de décembre 1962 à mars 1963 et ministre du Travail et de l'Assurance sociale depuis lors jusqu'à octobre 1963; J. Zaefferer Toro, ex-membre du Conseil exécutif de l'UIA et secrétaire d'État au Commerce sous le ministère de A. Alsogaray; R. Pasman, ex-conseiller de l'Union industrielle et président de la Banque centrale en 1962; l'ingénieur L. Gottheil, dirigeant de l'UIA et secrétaire à l'Industrie et aux Mines de mars à octobre 1963. L'UIA fut représentée de façon plus indirecte par Martinez de Hoz, propriétaire foncier et industriel de la sidérurgie, dirigeant de l'UIA et ministre de l'Économie de mai à octobre 1963, et par les industriels J. C. Crivelli, ministre des Travaux et des services publics sous Alsogaray, et T. Padilla, ministre de l'Assistance sociale et de la Santé publique pendant presque toute la période.

### 2.2.3.  La Bourse de commerce de Buenos Aires (BCBA)

Face au conflit entre propriétaires terriens et industriels, la Bourse adopta une position modérée, bien que sa stratégie économique se rapprochât bien plus de celle des propriétaires terriens.

> La politique d'agression, de lutte et d'usure continuelle qui a lieu entre des groupes considérant que ceux qui partagent leur propre idéologie possèdent toute la vérité et que les autres tombent dans l'erreur et la fausseté la plus terrible, a causé des dommages incalculables; il est nécessaire d'y mettre fin pour envisager inéluctablement une action harmonieuse et soutenue de gouvernement. L'amère expérience acquise doit nous servir pour trouver de façon sensée les points d'accord où jeter les bases du redressement de la prospérité de la Nation. (*Mémoire de l'exercice* 1962, p. 7)

En faisant l'analyse critique de la première année du gouvernement de Guido, la Bourse résume sa position de la façon suivante:

> Il a été démontré ouvertement que, bien que la politique monétaire et de crédit soit très importante, elle ne peut, par elle-même, contrôler l'inflation et assurer la stabilité de la monnaie. Il est évident que si les faits et les attitudes du monde économique et social stimulent l'inflation — surtout l'inflation des coûts — le seul frein surgissant de l'action des autorités monétaires est inefficace et peut même provoquer, dans certaines circonstances, la crise et le chômage. C'est pourquoi nous avons affirmé qu'afin de mener une politique financière saine, il est nécessaire de prendre simultanément d'autres mesures qui éliminent les dépenses publiques improductives, orientent les investissements du secteur public, stimulent l'efficacité et la réduction des coûts, annulent les privilèges et les protections excessives, soit du travail soit de la production, et s'abstiennent de fixer des prix politiques et des subventions directes ou indirectes. (*Mémoire de l'exercice 1962*, p. 27)

Cependant, le ton de la critique est modéré et s'adresse surtout à l'application du Plan de stabilisation monétaire, jugée incomplète et partielle.

Le représentant principal et le plus direct de la Bourse de commerce de Buenos Aires dans le gouvernement national de la période fut son ex-président, E. Mendez Delfino, ministre de l'Économie de décembre 1962 à mai 1963. (Mendez Delfino, grand propriétaire foncier et commerçant de produits locaux, est également membre à vie de la Société rurale.) J. Murua, ex-membre titulaire de la Commission directrice de la Bourse, fut président de la Banque de la nation dans la période; l'ex-membre du Conseil consultatif de la Bourse, R. Lequerica, fut secrétaire d'État aux Finances dans la période; L. M. Otero Monsegur et H. A. Garcia Belsunce, des membres du Conseil consultatif juridique de la Chambre des sociétés anonymes de la Bourse, étaient tous deux liés à des entreprises financières. R. Pasman, dirigeant de la Bourse de 1957 à 1962 en tant que représentant d'entreprises agricoles et industrielles, fut le président de la Banque centrale en 1962.

### 2.2.4. La Chambre argentine de commerce (CAC)

La Chambre publia deux déclarations en 1962 où elle reconnaissait la crise conjoncturelle de cette année-là et proposait des mesures pour améliorer la situation économique. Au mois de mai 1962, ses propositions furent les suivantes : a) encourager les exportations au moyen d'une réduction des impôts sur les ventes à l'étranger (peu après, les prélèvements furent abolis) et de l'aménagement du système de transport et de dépôts officiels; b) diminuer les dépenses publiques et celles des entreprises de l'État; c) augmenter la masse de crédit disponible pour éviter le manque de liquidité; d) éviter la «démagogie en matière de travail» qui se manifeste à travers l'imposition de cotisations sociales excessives pour les employeurs et à travers les lois d'associations professionnelles et de conventions collectives. En novembre de cette même année, elle insista sur certains des points précédents et ajouta le besoin de respecter les engagements contractés avec le Fonds monétaire, ainsi que d'accorder une plus grande indépendance aux banques publiques et privées, de maintenir le marché libre du change et de faciliter encore plus les conditions d'établissement des capitaux étrangers.

En 1962, la Chambre s'opposa à la création d'un conseil économique et social, proposée par le ministre de l'Économie, l'ingénieur Alsogaray. La Chambre jugeait que ce genre de conseil (assez semblable à celui que réclamait la CGE) ne donnerait pas de bons résultats car il tendrait à s'adjuger des pouvoirs qui limitent la libre concurrence. Le conseil ne fut d'ailleurs pas créé. Dans l'ensemble, la Chambre adopta la position la plus libérale, coïncidant avec celle de la Société rurale, et proposant l'abolition de la plupart des lois de protection du travailleur, l'annulation des barrières douanières et la stricte observance des règles du Fonds monétaire. Cette position s'explique si l'on remarque que la Chambre représente le grand commerce d'exportation et comprend les plus grandes firmes industrielles étrangères établies dans le pays. Remarquons que les déclarations critiques furent publiées sous la gestion de l'industriel Alsogaray. En somme, dans cette période, la Chambre fonctionna en tant qu'alliée des intérêts agricoles.

Trois dirigeants de la CAC furent à la tête de secrétariats d'État dans la période : H. Garcia Belsunce (également membre de la Société rurale et de la Bourse de commerce); J. M. S. Oria (membre de la SRA) et R. Lequerica (lié à la Bourse de commerce de Buenos Aires). Trois membres du Conseil consultatif de la CAC exercèrent des fonctions ministérielles : E. Mendez Delfino, F. Pinedo et L. M. Otero Monsegur, tous rattachés également à la Société rurale et/ou à la Bourse de commerce.

### 2.2.5. La Bourse des céréales

Sous la gestion de Guido, la Bourse des céréales n'émit pas de déclarations concernant la politique économique nationale, hormis celles préparées conjointement par tous les organismes du groupe ACIEL. En général, connaissant les règles d'action des grandes associations patronales, on peut interpréter ce silence comme une adhésion au gouvernement national. Cette inférence est également confirmée par le fait que les intérêts agro-exportateurs, desquels la Bourse fait partie, se virent avantagés économiquement dans cette période; mais comme la récession touchait d'autres secteurs et surtout le secteur industriel, il était difficile d'émettre publiquement un consentement direct.

Trois membres de la Bourse des céréales (aussi membres de la Société rurale et de la Bourse de commerce de Buenos Aires) participèrent au gouvernement de Guido : il s'agit de Mendez Delfino, José Murua et J. A. Martinez de Hoz.

### 2.2.6. La Confédération générale économique (CGE)

En tant qu'association représentative des entrepreneurs les plus affectés par la crise (petits et moyens industriels et commerçants nationaux), la CGE eut une attitude extrêmement critique vis-à-vis de la gestion officielle. Dans les considérations générales du *Mémoire de 1962*, elle s'exprime ainsi :

L'année 1962 a été une année critique pour le pays [...] La CGE a adopté une attitude de défense directe des possibilités des entreprises face à des tendances économiques erronées et à des mesures dilatoires ou éloignées des solutions réelles [...] Les anciennes structures qui entravent le progrès économique et social ne servent plus et doivent être urgemment remplacées par celles qui, à notre époque, correspondent le mieux aux soucis de la plupart. Tout attachement superflu à un passé qui a été définitivement dépassé par les principales nations du monde, est un dangereux risque que nous faisons courir à la démocratie et au mode de vie occidentale. (*Mémoire 1962*, p. 11 à 13)

En analysant la situation économique de l'année 1962, la CGE s'opposa aux mesures de politique monétaire, fiscale, de crédit et de change qui ont provoqué la récession :

On ne peut pas qualifier le panorama économique de l'année que nous commentons de façon encourageante [...] Le pays a justement souffert, cette année, une contraction aiguë au lieu de présenter un développement dynamique [...] Le fait remarquable du deuxième trimestre a été la dévaluation du peso effectuée par le ministère de Pinedo [...] Ce fut le premier événement qui, suivi de bien d'autres, conspira contre le développement normal des activités productrices du pays. Les dettes envers les pourvoyeurs de l'État atteignirent des chiffres exorbitants, s'élevant à plus de 100000 millions de pesos. La restriction du crédit arriva à des niveaux franchement incompatibles avec les besoins d'expansion des entreprises [...] Le déficit budgétaire national, provincial et municipal a subi une croissance continuelle sans que l'on ait pris des mesures concrètes afin d'éviter ce freinage qui absorbe près de 30 à 35% du produit brut national. La pression fiscale s'est également fait sentir cette année par la création de toutes sortes d'impôts, certains desquels — comme l'impôt sur les ventes — eurent une incidence très négative en provoquant une augmentation des prix des articles de première nécessité [...] Cette politique économique succinctement décrite, s'est traduite par d'innombrables conséquences défavorables au développement des activités des entreprises se consacrant à la production, à l'industrie et au commerce et a provoqué en outre une situation sociale de chômage et d'accroissement du coût de la vie, (*Mémoire 1962*, p. 14 et 15)

Le rapport de la Confédération décrit clairement une des difficultés typiques que les firmes industrielles qui se rééquipèrent au cours de la période 1960-1962 éprouvèrent à la suite de la dévaluation :

La dévaluation ordonnée par le ministre Pinedo a créé une situation difficile pour les entreprises qui avaient montré leur confiance dans le pays, en réalisant des investissements en machines pour leur rééquipement au cours des années précédentes. Ces machines avaient été acquises à un cours stable de 80 pesos par dollar, mais elles durent être payées, après la dévaluation, à un dollar enchéri de 60 à 70%. Comme très souvent elles ne purent faire face à un accroissement des dettes de cette envergure, les banques qui avaient garanti ces opérations durent se charger de ces dettes [...] En même temps, se succédèrent des faillites et des convocations d'une importance jamais connue depuis les années de la crise de 1930. (*Mémoire 1962*, p. 15 et 16)

Tout en critiquant la politique monétaire orthodoxe qui fonctionna comme fondement idéologique du Plan de stabilisation, la CGE observe que les objectifs recherchés n'ont pas été atteints :

> Comme nous l'avons déjà signalé, malgré la restriction du crédit, le processus inflationniste a suivi son cours dans le pays. On a cru avec simplisme qu'une quantité réduite d'argent bancaire mènerait à une diminution des prix, ou du moins, à leur stabilité. Mais l'on n'a pas considéré que sur la scène sociale de la moitié du XXe siècle, on ne peut pas réduire les salaires réels comme l'envisage la théorie classique du XIXe siècle. Ainsi, on n'a pas atteint l'effet recherché ; au contraire, on est passé de l'activité à la paralysie et à la contraction. (*Mémoire 1962*, p. 19)

Enfin, en commentant les effets de la restriction de la monnaie et du crédit sur la création de toutes sortes de compagnies financières, la CGE signale les bénéfices élevés réalisés par les banques étrangères qui accordent des prêts dans le pays :

> Ces sociétés ont surgi pour remplacer l'absence de crédit bancaire et l'industrie a été obligée d'y avoir recours en payant des intérêts élevés qui, à leur tour, ont produit une augmentation des coûts de production. Il est intéressant de mentionner à ce sujet un article paru dans le journal Clarin le 24-3-63, intitulé «Des banques européennes placent des dollars en Argentine jusqu'au 20% annuel», et extrait de la *Finanz Revue* de Zurich. Dans cet article on remarque que «... les opérations qui attirent le plus l'attention ces derniers temps sont celles qui s'effectuent avec des pays latino-américains où l'on peut obtenir des taux d'intérêt incomparablement plus élevés» et plus loin «Les taux d'intérêt les plus élevés s'obtiennent en Argentine où ils atteignent 16% à 6 mois et 20% à un an...» (*Mémoire 1962*, p. 29)

Au mois de novembre 1962, le ministre de l'Économie, l'ingénieur Alsogaray, essaya de rassembler tous les entrepreneurs industriels et organisa une conférence réunissant la CGE et l'UIA dans le but de promouvoir la formation d'un conseil national de consultation comprenant des représentants des deux organismes. L'UIA et la CGE ne se mirent pas d'accord : la première soutenait que le conseil s'écarterait de la ligne libérale suivie par l'UIA et en général par le groupe ACIEL ; la deuxième s'opposait à l'exclusion de la Conférence d'une série d'associations patronales de l'intérieur du pays ; le président de l'UIA exigea que la CGE rétractât ses antécédents péronistes. Le conseil ne fut pas créé et à la fin de la conférence, les deux organisations émirent séparément des communiqués. Les objectifs de la CGE étaient fixés en cinq points : 1. Développement national ; 2. Distribution équitable du revenu ; 3. Pacte social (avec les travailleurs) et Conseil économique et social entrepreneurs-travailleurs ; 4. L'État en tant que promoteur et administrateur ; 5. Sauver l'entreprise (nationale). (*Mémoire 1962*, p. 79)

La CGE n'eut pas de représentants dans le gouvernement de Guido, bien qu'elle fût l'organisation patronale majoritaire ; son écartement est parallèle à la proscription du péronisme sur la scène politique. Ses tendances n'arrivèrent pas à influencer la politique économique et sociale argentine de la période.

### 2.2.7. Conclusions

Sous le gouvernement de 1962-1963, l'intervention de l'État national a suivi des lignes de libéralisme orthodoxe très strict, relâché seulement sous certains aspects (déficit budgétaire, taxes aux importations) à cause des limitations propres au système économique argentin. Cette stratégie libérale a répondu avant tout aux intérêts de l'ensemble des grands propriétaires, regroupés dans l'ACIEL, et qui arrivèrent à articuler leur programme économique au niveau de l'État. La période s'est caractérisée par l'intensification du conflit entre les propriétaires terriens et les grands industriels. C'est le premier groupe qui obtint, pour la première fois depuis 1943 et pour la dernière dans l'étape 1955-1973, la suprématie du contrôle de l'État national. Les grands intérêts commerciaux, d'exportation et d'importation, très proches des propriétaires terriens, ont fait cause commune avec ces derniers. La petite et moyenne bourgeoisie n'a pas participé à l'élaboration de la politique nationale.

## 3. LES FONCTIONNAIRES DE L'ÉTAT SOUS LA GESTION DE GUIDO

Ce qui attire d'abord l'attention quand on examine la distribution, selon la profession principale, des ministres, secrétaires d'État et présidents des banques officielles dans la période, c'est la forte participation des directeurs d'entreprises dans les hautes sphères du gouvernement national (*cf.* tableau XXXIX). En effet, presque 70% des fonctionnaires proviennent de sociétés anonymes ou d'entreprises familiales; le groupe qui occupe le deuxième rang est celui des militaires, représentant près de 20% des ministres et secrétaires. Tous les autres groupes ont une participation très réduite.

Si nous examinons maintenant la distribution des fonctionnaires par profession et par groupe de portefeuilles, nous nous apercevons que la plupart des entrepreneurs occupent des postes dans le cabinet économique, tandis que les militaires se trouvent dans les secrétariats d'État des trois Forces armées. Mais cependant, ce qui attire l'attention, c'est que le ministère de la Défense nationale, duquel dépendent les secrétariats d'État militaires, ait été occupé continuellement par des entrepreneurs.

L'analyse du groupe des « entrepreneurs » montre d'abord que la plupart d'entre eux (90%) ne possèdent pas d'affiliation politique connue: ce chiffre permet d'écarter l'hypothèse selon laquelle leur désignation aux postes ministériels élevés est déterminée par leurs liaisons éventuelles avec des partis politiques. Ensuite, on peut constater que tous les entrepreneurs dont on connaît l'affiliation syndicale sont des membres, des dirigeants ou des ex-dirigeants d'une des organisations économiques de l'ACIEL. Parmi eux, la plus grande proportion est celle des membres de la Société rurale argentine: quatorze fonctionnaires figurent dans la liste des membres de cet organisme (cf. tableau XXXVII). Si nous considérons la distribution des fonctionnaires selon les dimensions des entreprises qu'ils dirigent, nous verrons que plus de 70% sont des directeurs ou propriétaires d'au moins une grande entreprise (cf. tableau XXXIX). La distribution des entrepreneurs selon l'origine de la plupart des entreprises qu'ils dirigent montre que près de 50% dirigent des firmes nationales et 45% des firmes nationales et étrangères dans des proportions à peu près équivalentes (cf. tableau XXXVIII).

Examinons l'évolution des entrepreneurs fonctionnaires dans les cabinets économiques qui se succédèrent: un premier cabinet, proagraire, formé en avril 1962, est dirigé par F. Pinedo (SRA) comme ministre de l'Économie secondé par Orla (SRA et CAC) comme secrétaire au Commerce, Urien (SRA) à l'Agriculture, l'ingénieur San Martin à l'Industrie et aux Mines et Branca à l'Énergie et aux Combustibles, ces deux derniers sans affiliation syndicale connue. Ce cabinet dévalua la monnaie au mois d'avril. Le deuxième cabinet est dirigé par l'ingénieur Alsogaray, industriel, comme ministre de l'Économie, secondé par Zaefferer Toro (UIA) comme secrétaire au Commerce, l'ingénieur Meijide, industriel du bâtiment, comme secrétaire à l'Industrie et aux Mines, Ayala (entrepreneur sans affiliation connue) aux Finances, Perren à l'Agriculture (entrepreneur agricole non compris dans la SRA). Dans cette période, le ministère des Travaux et des Services publics resta dans les mains de J. Crivelli, entrepreneur du bâtiment, secondé par le général et ingénieur P. Maristany comme secrétaire aux Communications et Cervente (entrepreneur de travaux publics) comme secrétaire aux Transports. On se rappellera que le cabinet de l'ingénieur Alsogaray essaya de rétablir les prélèvements sur les exportations agricoles, d'appliquer un impôt de 5% sur la production agricole et de créer un conseil d'entrepreneurs. Le troisième cabinet de décembre 1962 à mai 1963, replaça la SRA aux postes clés de la conduite économique et financière du pays, mais elle partagea le pouvoir avec les organismes de commerce. Le ministre de l'Économie fut Mendez Delfino (SRA et Bourse de commerce) et les secrétaires d'État: Martinez de Hoz (SRA et UIA) à l'Agriculture, Garcia Belsunce (SRA, CAC et Bourse) et Lequerica (Bourse et CAC) tous les deux aux Finances, Martin (SRA et Chambre des exportateurs) au Commerce et les deux industriels Martelli et Gottheil (UIA) à l'Industrie et aux Mines. Le quatrième cabinet fut dirigé par Martinez de Hoz comme ministre de l'Économie, avec Lopez Saubidet (SRA) à l'Agriculture, Martin et Gottheil aux mêmes postes qu'auparavant et E. Tiscornia (entrepreneur sans affiliation connue) aux Finances. Au cours de ces deux derniers cabinets, le ministère des Travaux et des Services publics fut occupé par l'ingénieur Zubiri, secondé par l'ingénieur De Carli comme secrétaire aux Travaux publics, l'ingénieur Cervente comme secrétaire aux Transports (tous deux entrepreneurs de travaux publics sans adhésion syndicale connue) et le général Perez Tort (directeur de SOMISA) aux Communications. Ces deux derniers cabinets appliquèrent de façon plus ou moins stricte les plans de stabilisation.

En somme, nos renseignements concernant le personnel gouvernant montrent que le contrôle des grands entrepreneurs s'exerce tout d'abord dans le cabinet économique de l'État national et de façon beaucoup plus sporadique dans les autres portefeuilles qui sont souvent accordés aux organisations politiques et aux groupes militaires alliés.

## 4.  LA SCÈNE POLITIQUE

L'intervention militaire dans la vie politique de la période ne se limita pas au renversement de Frondizi. Pendant le reste de l'année et les premiers mois de 1963, les Forces armées se scindèrent en deux groupes : les «*colorados*» (rouges), prédominants dans la marine de guerre et minoritaires dans l'armée, et les «*azules*» (bleus) qui contrôlaient l'aéronautique et une bonne partie de l'armée. Les deux groupes s'affrontèrent à plusieurs reprises ; finalement les «*colorados*» furent battus en avril 1962 au cours d'un soulèvement qu'ils dirigèrent contre les «*azules*». Les «*colorados*» étaient partisans d'établir une dictature militaire à long terme et leur programme économique, strictement libéral, répondait à l'idéologie des propriétaires fonciers. Les «*azules*», dirigés par le commandant en chef de l'armée, le général J. C. Ongania, étaient partisans d'élections immédiates en proscrivant le péronisme et de la restitution du pouvoir aux autorités civiles.

Le triomphe des «*azules*» permit de réaliser des élections au mois de juillet 1963. Les principales forces politiques étaient à nouveau les partis radicaux, l'Union civique radicale du peuple et l'Union civique radicale intransigeante. Deux nouvelles organisations firent leur apparition sur scène lors des élections : l'Union du peuple argentin (UDELPA) qui regroupait des personnalités conservatrices de divers milieux, dirigées par l'ex-président Aramburu, et le Parti démocrate conservateur populaire qui tâcha vainement de s'allier avec le péronisme et le radicalisme intransigeant. Le péronisme officiel resta proscrit,

bien que, comme aux élections précédentes, de petits partis néopéronistes se présentèrent dans les provinces de l'intérieur.

L'UCRP gagna les élections du mois de juillet, en modifiant
légèrement son programme libéral et en lui ajoutant quelques revendications nationalistes, telles que l'éloignement du Fonds monétaire
international de l'Argentine, l'annulation des contrats pétroliers et un
plus grand contrôle sur les investissements étrangers; ces revendications cherchaient à capter l'électorat péroniste qui ne se décidait pas à
s'abstenir en suivant la consigne péroniste de voter en blanc, ou l'électorat radical intransigeant déçu par les mesures prises par Frondizi pour
attirer les capitaux étrangers. L'Union civique radicale du peuple obtint
25.4% des votes ce qui, étant donné la grande fragmentation de la
scène politique, lui permit de désigner le Président et d'obtenir une
simple majorité au Parlement. L'Union civique radicale intransigeante,
avec le programme de développement industriel de Frondizi, obtint la
première minorité (16.2% des votes). Le péronisme officiel n'appuya
aucun parti et 17.5% des électeurs votèrent en blanc suivant les ordres
de Péron et du Parti justicialiste. Les péronistes en désaccord avec
cette tactique formèrent de petits partis locaux dans quelques provinces
qui obtinrent 7% de tous les votes du pays. Le nouveau parti conservateur ne reçut que 6.9% des votes ce qui lui permit d'avoir tout de
même quelques représentants au Parlement, mais sans aucun pouvoir
de décision sur le choix du Président. Les deux partis socialistes, le
Parti socialiste argentin et le Parti socialiste démocratique, ainsi que le
Parti démocrate-chrétien, conservèrent l'appui électoral limité qu'ils possédaient. C'est ainsi que le Parti radical du peuple commença en
octobre 1963 le deuxième gouvernement constitutionnel de la période,
en comptant cette fois-ci sur une faible majorité électorale et en devant
faire face à l'hostilité des conservateurs et des péronistes (cf. tableau
XL).

La Confédération générale du travail (CGT) joua un rôle important sur la scène politique et devait en jouer un encore plus grand
dans la période suivante. La régularisation de la centrale qui devait
s'effectuer en 1961, n'eut lieu qu'en janvier et février 1963, en présence
de cent organisations fédérales des syndicats ouvriers. La mauvaise
situation économique dont souffraient les salariés favorisa la conciliation
entre les péronistes et les non-péronistes, ce qui permit à la CGT
de se réorganiser, de choisir de nouvelles autorités et de réformer ses
statuts. La déclaration du congrès régularisateur critiquait les aspects
économiques et politiques du gouvernement de Guido, proposait un
plan d'action à court terme pour la centrale et reformulait le programme
de la CGT. Les éléments fondamentaux de ce programme comprenaient:
1. sur le plan économique: le «changement de structures» qui permette la participation des travailleurs dans la direction économique et
politique du pays, le blocage des prix des articles de première

nécessité la diminution des impôts sur les ventes et l'expansion du crédit pour la production, l'annulation des contrats pétroliers considérés inconstitutionnels, l'équilibre du budget national, la réforme agraire, la solution à la diminution des salaires réels; 2. sur le plan politique: la mise en vigueur de la Constitution nationale, des élections sans proscriptions, la liberté de presse, la défense des entreprises publiques, la suppression de l'état de siège, l'autodétermination des peuples; 3. sur le plan social: la mise en liberté des prisonniers politiques, la restitution de la reconnaissance légale suspendue ou annulée des syndicats, la création de sources de travail et la réincorporation du personnel congédié, la participation des travailleurs dans la direction des entreprises; le maintien et l'amélioration de la législation du travail. On peut observer que le plan de la CGT avait de nombreux points de coïncidence avec celui de la Confédération générale économique: ce plan d'action commença à s'appliquer le 1er mai 1963, mais face à l'interdiction officielle de réaliser des manifestations publiques, il n'y eut pas de mobilisations mais seulement des assemblées au siège de la centrale et des pétitions aux autorités. C'est le gouvernement dirigé par Illia qui devra affronter la seconde étape du plan de lutte de la CGT. Celle-ci, d'ailleurs, ne donna son appui à aucun des candidats aux élections du mois de juillet.

# CHAPITRE 6

# Le Gouvernement radical du peuple : 1963-1966

Du mois d'octobre 1963 à la fin de juin 1966, l'Union civique radicale du peuple gouverna l'Argentine avec un Pouvoir exécutif national appuyé par une simple majorité aux Chambres législatives. Au cours de sa gestion, il appliqua de façon plus ou moins rigoureuse sa plate-forme électorale : sur le plan économique, il abandonna les stratégies de stabilisation du Fonds monétaire international, il annula les contrats pétroliers signés par Frondizi et il mit en marche un plan de relance économique qui obtint un succès relatif grâce à une abondance de ressources inutilisées et à deux récoltes favorables (section 1). Entre-temps, sa politique dut subir l'hostilité des grands entrepreneurs et l'indifférence des petits et moyens qui exigeaient des réformes plus profondes (section 2). Dans cette période, l'État national resta dans les mains des cadres de parti, surtout ceux du Parti radical du peuple qui résista avec courage aux pressions des grands entrepreneurs, sans céder, comme dans le cas des radicaux intransigeants, à leurs exigences ; ce sera le sujet de la section 3. La scène politique tendit à se polariser entre les radicaux — qui accaparaient les votes de toute l'opinion libérale anti-péroniste — et les justicialistes, qui commencèrent à participer à nouveau en 1965 à la vie politique officielle (section 4). Le coup d'État militaire du 28 juin 1966 fit disparaître de la scène politique tous les partis et mit fin de façon prématurée à la période présidentielle de Illia.

## 1. L'ÉVOLUTION ÉCONOMIQUE DE LA PÉRIODE ET LA POLITIQUE NATIONALE

### 1.1. LES PLANS ÉCONOMIQUES ET SOCIAUX

Face à la récession et à l'endettement extérieur de l'économie argentine, la gestion radicale conçut deux lignes d'action : un plan de relance à court terme et un plan de croissance à long terme.

L'objectif du plan à court terme était de mobiliser les ressources oisives, surtout dans le secteur manufacturier, au moyen de l'accroissement de la demande de consommation, car il expliquait la récession par la chute des revenus des salariés (l'accroissement des investissements était entravé par l'endettement externe qui accaparait pour ses besoins des sommes énormes de devises). Pour atteindre cet objectif, on augmenta les salaires réels de 6.2 % en 1964 et de 5.4 % en 1965, on régularisa les paiements des créanciers et des agents de l'État, on ajusta et on augmenta les montants des retraites et des pensions. On élargit également le crédit au secteur privé, ce qui permit d'améliorer les conditions de financement des biens durables de consommation, et on établit des mesures spéciales de crédit pour le redressement industriel et la construction de logements économiques. Le déficit fiscal, de 52 % en 1964 et de 31 % en 1965 et 1966 contribua à son tour à augmenter la liquidité de l'économie et du secteur privé. Ce plan de relance arriva aux résultats attendus : en 1964, le Produit Interne Brut augmenta de 8.4 % ; dans l'industrie manufacturière, l'augmentation s'éleva à 14.4 %, dans l'agriculture à 8.0 %, dans l'industrie extractive à 4.9 % et dans le bâtiment à 8.8 %. Le coût de la vie s'accrut en même temps de 22.1 %, c'est-à-dire dans une moindre mesure qu'en 1963 lors de l'application du Plan de stabilisation.

Le plan à long terme (Plan national de développement 1965-1969) fut élaboré par le Conseil national de développement — CONADE — ; il cherchait à obtenir une croissance soutenue de la production au moyen d'une augmentation des investissements qui ne fût pas inflationniste et n'accrût pas l'endettement extérieur. Les objectifs et les procédés du Plan sont synthétisés de la façon suivante :

On peut résumer les grandes lignes des objectifs du Plan de la façon suivante : i) le maintien d'un taux de croissance du produit par habitant dans la période considérée ; ii) le maintien d'un niveau de plein emploi de la force de travail ; iii) l'obtention d'une distribution plus équitable du revenu ; iv) une augmentation du niveau de consommation compatible avec l'expansion de la puissance productive et l'amélioration des niveaux actuels d'éducation, de santé publique et de logement ; v) l'élimination progressive des tendances inflationnistes.

La stratégie incluse dans ces objectifs est la suivante : i) l'obtention d'une réponse effective de l'offre du secteur agricole en accord avec les besoins et les possibilités réelles du pays ; ii) le plein emploi de la puissance installée du secteur industriel dans des conditions économiques ; iii) l'intégration industrielle dans les secteurs 'es plus dynamiques et de base qui ne sont pas encore développés afin de surmonter le déséquilibre existant entre la production de biens finals et de biens intermédiaires et de pouvoir substituer des importations [...] ; iv) la formation d'un excédent de la balance commerciale qui permette de réduire dans la période les engagements financiers sans entraver l'augmentation des importations ; v) la diversification des exportations [...] ; vi) la consolidation des projets d'infrastructure. (*Plan national de développement*, 1965, p. 114)

Suivant ces objectifs, le secteur agricole devait augmenter sa production au moyen de l'accroissement de la technicisation et de la productivité de la terre et le secteur industriel devait employer pleinement sa capacité installée et accélérer le processus de substitution des importations, en commençant par exporter des articles provenant des branches où l'emploi de main-d'œuvre est intensif afin de profiter des avantages comparatifs obtenus des salaires inférieurs de l'Argentine. Le Plan fut mis en marche en 1965. Cette année, le Produit Interne Brut augmenta de 7.8%, la production manufacturière de 11.6%, la production agricole de 4.1%, la construction de 10.7% et l'industrie extractive de 2.8%. La demande globale interne s'accrut de 6.3%, la consommation de 5.1% et l'investissement brut de 11.4%. La valeur des exportations augmenta de 5.5% par rapport à 1964, mais sans qu'il ne se produise de diversification. Le coût du niveau de la vie augmenta de 28.6%. Le déficit fiscal diminua et le solde positif des échanges permit de couvrir des dettes du secteur privé et du secteur public. Par contre en 1966, une fois épuisée la conjoncture favorable, la production resta stagnante. L'industrie manufacturière, fonctionnant à pleine capacité, ne s'accrut pas à cause de la réduction des investissements et l'agriculture déclina quand les conditions exceptionnelles du climat disparurent. Le déficit fiscal resta au même niveau qu'en 1965 et l'émission d'argent fut très intense de sorte que les prix augmentèrent plus que l'année précédente : le coût de la vie monta de 32%. Le grand excédent commercial permit de payer la dette extérieure mais non pas de supprimer les restrictions sur les importations qui affectaient l'industrie. En somme, le plan de relance du gouvernement radical obtint quelques résultats dans une conjoncture favorable, mais le plan de développement au commencement n'était pas de bon augure. Les exportations surtout parurent insuffisantes pour couvrir à la fois les engagements financiers extérieurs et les demandes d'importation de l'industrie.


## 1.2. L'ÉVOLUTION ÉCONOMIQUE DE LA PÉRIODE ET LES POLITIQUES PAR SECTEUR


### 1.2.1. Le développement agricole

La production agricole augmenta de 7% en 1964 et 1965 et baissa de 4.5% en 1966. Dans tous les cas, les conditions climatiques, favorables les deux premières années et mauvaises la dernière, eurent un effet fondamental sur la détermination du niveau de production.

Dans le secteur agricole, le mouvement de hausse entre 1963 et 1965 et de baisse en 1966 fut très prononcé (*cf*. tableau XXV). Ce sont surtout les céréales et le lin qui suivirent cette tendance, les oléagineux tendirent à se récupérer constamment dans la période, les fourrages connurent un mouvement contraire à celui des céréales, arrivant à leur point le plus bas en 1965, les cultures industrielles déclinèrent presque sans interruption. Dans le secteur de l'élevage, la valeur de la production s'éleva tous les ans : 7 % en 1964, 3 % en 1965 et 8.4 % en 1966. Cette conjoncture favorable répondit à l'augmentation des prix internationaux et à la réduction de la consommation privée interne, ce qui permit d'exporter plus et de rétablir en même temps les stocks de bétail ; dans ce cas également, les conditions climatiques furent décisives car les rendements moyens augmentèrent bien que la quantité d'animaux abattus diminua.

Sous la gestion radicale on abandonna les encouragements traditionnels à la production agricole. D'octobre 1963 à juin 1966, le cours passa de 140 à 202 pesos par dollar. Bien que l'on conservât le marché unique, libre et fluctuant, on établit des dispositions sur le change qui réintroduisaient les prélèvements sur les exportations et obligeaient les exportateurs à négocier les devises immédiatement après leur réception suivant le cours en vigueur au moment d'effectuer l'opération. Ces mesures étaient destinées à grossir l'offre de devises sur le marché officiel et à éviter la fuite de celles-ci à l'étranger.

Quant à la structure des prix internes, en 1964 les prix agricoles de gros montèrent plus que les prix industriels mais le mouvement se renversa avec la même intensité en 1965 ; en 1966 la hausse des prix agricoles fut à nouveau plus importante bien qu'à un degré très faible. Ces changements ne traduisent cependant pas une politique délibérée du gouvernement de favoriser un des secteurs au moyen d'une redistribution de revenus. D'autre part, le gouvernement établit des restrictions aux importations de bétail et bloqua les prix de vente de la viande pour la consommation interne, dans le but d'augmenter les stocks bovins et d'assurer un prix accessible à cet élément de base de l'alimentation populaire.

Sur le plan de la possession de la terre, le gouvernement radical continua à proroger les contrats de fermage et de métayage ruraux en 1964 (lois 16.455 et 16.655), en 1965 (loi 16.676) et en 1966 (lois 16.683 et 16.883). Cette dernière disposition constituait en même temps un Quatrième Plan de transformation agraire avec de nouveaux bénéfices fiscaux et de crédit pour faciliter l'achat des terres par les locataires. En fait, le plan de transformation ne fut pas appliqué à cause du coup d'État de 1966. Donc, les seules lois effectives dans le domaine de la possession de la terre furent les prorogations légales des contrats de location.

## 1.2.2.  L'évolution manufacturière

La production industrielle ne cessa d'augmenter dans la période; les accroissements du volume de la production furent importants en 1964 et 1965, quand la demande accrue de consommation mobilisa une puissance oisive qui était de 44.5% en 1963 pour l'ensemble de la manufacture. De 1965 à 1966, l'augmentation de la production fut très faible (*cf.* tableau 3.1).

Tous les secteurs de l'industrie manufacturière se développèrent dans la période, bien que le rythme de croissance de la plupart d'entre eux suivit la tendance décrite auparavant; certains groupes, comme Textiles et Cuirs, Industries des Métaux de base et Articles Métalliques, Machines et Équipement, déclinèrent en 1966 (*cf.* tableau XXVI). Bien que la structure interne de la production manufacturière ne connût pas de modifications considérables, il faut cependant signaler certains changements. Les secteurs traditionnels conservèrent leur participation dans le Produit Interne Brut au coût des facteurs, mais la branche « Aliments, boissons et tabac » déclina au profit des secteurs modernes dont l'importance relative par rapport à la production augmenta sous tous les aspects sauf celui de la main-d'œuvre.

Quant à la concentration manufacturière, la part de la valeur de la production industrielle contrôlée par les cent firmes les plus importantes s'accrut entre 1963 et 1966 de 1.24% (*cf.* tableau XLI). C'est-à-dire à un rythme plus lent qu'aux moments de récession. D'autre part, le recensement industriel de 1963 publié en 1964 nous permet d'effectuer une estimation détaillée de la concentration industrielle au commencement du Gouvernement radical du peuple [1]. Le tableau IX montre que 8.2% des établissements des branches très concentrées produisent 44.3% de la valeur totale de la production manufacturière, bien qu'ils n'emploient que 28.5% de la main-d'œuvre; il s'agit de secteurs modernes présentant une composition organique du capital élevée; quant à la concentration économique, 19.1% des entreprises produisent près de

---

1.  Le recensement industriel classe les activités manufacturières selon une nomenclature à 5 chiffres en 247 branches. Le travail mentionné (Torre, Khavisse *et al.*, CONADE, 1969) a éliminé 101 branches qui ne représentaient dans l'ensemble que 3.3% de la valeur de la production manufacturière totale, car il s'agissait de secteurs artisanaux. Il emploie comme variable la valeur de la production car c'est la seule possible étant donné la présentation des chiffres du recensement; l'indice appliqué est celui de la concentration absolue définie comme « le pourcentage accumulé de la valeur de la production d'une branche industrielle engendré par une quantité réduite et fixe des plus grandes entreprises » (dans ce cas huit par branche). On appelle « branches très concentrées » celles où les 8 entreprises principales réunissent plus de 50% de la valeur de la production, « branches moyennement concentrées » celles où les 8 premières entreprises réunissent entre 25 et 50% de la valeur de la production et « branches peu concentrées » celles où les 8 entreprises n'arrivent pas à réunir 25%. On a introduit une autre distinction entre les branches très concentrées avec peu d'entreprises (40 au plus) et les branches très concentrées avec beaucoup d'entreprises (plus de 40 par secteur). D'autre part, on a employé le terme « concentration technique » pour désigner celle qui prend comme unité d'analyse l'établissement et « concentration économique » celle qui part de l'entreprise.

60% de la valeur de la production manufacturière. En ce qui concerne le poids des entreprises étrangères dans l'industrie, suivant le degré de concentration (*cf*. tableau IX) on peut observer que la participation de celles-ci augmente à mesure qu'augmente le degré de concentration des branches. Dans les branches très concentrées avec peu d'entreprises, la participation des entreprises étrangères atteint son point le plus haut, et arrive à 52.7% de la valeur de la production totale[2].

Dans l'étude que nous venons de mentionner, les branches très concentrées avec peu d'entreprises montrent une grande hétérogénéité technologique : on y trouve des branches peu développées techniquement comme les frigorifiques, les moulins à farine, les raffineries de sucre, les fabriques de cigarettes ou de confection de sacoches, et d'autre part des branches modernes telles que les pâtes chimiques, les pneumatiques pour automobiles, les fibres artificielles et synthétiques, les matières premières pour l'industrie plastique, les distilleries de pétrole, la fabrication d'automobiles et l'industrie cinématographique. Dans le cas des branches traditionnelles, la situation d'oligopole du marché se base sur le contrôle des sources de matières premières et sur les économies d'échelle des grandes firmes ; dans le deuxième cas, c'est le monopole de la technologie moderne, placée complètement sous le contrôle d'entreprises étrangères, qui est le facteur décisif.

En ce qui concerne les dispositions générales de la politique industrielle, la mesure la plus importante de la période fut la modification de la réglementation de la loi 14781 par le décret 3113 de 1964. Ce décret conserva la combinaison des bénéfices par secteur et par région dans un seul régime, mais il concrétisa les règles d'application des instruments de promotion et autorisa la Banque centrale et le Conseil national de développement à intervenir dans le choix des projets d'investissement. D'autre part, il essaya d'encadrer la promotion industrielle dans les lignes générales du Plan national de développement 1965-1969 qui, comme nous l'avons dit, n'arriva pratiquement pas à être appliqué. De toute façon, ce régime n'eut pas plus d'influence sur le développement industriel que les régimes précédents mis en œuvre depuis 1958 car il était axé sur des mesures fiscales dont l'efficacité est assez pauvre.

Sur le plan des dispositions de change concernant l'industrie, il faut mentionner les mesures de restriction des importations mises en pratique pour obtenir des soldes commerciaux positifs. En 1964, on interdit les importations non essentielles (de biens de consommation somptuaire et d'articles produits par l'industrie nationale), on diminua le crédit pour l'importation et on arriva même à suspendre les impor-

---

2. Les sources employées pour classer les entreprises comme «étrangères» tendent à sous-estimer le contrôle du capital étranger sur l'industrie argentine, car elle omettent tout renseignement au sujet du contrôle au moyen de la propriété minoritaire des actions, de la propriété de la technologie, du crédit et des obligations, etc.

tations de biens de capital, bien que plus tard on autorisa quelques achats d'équipement. Au commencement de 1965, on établit le régime de dépôts anticipés sur les importations, avec un délai de cent quatre-vingts jours avant l'achat et un montant de 100% sur la valeur de la marchandise, sans accorder de financement bancaire pour les dépôts. Plus tard, le montant de ces dépôts fut réduit graduellement mais l'on arriva à atteindre l'objectif principal de cette mesure : libérer des devises destinées au paiement de la dette extérieure, sans trop entraver le fonctionnement du processus industriel.

Les principales mesures économiques touchant le développement industriel sous le gouvernement radical furent sans doute la redistribution modérée des revenus en faveur des salariés (la rémunération des salariés monta de 39 à 43.7% du Produit Interne Brut de 1963 à 1966); l'augmentation du crédit bancaire et en général une politique monétaire moins restrictive. L'accroissement de la demande effective permit d'augmenter l'emploi de ressources déjà existantes, bien que les indices d'investissement restèrent assez bas.

### 1.2.3. L'évolution monétaire et financière

En 1964, dans le cadre du plan de relance à court terme, on modifia la Charte organique de la Banque centrale afin d'augmenter le financement par celle-ci du déficit budgétaire. Grâce à ces sources de crédit supplémentaires, on paya les dettes de l'État aux adjudicataires et aux fournisseurs, on augmenta les salaires des employés publics ainsi que les retraites et les pensions. Cette année-là, les dépenses publiques augmentèrent de 34% et les recettes fiscales de 10% seulement par rapport à 1963; par conséquent, le financement déficitaire des dépenses publiques s'éleva de 41.1% en 1963 à 52% en 1964. Par contre, en 1965 et 1966, les revenus de la Trésorie s'accrurent tandis que les dépenses restèrent effectivement stables : le déficit budgétaire baissa à 31.7% en 1965 et à 31.6% en 1966.

Une politique de crédit abondant pour le secteur privé lui permit d'améliorer sa situation financière, mais le financement du secteur officiel augmenta plus rapidement bien que la principale source de moyens de paiement restât dans les mains du secteur privé. Ainsi donc, la liquidité réelle de l'économie augmenta et les prix continuèrent à monter chaque fois plus rapidement, comme le montre le tableau XXVIII.

En somme, la politique d'expansion du crédit et de déficit budgétaire élevé démontra son efficacité pour redresser l'économie de la conjoncture de récession où elle se trouvait lorsque s'établit le gouvernement radical; son effet sur les prix ne fut pas plus nocif que celui des procédés restrictifs des gouvernements précédents. Vers 1966, cette conjoncture paraissait avoir été tout à fait dépassée et les stimulants financiers avaient augmenté l'inflation mais non pas la production.

L'Argentine maintint dans la période les rapports avec le Fonds monétaire international mais elle ne soumit pas sa politique économique aux dispositions du FMI.

Dans le cadre du système financier, le principal événement fut la réglementation des organismes financiers non bancaires et des coopératives de crédit. Ces dernières fonctionnaient au moyen de dépôts sur comptes courants sur lesquels on pouvait livrer des ordres de paiement ou des chèques du système de coopératives, ce qui représentait dans les faits une création d'argent bancaire qui échappait au contrôle des autorités monétaires. D'autre part, l'Instituto Movilizador de Fondos Cooperativos (Institut mobilisateur de fonds des coopératives) effectuait des compensations entre les coopératives de crédit depuis 1958 et possédait des succursales dans la capitale fédérale et les principales provinces. Il s'était ainsi constitué un véritable système bancaire parallèle qui fournissait du crédit aux petites et moyennes entreprises et faisait chaque fois plus la concurrence aux banques de l'intérieur du pays. En juillet 1964, la Banque centrale réglementa le fonctionnement des organismes financiers non bancaires, mais sans y comprendre les coopératives de crédit car celles-ci dépendaient d'un autre organisme officiel: la Direction des coopératives. Vers la fin de 1965, elles furent incluses légalement parmi les organismes financiers mais leur incorporation ne devint pas effective et l'on accorda des délais et des termes aux coopératives qui leur permirent de continuer à fonctionner. En même temps, cette réglementation créa une situation difficile pour la petite et moyenne entreprise, dont l'accès au financement bancaire était déjà assez limité. C'est le gouvernement établi après le coup d'État militaire de juin 1966 qui appliquera strictement les lois des coopératives dictées sous la gestion radicale.

1.2.4.  Le secteur extérieur

a)  *le commerce extérieur*

L'accroissement constant des volumes exportés de 1963 à 1966 ainsi que les restrictions imposées aux importations, permirent d'obtenir des excédents commerciaux assez élevés.

La distribution géographique des échanges ne subit pas de changements importants. Il y eut cependant un faible accroissement des échanges avec les pays socialistes d'Europe de l'Est et avec la Chine populaire; ceci demanda quelques mesures d'intervention de l'État surtout pour l'exportation de grains, à travers le Conseil national.

En ce qui concerne la structure économique des échanges, on observe pour les exportations, un accroissement de la participation des produits agricoles et surtout des grains (céréales, lin et oléagineux) grâce à l'augmentation des rendements et à la diminution des produits d'élevage par suite des limitations aux exportations de viandes. La participation des articles manufacturés baissa en 1964 et ensuite resta stable en valeur absolue. Les importations manifestent les effets des entraves posées à l'achat de biens de capital qui diminua de plus de 50% par rapport à la période précédente; les importations de biens de consommation restèrent à un niveau bas et celles des biens inter- médiaires augmentèrent.

La concentration du commerce d'exportation ne s'est pas beau- coup modifiée: les tableaux XXIX à XXXII montrent la centralisation croissante des ventes de laine à l'extérieur, la légère décentralisation des ventes de céréales où les coopératives de producteurs ont déplacé les petits exportateurs mais sans arriver à menacer les positions du trust; dans la branche des cuirs, quelques entreprises en ont déplacé d'autres sans que la concentration se soit modifiée.

b) *la balance des paiements et le courant des capitaux*

Malgré l'excédent du compte courant, l'endettement contracté depuis 1955 provoqua des amortissements élevés et une diminution des réserves en devises en 1964 et 1966 mais non pas en 1965. Le courant des capitaux fut négatif tous les ans tant dans le secteur privé que dans le secteur public et bancaire. Dans le cas du premier secteur, ce fut la conséquence de la diminution du montant des inves- tissements étrangers et de l'endettement des entreprises qui durent amortir des crédits et des achats d'équipement au paiement différé.

Sur le marché du change, le peso se dévalua lentement par le jeu de l'offre et de la demande: le cours était de 136 pesos par dollar en janvier 1964, de 151 pesos en décembre 1964, de 190 pesos un an plus tard, arrivant à 200 pesos en juin 1966. Les principales mesures de change qui s'appliquèrent furent l'obligation pour les exportateurs de négocier les devises dans un délai maximum de dix jours après l'embarquement; des prélèvements limités sur les exportations; des res- trictions aux ventes externes de bétail. On établit la suspension des importations de biens non durables, des dépôts anticipés pendant presque toute la période et l'interdiction d'introduire des articles non essentiels ou fabriqués dans le pays. Presque toutes ces mesures étaient destinées à libérer des devises pour faire face aux rembourse- ments des dettes publiques et privées contractées auparavant (*cf.* ta- bleau XXXIV); il est important de signaler que la gestion radicale obtint une réduction nette de la dette extérieure argentine de 500 millions de dollars au moins.

Dans toute la période, le flux de capitaux étrangers cessa pres-que totalement, en partie à cause de l'annulation des contrats pétro-liers et de l'action judiciaire du gouvernement contre les entreprises d'exploitation qui, par représailles, réduisirent leur production. Les permis investissements de toute la période s'élevèrent à 40 millions de dollars, c'est-à-dire moins de un cinquième du montant autorisé en 1959.

## 2. LES ORGANISATIONS PATRONALES FACE AU GOUVERNEMENT RADICAL

### 2.1. LA SOCIÉTÉ RURALE ARGENTINE (SRA)

La Société rurale s'est transformée en un ferme adversaire du gouvernement radical dès le commencement même de sa gestion. Elle attaqua la limitation aux exportations de viandes, appliquée par le gouvernement pour compenser la baisse rapide des stocks au cours des dernières années. Elle s'opposa au blocage des prix pour le marché intérieur de la viande et à l'impôt de 5% sur la production agricole. Elle considéra également défavorable la réforme de la Charte organique de la Banque centrale, destinée à pourvoir l'État de financement addi-tionnel pour le déficit budgétaire, elle s'opposa à l'exportation directe de céréales effectuée par l'État à travers le Conseil national des grains et exigea que le Plan de lutte de la Confédération générale du travail fût strictement réprimé. Dans une note adressée à Illia le 12 mars 1964 au sujet de la politique économique du gouvernement, la SRA déclara:
> C'est précisément ce manque d'unité de critère qui inquiète notre organisme. La confiance [...] paraît s'affaiblir actuellement face à certaines mesures spectaculaires et face aussi au manque de cohérence de certains secteurs du gouvernement. Ainsi tandis que M. le Secrétaire à l'Agriculture et Votre Excellence ont réaf-firmé leur dessein de mener une politique économique de libre initiative privée, d'autres hauts fonctionnaires font des déclara-tions et adoptent des attitudes de tendance nettement étatiste. [...] Le décret qui a limité l'exportation des viandes, celui qui inter-dit les importations mettent en danger la liberté de commerce garantie par la Constitution nationale et définissant la conduite économique du gouvernement. C'est ainsi que les sources d'in-quiétude se succèdent et par exemple la commercialisation des céréales par la voie de l'État a provoqué la crainte que l'État ne crée un organisme officiel chargé de la vente de nos produits agricoles. Le plan de lutte de la CGT, expression indiscutable de la subversion, prétend être expliqué par ce manque de cohé-rence et de coordination que la SRA doit signaler à V.E. [...] Mais, les instruments utilisés par la CGT pour résoudre un pro-

blème aussi aigu sont inadmissibles [...] Le gouvernement doit donner l'exemple en réduisant au maximum le déficit budgétaire, en unifiant sa politique économique et sociale, en respectant et faisant respecter la loi, en coordonnant l'activité de tous ceux qui interviennent dans le processus de production et en raffermissant le principe d'autorité sur lequel doit absolument s'appuyer toute stabilité institutionnelle. (*Mémoire 1953*, p. 33 et 34)

Le 3 juin 1964, l'État promulga cinq décrets qui réorganisaient le commerce des viandes : les décrets 4070 et 4071 bloquaient les prix de vente au public de toutes les coupes de viande bovine ; le décret 4072 dictait des mesures destinées au recouvrement des stocks de bétail et à l'organisation du commerce des viandes ; le décret 4073 établissait des prélèvements sur les exportations de viandes ; le décret 4074 autorisait le secrétariat au Commerce à disposer de la viande stockée dans les frigorifiques afin de la distribuer sur le marché intérieur. Ces mesures furent combattues par la Société rurale dans une déclaration publique où elle accusait l'interventionnisme de l'État pour le manque de stocks de bétail et niait l'existence «d'une spéculation illégale» ou «d'insensibilité de la part des producteurs» face au problème du ravitaillement interne. Selon la Société rurale la solution consistait à réduire la consommation interne et à augmenter l'exportation et non pas à bloquer les prix de consommation et à limiter les exportations.

Plus tard, la Société rurale réclama en vain que l'on ne prorogeât pas les contrats de fermages ruraux. «Les prorogations, affirma-t-elle, ont contribué à ce que les propriétaires et les fermiers ne se soucient pas de réaliser de nouveaux investissements.» (*Mémoire 1964*, p. 47) Elle s'opposa également à la promulgation de la loi du salaire de base pour l'entreprise agricole car cette loi aurait demandé une réglementation spéciale dans les zones rurales où les gages, peu élevés, sont constamment compensés par des paiements en logement, en aliments, etc. Ici, le gouvernement ne tint pas compte non plus de l'opinion de la Société.

Après la publication du Plan national du développement, seule la SRA accepta les mesures de politique économique du gouvernement radical, surtout en ce qui concerne les procédés proposés pour augmenter la production agricole : la technicisation des exploitations sans altérer le régime de possession de la terre.

En somme, la Société rurale critiqua l'interventionnisme de l'État radical, accusant celui-ci de s'inspirer d'intérêts politiques et électoraux. Dans une lettre adressée à Illia, le 20 janvier 1965, la SRA déclara :

Peu de gouvernants ont reçu du peuple une preuve de confiance aussi évidente que V.E. [...] Mais malheureusement, le Pouvoir exécutif a transformé «la politique» en facteur prédominant de la presque totalité des décisions officielles [...] *Selon la SRA et toute l'opinion saine du pays, la conduite économique, M. le Président, doit changer sans hésitations, sans vacillations*, afin de gagner la confiance à l'étranger et de rassurer l'esprit de travail national [...]

Le dirigisme et l'interventionnisme de l'État, chaque jour plus évidents, caractérisent la politique économique actuelle et doivent être rejetés bien qu'ils constituent la doctrine de la plate-forme du parti. (*Mémoire 1964*, p. 58. C'est nous qui soulignons.)

Il n'y eut que deux membres de la Société rurale argentine qui occupèrent des postes dans le cabinet radical du peuple : les ingénieurs agronomes Walter Kugler, secrétaire d'État à l'Agriculture et à l'Élevage, et S. Llorente, président de la Banque de la nation ; ce sont d'ailleurs deux fonctions remplies traditionnellement par des membres de la Société.

## 2.2.  L'UNION INDUSTRIELLE ARGENTINE (UIA)

Dans son analyse de la situation économique au cours des premiers mois de gouvernement, l'Union industrielle détecta des signes d'inefficacité qui se traduisaient par :

[une marge] permanente et progressivement croissante du déficit fiscal [...] la prédominance des intérêts de parti et la démagogie électorale des décisions du gouvernement, la nomination de fonctionnaires selon leur position politique plutôt que leur capacité technique, l'adoption d'une mesure suivant l'effet apparent qu'elle aurait sur l'électorat et non pas selon sa convenance intrinsèque... (*Mémoire 1963*, p. 22)

Les mesures qui entravaient le redressement économique du pays étaient selon l'Union industrielle :

*le blocage des prix et l'établissement de prix maximaux*, qui découragent la production et sont très rarement efficaces pour rabaisser les prix de consommation ; *l'établissement de mesures qui découragent l'exportation* et accentuent ainsi le déséquilibre de la balance des paiements ; *l'établissement officiel du montant des salaires* qui, en provoquant l'inflation, élimine toute augmentation possible du pouvoir d'achat des rémunérations ; *la prolifération d'impôts anti-économiques* qui enchérissent artificiellement les produits ; *l'invention constante de réglementations confuses* [...] ; *l'augmentation des cotisations d'assurance sociale...* (*Mémoire 1963*, p. 23)

En matière de crédit, l'Union industrielle considéra que les crédits accordés à l'État par la Banque centrale étaient excessifs et que ceux que recevaient le secteur privé étaient insuffisants. Elle réclama aussi l'application d'un programme de relance industrielle pour contrecarrer la récession de 1962-1963, en soutenant que le paiement des salaires des employés publics et des créanciers de l'État était insuffisant pour accroître la demande d'articles manufacturés. Il est intéressant de signaler que l'Union industrielle ne croit pas, comme la Confédération générale économique, en l'efficacité des hausses de salaires comme mécanisme d'élargissement du marché intérieur.

En matière de politique du travail, l'Union industrielle s'opposa à l'application du salaire minimum. En tant que membre de la Commission *ad hoc* formée par le gouvernement pour l'étude du sujet, l'UIA exprima son désaccord face à divers organismes publics en signalant:

> l'inconvenance de l'établissement du salaire minimum car par cette voie, on déchaînera une inflation galopante qui arrivera à détruire inéxorablement le système monétaire national [...] Une fois épuisée la mission au sein de la Commission *ad hoc*, l'UIA continua sa campagne de renseignement et d'éclaircissement avec le Conseil national de développement et les divers comités législatifs qui sont intervenus dans les étapes précédant la discussion parlementaire. (*Mémoire 1964*, p. 2)

En matière de travail également, l'Union industrielle critiqua durement le Plan de lutte de la CGT et suggéra «une action plus rapide et plus énergique des autorités» pour y mettre fin. Elle s'opposa aussi à la réforme de la loi 11.729 sur les indemnisations de renvoi des travailleurs en soutenant que cette réforme augmenterait les coûts de production de la manufacture, encouragerait l'«industrie du renvoi» et qu'elle s'ajoutait d'ailleurs à une législation déjà excessive sur la matière.

En somme, comme la Société rurale, l'Union industrielle attaqua le gouvernement à cause de sa politique interventionniste et de parti, et de sa stratégie trop modérée et tolérante en matière de travail. Seulement deux industriels rattachés à l'UIA participèrent au Pouvoir exécutif du gouvernement radical: Alfredo J. Concepcion, membre du Conseil titulaire de l'organisme en 1962-1963, qui fut secrétaire d'État à l'industrie et aux Mines pendant la période, et Eugenio A. Blanco, qui fut ministre de l'Économie au cours des huits premiers mois de la période, jusqu'à son décès.


## 2.3. LA CHAMBRE ARGENTINE DE COMMERCE (CAC)

Pendant toute la période de la gestion radicale, la Chambre argentine de commerce exerça une opposition tenace à la politique du gouvernement. Au mois d'avril 1964, la Chambre envoya un télégramme à Illia en lui réclamant l'annulation des lois qui bloquaient les prix de vente de la viande au public et de celles qui limitaient et grevaient les exportations de ce produit. Peu après, à l'occasion de la vente directe de céréales à la République populaire de Chine effectuée par le Conseil national des grains, la Chambre fit une déclaration publique en critiquant cette mesure et en exigeant que l'on publie le contrat d'achat et de vente, comme s'il s'agissait d'une opération illégale. En juin de cette année, les décrets concernant les viandes provoquèrent une nouvelle déclaration critique qui réclamait leur annulation. La CAC désapprouva aussi l'augmentation des dépenses publiques, l'accroissement du déficit budgétaire, les impôts sur les importations et le projet de salaire minimum. La politique de change du gouvernement fut aussi combattue par la Chambre qui s'opposait à la vente obligatoire des devises obtenues au moyen des exportations, aux dépôts anticipés et aux suspensions des importations.

Sur le plan de la politique du travail, la CAC réclama dans une note adressée en mai 1964 à Illia l'annulation des lois 14.250 (de Conventions collectives de travail) et 14.455 d'Associations professionnelles des travailleurs), les deux piliers légaux sur lesquels s'appuyait la Confédération générale du travail péroniste :

> Ces deux régimes, celui des associations professionnelles du travail et celui des conventions collectives, se sont parfaitement complétés pour permettre au tyran [le général Peron] la conduite capricieuse du marché de la force de travail [...] D'une part, ils structurent de façon monolithique les syndicats et créent une caste de puissants dirigeants possédant d'irritants privilèges et qui contrôlent des ressources énormes recouvertes à la manière du fisc, c'est-à-dire, coercitivement. D'autre part, ils mettent sous l'autorité de l'État, du moins théoriquement, ce facteur de pouvoir créé de façon artificielle. Par contre, le gouvernement de V.E. se refuse à intervenir dans la vie syndicale... (*Mémoire 1964*, p. 124)

La Chambre critiqua aussi le Plan de lutte de la CGT et réclama de l'État une action décidée pour y mettre fin.

Sur le plan des rapports entre organisations patronales, la CAC s'opposa à la restitution par l'État des biens qui avaient été confisqués en 1955 à la Confédération générale économique, lors de sa mise sous tutelle et de sa liquidation par la Révolution libératrice.

> La CAC exprime sa profonde inquiétude au sujet d'une mesure législative qui remet dans les mains de la CGE actuelle, créée par le décret n° 867/58, les biens que possédait l'organisme du même nom fondé par la loi 14295 sous le régime déposé en 1955 et dont on avait ordonné la dissolution et la liquidation [...] De nombreux motifs d'ordre juridique infirment cette action. (*Mémoire 1965*, p. 107)

Il n'y a pas de meilleure synthèse de la position de la Chambre (et de l'ACIEL) face au gouvernement radical que l'extrait suivant de la déclaration de cet organisme lors de la XIXe Assemblée du Conseil général de coordination de l'ACIEL qui se tint à Buenos Aires les 3 et 4 février 1955 :

> On dirait qu'il est possible de gouverner en marge des intérêts des entrepreneurs qui font partie de l'économie du pays [...] Dans le même sens, nous réclamons l'attention des partis politiques qui, de par leur prédication de parti et leurs positions au Congrès, aux législatures et aux municipes, ont contribué à défendre et à sanctionner des mesures contraires aux intérêts légitimes de l'économie du pays. *Nous, les entrepreneurs argentins, demandons à être consultés par les autorités publiques*, sans pour cela suggérer la création d'organismes bureaucratiques... (*Mémoire 1965*, p. 108. C'est nous qui soulignons.)

La Chambre de commerce n'eut pas de représentants dans le gouvernement radical.

## 2.4. LA BOURSE DE COMMERCE DE BUENOS AIRES (BCBA)

La Bourse de commerce conserva également une attitude critique vis-à-vis du gouvernement radical, fondée sur des considérations identiques de libéralisme orthodoxe. Au cours des premiers mois de gouvernement, la Bourse exprima l'opinion suivante :

> L'action des nouvelles autorités à la fin de l'année a créé une atmosphère d'attente face aux fondements idéologiques qui apparaissent dans les déclarations, annonces et mesures projetées ou adoptées. Dans ce sens, nous devons manifester notre inquiétude par ce que peut représenter la réforme de la Charte organique de la Banque centrale en tant que politique monétaire émissionniste ; la sanction de la loi de ravitaillement en tant que méconnaissance de la valeur permanente des principes fondamentaux de l'économie du marché et d'autres mesures du gouvernement comme les démarches pour annuler les contrats pétroliers, ce qui signifie la détérioration de la possibilité de participation des capitaux étrangers au développement économique du pays. (*Mémoire 1963*, p. 7 et 8)

En 1964, l'émission monétaire excessive et la restriction des importations d'équipement furent les mesures qui souffrirent l'opposition la plus forte de la Bourse. Les lois bloquant les prix de consommation de viande, les prélèvements et les impôts au commerce extérieur furent également critiqués. D'autre part, la Bourse réclama la contraction des dépenses publiques et du déficit fiscal. La publication du Plan national de développement reçut un commentaire sarcastique de la Bourse :

> Il est impossible de découvrir l'origine des ressources destinées à financer l'exécution du Plan. (*Mémoire 1964*, p. 11)

En 1965, la Bourse s'opposa à l'impôt de 5% sur la production agricole et exigea son annulation ainsi que celle des prélèvements sur les exportations agricoles. D'autre part, la Bourse continua à solliciter la réglementation légale des organismes financiers non bancaires qui faisaient la concurrence aux banques et aux compagnies d'assurance sur le marché des petites et moyennes entreprises ; dans ce sens, la Bourse avait déjà affirmé en 1964 :

> Les activités d'assurance continuent à affronter des inconvénients qui entravent leur développement : une des principales difficultés provient du régime qui permet aux coopératives et aux institutions officielles de *faire la concurrence* aux entreprises privées, à l'abri de privilèges et de franchises établies par des règles officielles. (*Mémoire 1964*, p. 15. C'est nous qui soulignons.)

En matière de travail, elle critiqua les réformes projetées à la loi 11.729. Dans le domaine des organisations patronales, elle se prononça également contre la restitution à la Confédération générale économique des biens que l'État lui avait expropriés en 1955.

La Bourse de commerce n'eut pas non plus de représentant dans le gouvernement radical.

## 2.5.  LA BOURSE DES CÉRÉALES (BC)

La Bourse des céréales, cet organisme patronal, s'opposa également à la gestion radicale. Au cours des premiers mois, elle critiqua le prolongement des fermages ruraux, l'exportation directe de céréales effectuée par le Conseil national des grains (en concurrence directe avec les grands firmes exportatrices représentées par la Bourse), la loi de ravitaillement et l'annulation des contrats pétroliers.

Comme les autres organismes membres de l'ACIEL, elle considéra que la politique du gouvernement était interventionniste et étatiste.

Comme caractéristique du panorama économique dans la période considérée, nous trouvons une tendance définie vers un interventionnisme croissant de l'État dans l'activité privée. Ce n'est pas le rôle de l'État que de se superposer aux tâches du secteur privé. (*Mémoire 1964*, p. 15)

Uniquement l'ingénieur S. Llorente était membre de la Bourse des céréales lorsqu'il fut chargé de la présidence de la Banque de la nation qui s'occupait traditionnellement de fournir du crédit à l'agriculture et à l'exportation de céréales. Miguel A. Martinez, secrétaire aux Travaux publics pour la période, fut admis dans cette association après son mandat.

## 2.6.  LA CONFÉDÉRATION GÉNÉRALE ÉCONOMIQUE (CGE)

Sans avoir une attitude aussi critique que l'ACIEL, la Confédération se maintint à l'écart du gouvernement d'Illia. Les premières mesures de politique économique et sociale furent considérées positives mais il leur manquait la congruence et l'agencement d'un plan harmonieux. En matière de politique agricole, la CGE appuya l'initiative du secrétaire à l'Agriculture cherchant à appliquer un impôt sur la productivité potentielle de la terre, initiative qui d'ailleurs n'arriva pas à se concrétiser. Par contre, la politique monétaire et de crédit fut critiquée car la CGE considérait que l'expansion des moyens de paiement était insuffisante, et que cette politique était inappropriée parce qu'elle privilégiait par-dessus tout le secteur public. Dans le domaine du travail, la Confédération défendit une politique de plein emploi et réclama la considération des revendications syndicales ; en même temps, elle poursuivit sa stratégie d'alliance avec la CGT bien qu'elle critiquât le Plan de lutte. Elle appuya d'autre part l'initiative du gouvernement en vue d'établir un salaire minimum.

Quant à la politique commerciale, la CGE appuya les éleveurs en ce qui concerne le régime de vente interne et externe des viandes. Mais elle s'opposa aux organismes de l'ACIEL au sujet de la réglementation des activités des sociétés coopératives de crédit, principales sources de financement des entreprises représentées par la Confédération.

En 1965, la CGE remarque l'épuisement de la stratégie de relance et critique son orientation. Dans la section dédiée au « Panorama de l'économie argentine », la Confédération affirme :

L'évolution de l'économie argentine au cours de l'année 1965 et des trois premiers mois de cette année [1966] montre des signes contradictoires qui troublent les différents secteurs économiques du pays. D'une part le taux de croissance du Produit Interne Brut a été satisfaisant [...] Mais cette croissance a commencé à se ralentir cette année [...] On a commis l'erreur d'essayer de relancer l'économie en développant la demande globale, et pour cela on a orienté l'expansion monétaire vers la consommation [...] D'autre part, les investissements ont été paralysés, surtout dans les secteurs de base de l'économie [...] (*Mémoire 1965*, p. 13 et 32)

En faisant l'analyse de la politique budgétaire, elle reconnaît la réduction du déficit public en 1965 mais elle prévoit que la situation ne se répétera pas en 1966 : le manque de liquidité des entreprises privées les empêchera de payer des impôts plus élevés ; les dépenses publiques n'ont pas cessé d'augmenter et c'est surtout le cas des soldes négatifs des entreprises de l'État. Dans ces conditions, la CGE considère que le budget de 1966 devrait être modifié car il fonde ses estimations sur une augmentation des recettes fiscales qui ne pourra être atteinte.

La politique des prix et des salaires est probablement l'aspect le plus critiqué par la CGE car elle considère que la gestion radicale n'a pas pris de mesures pour freiner leur accroissement et que les systèmes de contrôle des prix ont été inefficaces pour arrêter l'inflation.

Au contraire, c'est la gestion du gouvernement concernant le secteur extérieur que la Confédération approuva le plus. Les soldes commerciaux positifs, l'accroissement des exportations, la réduction du montant de la dette extérieure furent considérés favorablement ; elle ne désapprouva que la restriction des importations de biens d'équipement et les dépôts anticipés sur les importations.

L'inquiétude de la CGE au sujet de la situation financière des entreprises augmenta à mesure que l'inflation s'accélérait et que la croissance ralentissait. Ces difficultés provoquèrent une série de déclarations publiques, de notes adressées aux autorités et de communiqués où elle traitait plusieurs aspects du problème qui affectait les petites et moyennes entreprises. Ainsi par exemple, elle envoya en décembre 1965 une dépêche télégraphique au Président de la nation en réclamant :

que l'on ordonne la suspension des résolutions dictées par la Banque centrale le 4 novembre concernant les coopératives de crédit jusqu'à ce que le Congrès national établisse légalement le fonctionnement de ces institutions. Les effets pernicieux de ces dispositions de la Banque centrale se font déjà sentir dans le vaste et important secteur de la petite et moyenne entreprise qui est le principal usager des crédits des coopératives. (*Mémoire 1965*, tome 2, p. 59)

Dans le même ordre d'idées, elle émit au mois de janvier un communiqué officiel et une note aux autorités protestant contre l'augmentation de l'impôt sur le dividende qui, selon la Confédération, produirait une contraction importante du marché interne de capitaux, la fermeture de toute possibilité de placer des titres mobiliers argentins sur le marché international et le découragement des investissements étrangers. Plus tard, elle fit également plusieurs déclarations pour réclamer l'annulation des dépôts anticipés sur les importations qui immobilisaient d'énormes ressources financières.

Enfin, l'antagonisme entre la CGE et les hautes sphères des entrepreneurs s'est maintenu dans la période. Parmi les débats les plus importants, on trouve la riposte de la Confédération à l'ACIEL au sujet de la note que celle-ci avait envoyée au Sénat en octobre 1965 pour s'opposer à ce que l'État restituât à la Confédération son patrimoine :

En employant des expressions et un langage que l'opinion publique connaît très bien car ils correspondent à une attitude toujours offensive envers tout ce qui s'éloigne de ses intérêts personnels de cercle fermé ou qui puisse l'attaquer d'une façon ou d'une autre, l'ACIEL prétend imposer ses lois au Parlement [...] L'ACIEL exprime dans sa note au Sénat que la CGE «a été un pilier du régime totalitaire renversé le 16 septembre 1955». Si cela était vrai, alors toutes les organisations qui forment aujourd'hui l'ACIEL ont été des piliers du régime déposé car toutes celles-ci, même les Chambres et les dirigeants d'une d'entre elles qui se trouvait sous tutelle à l'époque, ont fait partie de la CGE de leur propre initiative [...] (*Mémoire 1965*, p. 117)

La Confédération générale économique n'a été représentée qu'indirectement dans le gouvernement radical par A. J. Concepcion, également dirigeant de l'Union industrielle et qui sera plus tard membre de la direction de la CGE.

## 3.   LES FONCTIONNAIRES DE L'ÉTAT DANS LA PÉRIODE

Contrairement aux gestions antérieures, le gouvernement radical a montré une remarquable stabilité de son personnel politique. Pendant les trente-deux mois de son gouvernement, Illia n'a presque pas renouvelé son cabinet.

Au sein du Pouvoir exécutif national, le groupe des politiciens professionnels et des membres des professions libérales rattachés au parti est aussi important que celui des entrepreneurs (*cf*. tableau XXXVI). Parmi les politiciens professionnels, la plupart sont des avocats et des médecins de l'intérieur du pays, sans liaisons directes avec des entreprises. Dans le groupe des entrepreneurs, il n'y a que deux fonctionnaires, grands propriétaires terriens, membres de la Société rurale argentine, et deux membres connus de l'Union industrielle, liés à plusieurs entreprises argentines manufacturières. Le reste ne figure qu'à la tête d'une ou deux entreprises et/ou de sociétés coopératives agricoles ou bien de petites et moyennes firmes manufacturières ou du bâtiment (*cf*. tableaux XXXVIII et XXXIX).

Des dix entrepreneurs fonctionnaires, il n'y en a que cinq qui appartiennent à l'une des institutions de l'ACIEL et l'un d'eux est aussi rattaché à la CGE.

Quant aux activités des fonctionnaires une fois éloignés de leur poste public, selon nos sources de renseignements, il n'y en a qu'un de ceux qui n'étaient pas d'origine patronale qui ait ensuite occupé un poste de direction dans une entreprise.

La distribution des fonctionnaires par portefeuille ministériel montre qu'au sein du cabinet économique les politiciens et les entrepreneurs ont le même poids, et que les premiers prédominent dans les ministères qui ne sont ni économiques ni militaires. Des deux ministres de l'Économie de la période, l'un d'eux, E. A. Blanco, qui a rempli la fonction pendant huit mois jusqu'à son décès, était un entrepreneur industriel; le second, J. C. Pugliese, avocat radical qui resta jusqu'à la fin de la période, était un politicien.

Ces éléments nous permettent de comprendre pourquoi les centrales patronales et surtout celles du groupe ACIEL, accusent le gouvernement radical de «faire de la politique»; c'est pratiquement la seule période de l'évolution argentine post-péroniste depuis 1955 où les capitalistes n'eurent pas le contrôle du Pouvoir exécutif national bien qu'ils y fussent représentés.

## 4. LA SCÈNE POLITIQUE

La période du Gouvernement radical du peuple s'est caractérisée par une tranquillité relative sur le plan politique, troublée seulement par le Plan de lutte de caractère politique et économique de la CGT. Contrairement à la gestion radicale intransigeante, Illia et son cabinet n'ont pas été soumis à de constantes controverses, pressions et menaces militaires ni aux disputes de factions contraires des Forces armées comme celles qui se sont produites sous le gouvernement provisoire de Guido. Le triomphe de l'aile «*azul*» des militaires, légaliste, dirigée par le lieutenant-général J. C. Ongania, paraissait annoncer une époque d'abstention relative de la participation des Forces armées dans le processus politique. Les rumeurs de conspiration militaire n'étaient pas plus fréquentes qu'à d'autres époques de l'histoire argentine et les préparatifs d'un coup d'État étaient moins visibles que dans les années immédiatement précédentes.

Sur le plan des partis politiques, l'Union civique radicale du peuple tint sa promesse électorale et autorisa la participation du péronisme dans la vie politique légale, participation qui s'annonçait déjà depuis mars 1963, quand la Justice électorale déclara l'absence d'obstacles judiciaires à la présentation du parti péroniste aux élections législatives. En 1965, toutes les tendances du péronisme officiel se réunirent, formant l'Union populaire, tandis que les groupes péronistes dissidents, qui ne suivirent pas les ordres de Peron, restèrent à l'écart. En 1965, ces derniers formèrent le bloc des Partis populaires provinciaux, «néopéronistes», qui prirent un nom différent dans chaque province: Parti des trois bannières, Parti blanc, etc. De son côté, l'Union populaire conserva, dans sa structure et dans son programme, tous les éléments de base de l'ancien Parti justicialiste: alliance entre travailleurs et entrepreneurs nationaux, priorité du développement industriel autonome, redistribution des revenus en faveur de la petite et moyenne entreprise. L'UP conserva de plus d'étroites liaisons avec la CGT et des rapports plus indirects avec la CGE. Les «néopéronistes» gardèrent les aspects fédéralistes du programme justicialiste mais sans revendiquer Peron comme dirigeant; ces partis étaient plutôt menés par des groupes d'entrepreneurs provinciaux et par les hautes sphères de la bureaucratie syndicale.

Entre-temps, l'Union civique radicale intransigeante de Frondizi se divisa en deux au mois d'août 1964. La minorité, dirigée par Frondizi, forma le Mouvement d'intégration et du développement (MID). Le programme de ce parti suivit les lignes générales de politique économique et sociale soutenues sous la gestion radicale intransigeante de 1958 à 1962: recours au capital étranger pour favoriser le développement industriel et rapports avec les organismes financiers internationaux; en somme, un programme de développement industriel dépendant. Sur le plan politique, le MID était partisan de la formation d'un front électoral unique avec le péronisme. La majorité de l'UCRI garda le nom et le programme du parti préexistant, en proposant des réformes modérées et une plus grande intervention de l'État dans l'économie. La nouvelle UCRI perdit ainsi, non seulement ses figures les plus connues, mais aussi sa spécificité en tant que formation politique.

Dans ces conditions, l'UCRP avait à faire face à une situation difficile: d'une part elle devait se présenter comme la solution de rechange du péronisme et essayer ainsi de réunir les votes de l'électorat libéral ou conservateur, afin de contrebalancer la force de celui-ci. D'autre part, elle devait éviter de répéter la stratégie économique du libéralisme orthodoxe et ses conséquences: récession, chômage, chute des salaires réels et endettement extérieur. Cette stratégie avait déjà provoqué le naufrage politique de l'Union civique radicale intransigeante, qui venait de se scinder et dont la clientèle se trouvait en franc recul. L'UCRP se décida ainsi à approfondir son programme réformiste, à tenir ses promesses électorales et à résister aux pressions économiques et militaires des grands entrepreneurs.

Aux élections partielles de mars 1965, où l'on renouvelait une partie de la législature, le péronisme officiel obtint plus de 30% des votes et le néopéronisme encore 6%. L'UCRP reçut l'appui de 29% des électeurs et aucun autre parti n'arriva à réunir plus de 10% des votes. L'UCRI et le MID perdirent une bonne partie de leur clientèle électorale puisque la somme de leurs votes dépassa à peine 10%. Le poids électoral du Parti démocrate chrétien et des partis socialistes se contracta à la moitié de celui de 1963 (cf. tableau XL). Laissant de côté les résultats spécifiques de ces élections, ce qui apparaît clairement, c'est la force politique du péronisme qui put s'organiser en peu de mois, après des années de clandestinité, et arriva à se placer comme la première organisation du pays, même en ne comptant que sur des ressources financières inférieures et sur un système de communications de masse tout à fait imperméable à sa propagande. Au sujet des futures élections partielles de 1967, le gouvernement radical annonça sa décision de donner au justicialisme la plus grande liberté politique. Cette déclaration a sans doute accéléré le coup d'État militaire du 28 juin 1966, par lequel les responsables cherchèrent à éviter un nouveau triomphe électoral péroniste.

La Confédération générale du travail est le dernier acteur de la scène politique qu'il est indispensable de considérer car elle a aussi joué dans cette période un rôle de parti essentiel. Ayant mis en marche son Plan de lutte contre le gouvernement provisoire de Guido, la CGT n'arriva pas à exprimer publiquement, sous le régime militaire, son mécontentement envers la politique de stabilisation monétaire. Mais une fois le gouvernement radical au pouvoir et la répression militaire et policière réduite, la CGT recommença avec plus de force son action de protestation contre la détérioration des conditions de vie des salariés. À peine le gouvernement radical s'était-il chargé du Pouvoir exécutif, les autorités de la Confédération lui réitérèrent les objectifs et les revendications du Plan de lutte. En même temps, elle organisa et réalisa en décembre 1963 un rassemblement public, une grève et la remise d'un document contenant plusieurs projets de loi au président de la Chambre des députés. La CGT présenta également à Illia une requête comprenant une liste de revendications économiques et politiques. Les buts poursuivis par ces actions étaient: la création d'un régime de salaire minimum, vital et mobile, adaptable à l'accroissement du coût de la vie;

l'annulation de la législation répressive, l'augmentation du crédit à l'industrie de l'intérieur du pays, la planification des travaux publics, le blocage des prix des articles de première nécessité, et l'amélioration des lois d'indemnisations pour renvois et des retraites. La CGT pensait ainsi faire face à la chute des salaires réels et au chômage.

Le 1er mai 1964, le Comité central confédéré de la CGT approuva la deuxième étape du Plan de lutte, qui comprenait des prises de fabriques zonales entre le 18 mai et le 15 juin et des occupations d'établissements dans tout le pays entre le 15 et le 18 juin. La deuxième étape se réalisa telle que prévue et le 30 juin on décida de mener une troisième étape qui devait comprendre des assemblées publiques par zones, par provinces et finalement une assemblée nationale, ainsi que des marches et des manifestations de protestation. Avant le commencement de cette troisième étape, les syndicats indépendants se séparèrent de la CGT car ils la considéraient trop partisane et extrémiste. À partir de ce moment, la passivité des autorités, qui n'avaient pas pris de mesures répressives, et la division de la CGT enlevèrent de la popularité à ces différentes étapes qui, cependant, s'accomplirent. La quatrième étape fut approuvée le 20 novembre 1964 et comprenait des manifestations publiques, des grèves partielles et une grève générale de quarante-huit heures réalisée les 17 et 18 décembre. La cinquième étape fut approuvée le 6 juillet 1965, mais à cette époque, le Plan de lutte était déjà presque épuisé. La participation et le triomphe du justicialisme aux élections de mars 1965 et la promulgation de quelques lois réclamées par les syndicats furent d'autres arguments contraires à l'objectif de poursuivre la lutte.

Entre-temps, en janvier 1965, la CGT réalisa son Premier Congrès ordinaire après la régularisation, avec la participation des 62 Organisations péronistes et quelques syndicats indépendants, socialistes et communistes. Peu après elle publia un document intitulé *la CGT vers un changement de structures* qui réitérait l'intention de la centrale ouvrière de promouvoir la nationalisation des secteurs de base de l'économie, la réforme agraire, l'expansion de l'éducation publique et le développement de l'industrie nationale. Au cours du Congrès, la direction du syndicaliste combatif du textile José Alonso, secrétaire général de la CGT, fut mise en question par le modéré Augusto Vandor, de la métallurgie, partisan du dialogue avec le gouvernement. Cette dernière tendance commença à être majoritaire vers la fin de 1965 et au commencement de 1966; la CGT se divisa entre les deux courants péronistes précédents. La gestion radicale profita de cette conjoncture de faiblesse syndicale pour dicter une réglementation de la loi d'Associations professionnelles (au moyen de la loi 969/66) qui permettait la formation de centrales confédérées concurrentielles, mettait des obstacles à l'application de la grève et tâchait de consolider la division du mouvement ouvrier.

De quelle façon la CGT exerça-t-elle de l'influence sur la scène politique? Malgré les différends entre péronistes et non-péronistes et les antagonismes au sein des premiers, la durée et la violence des Plans de lutte successifs montrèrent la fragilité politique du gouvernement radical. Bien que les entreprises exprimèrent à plusieurs reprises leur opposition au régime au moyen de déclarations et de notes adressées aux autorités, l'action permanente d'agitation de la CGT mit en évidence le manque de base sociale du gouvernement. Celui-ci apparut clairement comme une bureaucratie de parti, bien organisée, mais aucunement représentative des principales classes et fractions de l'Argentine. Tout en s'ajoutant aux victoires électorales du péronisme, l'agitation syndicale du justicialisme fut un des facteurs qui contribuèrent à la chute prématurée du gouvernement radical.

# CHAPITRE 7

# La Révolution argentine: 1966-1969

Le 28 juin 1966, les Forces armées ont renversé le gouvernement radical, en dissolvant les partis politiques et le Parlement et en mettant sous tutelle le Pouvoir judiciaire et les universités nationales. Les sept premiers mois de gouvernement de la Révolution argentine furent témoins de la lutte entre nationalistes et libéraux, les premiers possédant une certaine prédominance au Pouvoir exécutif national. Cependant, à la fin du mois de janvier 1967, une équipe de tendance libérale composée d'industriels et de financiers, administrateurs de grandes entreprises étrangères ou nationales, se chargea du cabinet économique et appliqua une politique de stabilisation monétaire et de transferts de revenus vers les grandes entreprises. Le pays connut ainsi deux ans et demi de stabilité relative, de lente croissance, d'endettement rapide et de dénationalisation de l'économie. Les salariés perdirent une part de leur participation dans le revenu national et souffrirent la disparition de certains aspects de la législation du travail obtenus à travers de longues années de lutte syndicale (section 1). Ce plan obtint l'appui presque total des associations de grands entrepreneurs, et il unifia et radicalisa les petits et moyens entrepreneurs qui furent, avec les travailleurs, les plus lésés par les effets de cette politique (section 2). Ce fut sous la Révolution argentine que les grands entrepreneurs eurent le plus de représentants au Pouvoir exécutif national depuis 1955; en correspondance avec les changements de la structure économique, les industriels prédominèrent désormais tant par leur nombre que politiquement (section 3). Enfin, les partis politiques et les syndicats ont souffert dans la période la répression de l'État, et l'armée finit par se transformer en seul représentant politique de la haute bourgeoisie. Notre étude arrive jusqu'à l'écroulement de la Révolution argentine et la prise du pouvoir par le Front justicialiste de libération (mai 1973).

## 1. LA POLITIQUE ÉCONOMIQUE ET SOCIALE ET L'ÉVOLUTION ÉCONOMIQUE DE LA PÉRIODE

### 1.1.   LE PLAN GLOBAL ET SON ORIENTATION

Au cours des premiers mois de gouvernement de la Révolution argentine, aucun plan d'ensemble ne fut créé ni appliqué. Mais ou pouvait déduire des déclarations officielles et des premières mesures mises en pratique que la stabilisation monétaire et le recours au capital étranger revenaient au premier plan. Cependant, cette fois-ci, ces objectifs étaient accompagnés de ceux de «modernisation» et de «croissance». On traitera ci-dessous, avec l'analyse de l'évolution des principaux secteurs de l'économie, des mesures prises au cours de ces premiers mois.

En décembre 1966, un changement de cabinet permit d'établir un plan de stabilisation monétaire et de modernisation qui commença à s'appliquer en mars 1967. Les éléments fondamentaux de ce programme étaient l'accroissement de l'efficacité et de la productivité dans tous les secteurs de l'économie. «L'essence du plan de transformation consiste à transférer des ressources humaines et économiques de leur emploi actuel vers des emplois de plus haute productivité.» Dans le secteur industriel, cet objectif devait être atteint en diminuant la protection douanière et les subventions aux entreprises inefficaces, comme par exemple les raffineries de sucre de trop basse productivité. Dans le secteur public, cet objectif serait atteint par le licenciement des employés publics des activités les moins productives comme celles des ports et des chemins de fer. Le capital étranger devait contribuer à la croissance et à la modernisation en apportant des capitaux et de la technologie. La stabilité monétaire s'obtiendrait au moyen d'une réduction des dépenses publiques et d'une augmentation des recettes fiscales, à travers des impôts plus lourds et une augmentation des prix des services publics. L'équilibre du secteur extérieur serait le résultat d'un accroissement des exportations produit par la dévaluation et surtout des ventes d'articles manufacturés qui devaient modifier la composition traditionnelle des exportations argentines. La libération des importations agirait comme frein à la hausse des prix internes, en réduisant l'inflation des coûts. Ce plan serait complété par un programme d'investissements publics destinés à améliorer la voirie et l'infrastructure énergétique, et par un ensemble de mesures financières visant à la réallocation des ressources financières qui seraient orientées vers les entreprises productives.

Le plan fut appliqué pendant deux ans et trois mois. En mars 1967, on dévalua la monnaie de 40%, jusqu'à 350 pesos par dollar, et l'État établit des prélèvements sur les exportations qui supprimèrent les revenus supplémentaires du secteur agro-exportateur. On diminua les taxes douanières qui protégeaient l'industrie manufacturière, affectant ainsi considérablement la petite et moyenne industrie qui possédait un faible pouvoir de concurrence vis-à-vis des importations des pays plus développés. On appliqua dans le même but la loi des organismes financiers non bancaires, ce qui réduisit fortement la capacité de crédit du système des coopératives. On mit fin aux prorogations des contrats de fermages et métayages ruraux; on réorganisa certaines activités publiques comme les chemins de fer et les ports. Pour équilibrer le budget, on augmenta les impôts et les tarifs des services publics. Le déficit fiscal baissa ainsi à 13.2% en 1967, à 12.6% en 1968 et à 13.4% en 1969. Les salaires nominaux furent augmentés de 15% en moyenne au cours des premiers mois de 1967 puis bloqués jusqu'en décembre 1968 où ils furent à nouveau élevés de 8%. La contention de l'offre monétaire en 1967 permit de limiter le rythme d'augmentation des prix à 21% en 1967 et à 4% en 1968. Le Produit Interne Brut ne s'accrut que de 2% en 1967, 5% en 1968 et 7% dans la première moitié de 1969. À la suite de ces mesures la participation des salaires dans le Revenu Interne Brut baissa légèrement, de 43.7% en 1966 à 43.3% en 1969 et le niveau de l'emploi global resta pratiquement stable. Les salaires réels diminuèrent de 8% dans la période et le chômage dans tout le pays se maintint entre 7 et 9% mais augmenta beaucoup plus dans certaines provinces sévèrement touchées par les mesures de rationalisation. Le processus de dénationalisation et de faillite d'entreprises nationales fut rapide et très intense. Mais les capitaux étrangers n'affluèrent pas dans la mesure où on s'y attendait malgré les dispositions prises pour les attirer et malgré la renégociation des contrats pétroliers dans des conditions bien plus avantageuses pour les entreprises adjudicataires.

Dans l'ensemble, le plan n'a obtenu que des résultats partiels: en fait, il a eu plutôt pour conséquences l'augmentation de la dépendance, la redistribution des revenus au profit de la propriété et l'obtention d'une stabilité monétaire mais dans un cadre de stagnation économique.

## 1.2. L'ÉVOLUTION ÉCONOMIQUE DE LA PÉRIODE ET LES POLITIQUES PAR SECTEUR

### 1.2.1. Le développement agricole

La production agricole resta pratiquement stagnante dans la période 1966-1969. L'indice du volume de la production agricole est passé de 114.6 en 1966 à 119.8 en 1969 pour un indice de base 100 en

1960. La production agricole s'accrut de 112.4 à 117.1 au cours de ces années; quant à sa composition interne, la production de céréales et du lin, principale rubrique d'exportation agricole, resta au même niveau: l'indice fut de 103.5 en 1966 et de 103.8 en 1969; les oléagineux tombèrent de 122.5 à 103.0 et les cultures industrielles de 123.0 à 114.7 dans la même période et partant de la même année de base. La production de bétail s'éleva de 120.0 à 125.8 grâce à l'accroissement de l'abattage qui monta de 124.8 à 137.0

La politique agraire de la période chercha à augmenter la productivité des exploitations et à mettre fin au régime des fermages. En fait, la dévaluation du mois de mars 1967 ne fut pas un véritable stimulant pour accroître la production agricole puisque l'on établit des prélèvements sur les exportations équivalents au pourcentage de la dévaluation, de sorte que ce fut l'État qui s'appropria ces revenus. En avril 1967, on dicta un régime de fermages et de métayages ruraux qui supprimait les prorogations légales des contrats; suivant la loi 17253, les parcelles devaient être rendues à leurs propriétaires à la fin de 1968 comme dernier délai. Dans les considérations de la loi, on affirme que celle-ci n'affectera que onze mille locataires ruraux mais il n'existe pas d'enquête ni d'étude qui nous permette d'estimer les résultats exacts de cette mesure. Entre-temps, en août 1966, l'État avait mis sous tutelle sept raffineries de sucre à Tucuman et peu après il avait procédé à leur fermeture définitive; plus tard, on mit cinq autres raffineries dans cette situation ce qui donna un total de douze sur trente-sept sucreries existant en Argentine au commencement de cette année-là. Ceci provoqua le licenciement de plusieurs dizaines de milliers de travailleurs employés dans la récolte ou dans le raffinage du sucre; les répercussions sur l'économie de la province furent extrêmement négatives car le chômage s'éleva de 8.4% à 12.2% entre 1966 et 1969, face à l'impossibilité de l'activité régionale d'absorber la main-d'œuvre ainsi libérée. Les sucreries aux rendements les plus hauts, situées en général dans la province de Salta, continuèrent à fonctionner; d'ailleurs dans leur cas, la grande concentration de production de canne à sucre est accompagnée de la concentration de son élaboration.

En janvier 1969, l'État appliqua un nouvel impôt de 5% sur la propriété de la terre (loi 18.033); cet impôt devait être proportionnel à la surface des exploitations, c'est-à-dire qu'il pesait plus sur les grandes firmes qui sous-emploient la terre.

En somme, le gouvernement de la Révolution argentine n'a pas agi directement pour la défense des intérêts agricoles. Bien que les grands entrepreneurs de l'industrie du sucre aient été avantagés par la fermeture des raffineries secondaires et les propriétaires terriens du Littoral par la libération totale des fermages, la dévaluation ne fut un bénéfice pour aucun d'entre eux à cause des prélèvements sur les exportations ; de plus, l'impôt sur la terre affecta toutes les catégories de propriétaires et surtout les plus grands.

### 1.2.2.  L'évolution manufacturière

La manufacture a connu pendant toute la période une croissance importante et surtout en 1968 et 1969. L'indice du volume de la production est passé de 136.0 en 1966 à 163.7 en 1969, c'est-à-dire une croissance de 18% en trois ans. Mais cet accroissement s'est distribué de façon très inégale parmi les divers secteurs de l'industrie. Les branches modernes (Produits chimiques, Produits métalliques, Industries des métaux de base, et Produits minéraux non métalliques) se sont développées de 25 à 30% ; ce sont des branches très concentrées où prédomine — comme nous l'avons vu au chapitre précédent — le capital étranger. Les branches traditionnelles (Aliments, Textiles, Bois et Papier) ont présenté des augmentations qui ne dépassèrent pas 15% dans les trois années (*cf.* tableaux XXV et XXVI). Par conséquent, vers 1969, deux secteurs «modernes» (Produits métalliques, machines et équipement et Produits chimiques, comprenant respectivement l'industrie de l'automobile et les raffineries de pétrole comme branches principales) possédaient la participation la plus haute dans le Produit Interne Brut au coût des facteurs de l'industrie manufacturière. En 1969, la somme des deux branches représentait presque 50% de cette valeur, et les grandes corporations étrangères y prédominaient. Cette même année, l'industrie manufacturière se trouvait à la tête de l'économie : elle représentait 32.2% du PIB au coût des facteurs de l'économie argentine et employait 25.3% du personnel salarié ; l'agriculture ne représentait que 12.6% de cette valeur et employait 16.4% de la main-d'œuvre.

La Révolution argentine n'a pas introduit de changements aux lois fondamentales de promotion industrielle (nos 14780 et 14781). Mais, dans le but d'augmenter la productivité du secteur manufacturier, elle prit quelques mesures dans le domaine des salaires, des prix, des droits d'importation et du crédit bancaire. D'abord, elle chercha à contenir les augmentations de salaires au moyen d'une augmentation globale et unique de 15% en moyenne en mars 1967 puis en les bloquant jusqu'à décembre 1968 ; à cette date ils furent augmentés à nouveau de 8% pour les bloquer une deuxième fois. Cette contention des augmentations des salaires signifiait d'une part la cessation du mécanisme de négociations collectives par branche entre syndicats et employeurs ; d'autre part, une réduction des salaires réels face à l'accroissement constant du coût de la vie. La réduction des coûts industriels se réalisa donc en bonne partie aux dépens du prolétariat manufacturier. Deuxièmement, la politique de prix consista en un accord concerté entre les entreprises les plus

fortes de chaque secteur et le gouvernement, suivant lequel les premières s'engageaient à ce que les prix de leurs articles ne dépassent pas
une certaine limite, en échange de compensations en matière de crédits,
d'impôts et de salaires fixés par le Pouvoir exécutif. Troisièmement, la
politique d'impôts aux importations représenta une réduction importante de presque tous les droits de douane et la suppression de presque toutes les interdictions pesant sur les importations. Il s'agissait
d'enlever toute protection à l'industrie manufacturière pour l'obliger à
augmenter sa productivité face à la concurrence des articles étrangers.
Quatrièmement, la politique de crédit se développa en deux étapes :
en 1967, par une politique restrictive et anti-inflationniste ; en mai 1968,
par la réduction des effectifs minimaux et l'augmentation du montant
global des prêts du système bancaire, améliorant ainsi la situation
financière des entreprises. La Banque industrielle diminua la quantité
des prêts accordés mais augmenta leur montant tout en modifiant
leur composition : le crédit destiné à la formation de capital fixe
représenta à nouveau plus de 50% du total des prêts de la Banque
industrielle à l'industrie ; le résultat de cette politique fut la concentration du crédit industriel : 151 entreprises obtinrent 25% du montant total
des prêts. Comme dans la période 1960-1962, le crédit pour investissements fut plus important que le crédit destiné à couvrir des dépenses
d'exploitation.

Ces mesures, complétées par quelques réformes fiscales et par
l'amélioration de la voirie et des services publics, étaient destinées à
*promouvoir la croissance des grandes entreprises industrielles*, pour la
plupart étrangères ou liées au capital étranger, capables de modifier les
prix de leurs branches respectives, de faire la concurrence aux articles
manufacturés importés et principales bénéficiaires de la concentration
industrielle et du crédit opérée dans la période. La dénationalisation
de la manufacture fut une autre conséquence de ces politiques : en
1966, 50 des 100 entreprises les plus grandes du secteur étaient étrangères ; en 1969 leur participation atteignait le chiffre de 59 et elles
représentaient 17.6% de la valeur du PIB de la manufacture aux prix
du marché. La concentration globale s'éleva : les 100 premières entreprises fournissaient 33.0% de la production brute de la manufacture par
rapport à 28.7% en 1966.

### 1.2.3.    L'évolution monétaire et financière

Un des principaux objectifs de la politique commencée en mars
1967 était l'obtention de l'équilibre budgétaire, comme moyen pour
atteindre une réduction du rythme de croissance des prix. Dans ce but,
on augmenta en 1967 les recettes fiscales par l'accroissement des impôts
à l'exportation et d'autres prélèvements ainsi que par l'augmentation des

tarifs des services publics. Les dépenses publiques s'élevèrent très peu et par conséquent le déficit budgétaire diminua de 31.6% à 13.2% au cours de cette année-là. En 1968, les dépenses s'accrurent de 6.6% et les recettes de 7.4%; le déficit baissa ainsi à 12.6% et resta de 13.4% en 1969.

L'effet de cette politique, s'ajoutant aux accords de prix établis avec les grandes entreprises industrielles, à la restriction (modérée) du crédit en 1967, à la réduction des impôts aux importations, fut le ralentissement de l'inflation. Le coût de la vie qui était monté de 31.9% en 1966, augmenta de 29.2% en 1967 et de 16.2% en 1968 (*cf.* tableau XXVIII); les prix de vente en gros dont l'accroissement avait été de 22.8% en 1966, ne s'élevèrent que de 4.8% en 1968. Le rapport des prix agricoles et industriels se modifia très légèrement au profit des premiers.

En ce qui concerne le système monétaire, l'offre d'argent continua à croître avec intensité, mais la participation du secteur extérieur dans la création d'argent s'éleva — par suite des achats de monnaie dus aux soldes positifs des échanges — et celle du secteur officiel diminua, à cause de la réduction du déficit fiscal. La liquidité s'améliora ainsi lentement en 1967 et de façon accélérée en 1968.

On réorganisa le système bancaire et financier. D'abord la loi 16898 du 8 juillet 1966 établit que la Banque centrale pouvait contrôler les coopératives de crédit; en vertu de cette même loi, on appliqua les règlements qui avaient été suspendus et on obligea les coopératives à s'inscrire au registre des organismes financiers et à cesser leurs activités comme caisses de compensation d'ordres de paiement. Le paragraphe suivant montre l'importance qu'avait atteinte ce système, sur lequel il existe très peu de renseignements officiels bien que l'on estime qu'il représentait 18% du courant des documents de toutes les caisses de compensation du pays au moment de sa liquidation :

> On a interrompu la circulation de plus de 50 000 ordres de paiement quotidiens livrés sur plus de 800 institutions de tout le pays et pour un montant supérieur à 900 millions de pesos. En peu d'heures, on a bouleversé un système qui réunissait 1 200 000 personnes et qui opérait avec des volumes d'actifs supérieurs à 60 000 millions de pesos. (Instituto Movilizador de Fondos Cooperativos, *Mémoire 1966-1967*, p. 20)

La principale conséquence de la restriction du crédit des coopératives fut la diminution de la liquidité des petites et moyennes entreprises industrielles et commerciales qui en faisaient usage. En même temps, l'activité des autres organismes financiers non bancaires augmenta, surtout celle des compagnies financières, dont les opérations doublèrent entre 1967 et 1969 et dont les principaux champs d'action étaient la concession de crédits pour l'achat de biens de consommation durable; les compagnies les plus grandes étaient des sociétés anglaises et américaines.

Le système bancaire suivit la tendance générale de l'économie argentine: concentration, privatisation et dénationalisation. La participation des banques officielles baissa de 59.9% à 52.5% du total des dépôts entre 1962 et 1969; celle des banques étrangères resta de 13%; les pertes des banques officielles furent absorbées par les banques privées où augmenta la participation des banques étrangères. En juillet 1967, la Banque centrale émit la Circulaire B536 qui accordait une réduction des effectifs minimaux pour les prêts destinés à la petite entreprise à travers le système bancaire commercial; cette mesure visait à atténuer les restrictions qui dérivaient de la nouvelle réglementation des coopératives de crédit. En août 1967, la Circulaire B578 autorisa à accorder des prêts personnels pour la consommation afin de stimuler la demande interne restreinte par suite du blocage des salaires. En mai 1968, la Circulaire B629 délégua aux banques le pouvoir de décider des programmes de crédit appropriés pour faciliter la production de biens et leva les interdictions qui pesaient sur les prêts pour la production et la commercialisation de biens somptuaires, non essentiels ou superflus, c'est-à-dire qu'elle rendit plus souple la distribution du crédit. Ce même mois, les effectifs minimaux furent réduits afin d'obtenir une expansion considérable du crédit au cours de l'année. Finalement, en janvier 1969, on sanctionna une nouvelle loi pour les organisations financières (n° 18.061) sur la base d'un avant-projet élaboré à partir de mai 1967. La loi unifia le marché financier, en réglementant à la fois toutes les activités et tous les organismes du secteur, en fixant les normes de leur spécialisation et intercommunication et en ordonnant le secret de leurs opérations. Les effets de cette loi n'ont pas pu être estimés dans la période.

### 1.2.4.   Le secteur extérieur

*a)   les échanges commerciaux*

La valeur totale des exportations resta élevée dans la période et les importations souffrirent une réduction relative malgré la libéralisation des réglementations des échanges, en grande partie à cause de la mauvaise situation financière de nombreuses entreprises industrielles. Par conséquent, on peut constater tous les ans des soldes commerciaux positifs bien que leur montant déclinât à mesure que les importations augmentèrent.

La dévaluation de mars 1967 permit à une partie du secteur industriel d'améliorer ses prix par rapport au marché mondial et de commencer à exporter un pourcentage supérieur à 8% de la valeur des ventes annuelles à partir de 1967. La participation des produits agricoles et de l'élevage resta élevée et stable, à un niveau supérieur pour chaque secteur à 40% de la valeur exportée. Quant aux importations, la participation des biens de capital resta assez faible, entre 20 et 25% de la valeur importée, c'est-à-dire la même proportion que sous la gestion radicale du peuple. Les biens intermédiaires occupèrent tous les ans près de 80% de la valeur des importations; parmi eux, la participation des combustibles et lubrifiants diminua tandis que celle des matières premières et d'autres biens de capital augmenta.

En ce qui concerne la concentration par entreprise du commerce d'exportation, on peut observer qu'il s'est produit dans ce secteur un mouvement inverse à celui du reste de l'économie: une légère déconcentration et nationalisation par suite de l'apparition de petites et moyennes firmes nationales exportatrices de produits clés, qui limitent la participation des trusts internationaux. Ainsi, pour l'exportation des céréales, la participation des associations coopératives de producteurs agricoles s'est élevée constamment arrivant à 15% annuellement dans ces dernières années (cf. tableaux XXIX et XXX). De même, dans le cas des viandes, le pool frigorifique a commencé à se dissoudre à cause de l'interdiction de la Grande-Bretagne d'importer des viandes achetées traditionnellement aux établissements argentins, et aussi parce que des firmes aux dimensions plus réduites commencèrent à employer une technologie qui se trouvait jusqu'alors monopolisée et leur était inaccessible (cf. tableau X). La centralisation du commerce d'exportation de la laine et des cuirs resta par contre élevée pendant toute la période: dans le cas de la laine, les huit premières entreprises exportaient toujours plus de 50% du volume global; dans le cas des cuirs, les quatre premières firmes concentraient plus de la moitié du volume exporté.

Le commerce extérieur par pays resta inchangé dans la période. Nous avons déjà examiné dans d'autres sections les principales mesures concernant le commerce extérieur: dévaluation de 40% en mars 1967, application de prélèvements sur les exportations pour un montant équivalent à celui de la dévaluation, libération des importations par la réduction des impôts et l'annulation des interdictions pesant sur les biens somptuaires et enfin libération totale du courant des fonds à l'étranger.

b)  *la balance des paiements et le courant des capitaux*

Face aux soldes positifs des échanges de marchandises, les déficits des services réels ont réduit chaque année les excédents de la balance commerciale et l'ont rendue négative en 1969. Les services financiers donnèrent des résultats négatifs et variables d'une année à l'autre. En 1967 et 1968, on enregistre des entrées de capitaux privés à court terme tandis que se produisent des sorties nettes de capitaux à long terme; au contraire en 1969, ce sont des capitaux privés à court terme qui sont sortis et des capitaux à long terme qui sont entrés. Dans l'ensemble, il n'y eut presque pas d'investissements étrangers directs dans la période; les prises de contrôle étrangères d'entreprises dans divers secteurs ont été produites par le réinvestissement des hauts bénéfices d'entreprises étrangères déjà installées dans le pays. Les réserves de devises augmentèrent en 1967 et 1968, atteignant leur niveau le plus haut de l'époque d'après-guerre, mais la dette privée et publique s'éleva en même temps à plus de 3.5 milliards de dollars.

Dans l'ensemble, la politique de pays «ouvert», mise en pratique depuis 1966, paraît avoir accentué les caractéristiques de la dépendance du pays sur le plan financier (accroissement de la dette et des services financiers), sur le plan commercial (nouvelle dépendance par rapport à quelques produits d'exportation pour le rééquipement et le fonctionnement «normal» de l'industrie) et sur le plan économique (dénationalisation d'entreprises dans tous les secteurs).

## 2. LES ORGANISATIONS PATRONALES FACE À LA POLITIQUE DE LA RÉVOLUTION ARGENTINE

### 2.1. LA SOCIÉTÉ RURALE ARGENTINE (SRA)

La SRA accueillit chaleureusement le gouvernement établi après le coup d'État de juin 1966. Dans une déclaration du mois de novembre où elle commente un discours du président le lieutenant-général J. C. Ongania, la SRA s'exprime ainsi:

> Son Excellence M. le Président a adressé un message à la nation qui était attendu et dont le pays avait besoin. La parole du président est solide et décidée. Elle exprime un véritable plan de gouvernement en matière économique et sociale qui servira de guide et d'orientation pour le futur proche. Les mesures annoncées constituent une politique définie de l'État et ont été bien accueillies dans le secteur de la production. La libéralisation promise du marché des changes, la décision de mettre fin au processus inflationniste et au déficit budgétaire afin d'obtenir la stabilité de la monnaie, rétablissent la confiance indispensable pour surmonter correctement la stagnation et pour commencer un développement soutenu [...] La SRA a une opinion favorable du discours de M. le Président. (*Mémoire 1966-1967*, p. 52)

Le plan économique de Krieger Vasena exposé en mars 1967 fut bien accueilli dans son ensemble, mais la SRA objecta les prélèvements sur les exportations. Entre-temps, elle approuva la suppression des prorogations légales des fermages et métayages ruraux et la libération du marché des changes. À mesure que s'écoulaient les mois de la gestion de Krieger Vasena, le ton de la Société rurale devenait chaque fois moins approbatif et plus critique, car elle commençait à se rendre compte que les mesures de rationalisation s'appliquaient aussi à la grande exploitation rurale improductive.

> Il faut reconnaître que le gouvernement de la Révolution a rétabli la confiance et la foi dans le futur de l'Argentine ; que l'ordre et la discipline règnent à nouveau ; que l'activité privée se déroule dans une atmosphère de liberté et que la loi domine [...] Des mesures telles que la liberté du change et la loi des fermages et métayages qui met fin au régime de prorogations légales, tant de fois réclamée, sont reconnues par le secteur rural. Mais, cependant, la hausse constante des tarifs des services publics officiels, affecte directement l'activité agricole [...] En grande partie, par suite des prélèvements, des impôts, des charges et des taxes, le producteur souffre une telle réduction de ses revenus réels que l'entretien de son entreprise devient difficile (*Mémoire 1966-1967*, p. 77)

Plus tard, les rapports de la Société avec le gouvernement national se refroidirent. L'opposition des intérêts entre les grandes entreprises étrangères soutenues par le gouvernement, productrices de machines agricoles en Argentine, et les propriétaires terriens fut mise en évidence quand la SRA entama une polémique avec la Chambre de fabriquants de machines agricoles et pièces de rechange et avec le journal pro-industriel *El Economista* en octobre 1967. La SRA soutenait que le prix des machines importées était inférieur à celui des machines fabriquées dans le pays et demandait l'autorisation du gouvernement national pour effectuer des achats à l'étranger, autorisation qui lui fut déniée.

En 1968, la froideur des rapports entre la Société et le gouvernement se transforma en une hostilité ouverte. La SRA entama une polémique avec le ministre de l'Économie, réagissant à un discours prononcé par celui-ci en janvier de cette année. Krieger avait déclaré que « le gouvernement avait su rester inflexible face aux pressions qui, analysées dans leur ensemble d'un point de vue supérieur, n'étaient pas dignes d'attention. C'est le cas des pressions qui sont exercées pour tâcher de modifier substantiellement la politique de droits d'exportation. Si l'on avait cédé, on aurait provoqué une augmentation des prix internes ». La SRA répondit :

> Quand la Société rurale argentine, persuadée qu'une politique de revenue équitable demande l'élimination des impôts sur les exportations, a exprimé ses points de vue qui peuvent être partagés ou pas, elle l'a fait sur un ton mesuré, en exerçant le droit légitime de requête aux autorités. Je dois donc signaler que la terminologie employée n'est pas appropriée car elle n'a aucunement exercé ou prétendu exercer des « pressions ». Je dois signaler en outre que ce n'est pas une minorité qui refuse l'existence des impôts sur l'exportation ; c'est tout le secteur agricole qui a

exprimé [...] cette pensée unanime de la campagne argentine. (*Mémoire 1967-1968*, p. 79)

Dans une déclaration à la presse au mois de mai 1968, la Société rurale réclama des changements de la politique agraire du gouvernement national, et accusa l'État de se constituer en premier obstacle à la croissance de la production agricole à cause des impôts excessifs, de la mauvaise politique commerciale extérieure et du manque d'encouragements au développement agricole.

Vers la fin de 1968, quand on annonça l'établissement d'un impôt sur la rente de la terre, la Société rurale commença une campagne en adressant des notes aux autorités, des déclarations à la presse et en émettant des communiqués pour s'opposer à cette mesure. Dans un de ces documents, la SRA déclara :

I. Le secteur agraire est d'accord avec le régime de politique économique énoncé par le gouvernement de la Révolution [...] régime exposé à nouveau par M. le ministre Économie dans son discours du 13 mars 1967 [...] III. Le processus de stabilisation commencé en 1967 a imposé des sacrifices à l'homme de la campagne en lui ôtant des ressources [...] car les prix de production ne sont plus rémunératifs face aux coûts qui se sont fortement accrus à cause de l'incidence considérable des multiples taxes appliquées sur le plan national, provincial et municipal et qui représentent une conduite fiscale qu'il est urgent de revoir. IV. De même, les droits d'exportation qui avaient été admis comme contribution provisoire de la campagne [...] sont devenus de nouveaux sacrifices, en aggravant la situation du secteur rural [...] VIII. L'impôt récent sur la terre créé par la loi 18033 n'est pas, comme on le prétend, un impôt sur la rente foncière et constitue donc un nouveau facteur d'enchérissement des coûts que doit supporter exclusivement le producteur. (*Mémoire 1968-1969*, p. 61-62)

La Société rurale eut de nombreux représentants au sein du gouvernement de la Révolution argentine mais moins que le secteur industriel. D'autre part, plusieurs des membres de la SRA qui occupèrent des fonctions ministérielles étaient aussi et surtout des industriels qui, en vue d'assurer leur situation face à l'inflation, diversifiaient leurs investissements et achetaient de grandes étendues de terre. Les membres de la Société occupèrent comme d'habitude, le Secrétariat d'État à l'Agriculture et à l'Élevage (L. Raggio et R. Garcia Mata successivement) et la présidence de la Banque de la nation (S. Llorente). L'ingénieur Antonio Lanusse, propriétaire foncier et entrepreneur en bâtiment, qui remplit successivement les fonctions de secrétaire aux Transports et ministre de la Défense, était aussi membre de la Société rurale. On trouve d'autres membres dans les fonctions suivantes : secrétaire aux Travaux publics, l'ingénieur B. Loitegui ; secrétaire à l'Énergie et aux Mines, l'ingénieur L. M. Gotelli ; secrétaire au Logement, l'architecte J. S. Billorou ; et président de la Banque hypothécaire, José Murua, également directeur de nombreuses entreprises commerciales, industrielles et financières.

## 2.2. L'UNION INDUSTRIELLE ARGENTINE (UIA)

L'Union industrielle donna son appui au gouvernement établi après le coup d'État du 28 juin 1966. Mais cet appui à la politique économique du gouvernement de la Révolution argentine ne fut accordé que lorsque les entrepreneurs «libéraux» déplacèrent les «nationalistes» vers la fin de 1966 et au commencement de 1967 et qu'un groupe nombreux d'industriels membres de l'UIA se chargea du cabinet économique.

La crise politique du 28 juin a mis publiquement au grand jour une pensée qui, en matière économique, présentait dans les documents de base du gouvernement révolutionnaire trois caractéristiques fondamentales: la lutte contre l'inflation endémique comme point de départ pour atteindre un progrès économique et social solide; la pleine restauration de la liberté économique fondée sur le fonctionnement des mécanismes du marché dans le cadre des lignes générales établies par l'État; la modernisation des structures productives dans toutes les sphères comme seule formule appropriée afin d'atteindre les objectifs mentionnés auparavant.

Le document du 4 août 1966 ne faisait pas ressortir cette conception et c'est pourquoi, à cette occasion, notre organisme considéra que ce document ne s'ajustait pas aux principes révolutionnaires proclamés. Plus tard, il modifia son orientation théorique en matière économique par le message présidentiel du 7 novembre auquel l'industrie donna son adhésion [...] Le milieu industriel a accueilli avec satisfaction les mesures des autorités tendant à rationaliser le régime de fonctionnement des ports, la restructuration projetée des chemins de fer et l'accord pour recommencer les investissements de capitaux étrangers dans l'exploitation du pétrole [...]. A mi-mars de cette année, on a annoncé des réformes économiques de transcendance qui, par leur profondeur, leur étendue et leur complexité, auront une vaste répercussion sur l'économie nationale et très spécialement sur l'industrie. L'objectif fondamental de ces réformes cherche à atteindre la stabilisation monétaire, à améliorer substantiellement l'efficacité des différents secteurs de production et à préparer les conditions d'un développement économique vigoureux et soutenu. Ces objectifs sont tout à fait partagés par cet organisme. (*Mémoire 1966-1967*, p. 31 et 32)

Cependant, l'UIA prévient le gouvernement que, pour que ces mesures aient de l'effet, l'État doit intervenir en réduisant les coûts industriels, les salaires et le système de prévoyance des travailleurs, les taux d'intérêt, le coût des transports et les impôts. D'autre part, il est nécessaire de freiner le rythme de l'inflation pour permettre aux entreprises de former convenablement leur capital.

En ce qui concerne le premier aspect, la réduction du coût de la force de travail au moyen de la politique du travail, l'UIA montra un parfait accord avec les mesures du gouvernement; elle appuya surtout la mise sous tutelle et la liquidation du Conseil national du salaire minimum, vital et mobile, la suppression du mécanisme d'établissement des conventions collectives entre syndicats et employeurs, la promulgation d'une loi d'arbitrage obligatoire (n° 16936), l'annulation des réformes de la loi 11729 d'indemnisations de renvoi et la nouvelle loi du contrat de travail.

Un an plus tard, lors de l'évaluation des premières conséquences du plan mis en marche en mars 1967, l'UIA manifesta son acquiescement global, tout en émettant certaines réserves.

> Les réussites les plus remarquables de la politique entreprise ont été sans aucun doute dans le secteur extérieur. L'augmentation extraordinaire des réserves monétaires internationales; la signature d'importants accords «stand-by» avec le Fonds monétaire international, avec le Trésor des États-Unis et un vaste groupe de banques des principaux pays occidentaux; l'aide de crédits pour la réalisation de travaux fondamentaux d'infrastructure; l'amortissement d'une partie considérable de la dette extérieure; le solde positif de la balance des paiements; la libération appréciable des opérations de change, tous ceux-ci sont des facteurs qui ont permis de rétablir favorablement l'image de l'Argentine à l'étranger [...] Ces résultats spectaculaires tranchent assez nettement sur les résultats obtenus dans les affaires intérieures [...] On peut affirmer, sans pécher par excès, que l'État a été jusqu'à présent le seul bénéficiaire de la dévaluation [...] Ceci pourrait être accepté et compris dans une perspective à court terme si, entre-temps, l'État prenait les mesures qui, tant dans son propre domaine qu'en dehors de celui-ci, lui permettraient de rendre à l'économie les fruits de la réforme mentionnée [...] L'accroissement des coûts de production, la forte expansion de la liquidité primaire de l'économie, la persistance d'un déficit fiscal élevé malgré l'augmentation extraordinaire de la perception des impôts, sont tous des facteurs qui ont évolué dans un sens défavorable pour la consolidation du processus de stabilisation monétaire [...] *En somme, le programme du 13 mars montre des réussites importantes et quelques retards considérables dans son exécution. On ne pourra obtenir un triomphe définitif qu'en approfondissant et en étendant l'ensemble des réformes* [...] (*Mémoire 1967-1968*, p. 29 à 30. C'est nous qui soulignons.)

Entre-temps, la brusque réduction des taxes douanières sur les importations fut un peu critiquée. Selon l'UIA, il fallait d'abord réduire les coûts puis ensuite placer l'industrie argentine dans des conditions concurrentielles; l'Union soutenait que les droits de douane étaient une conséquence et non pas une cause des coûts élevés de la production industrielle en Argentine; les véritables causes tenaient à l'étatisme inefficace (coût excessif des services publics) et à l'électoralisme (qui éleva le prix de la force de travail). L'État devait donc, selon l'Union, agir d'abord sur ces facteurs et ensuite sur la protection douanière.

Sur le plan de la politique du travail, l'UIA approuva en 1967 la subordination de la Confédération générale du travail et la diminution des grèves qui s'ensuivit: la quantité de journées perdues par conflits de travail en 1967 fut la plus basse de toutes les années passées après la guerre. L'Union approuva également l'augmentation de l'âge de retraite à soixante ans. Elle réclama en outre la suppression du samedi comme jour férié rémunéré.

En 1968, l'UIA applaudit à la diminution du rythme de l'inflation, à l'augmentation des salaires nominaux de 8% seulement, au blocage des dépenses publiques, à la réduction du déficit fiscal et à la politique monétaire et de crédit 'non restrictive. Cependant, l'UIA continua à constater la lente croissance de la production:

> Ce programme projeté correctement et mené avec fermeté a produit des résultats spectaculaires en ce qui concerne la contention de l'inflation et la croissance des réserves monétaires internationales, démontrant l'erreur de la thèse qui soutenait que l'inflation était pratiquement infléchissable. Cependant, la nature de cette réussite est assez singulière car elle a été obtenue de façon plutôt passive qu'active puisqu'on a cherché à empêcher la vigueur de facteurs négatifs et non pas à encourager la présence des facteurs positifs [...] La politique de stabilisation s'est constituée sur un programme d'action à court terme de sorte qu'il devient souvent incompatible avec les besoins du développement. (*Mémoire 1968-1969*, p. 26 et 27)

Les causes de la stagnation, selon l'UIA, résidaient dans le manque d'un plan de redistribution de revenus à long terme, dans l'inefficacité des entreprises de l'État et dans l'opposition entre la politique monétaire (expansive) et celle de revenus (restrictive).

> Les réformes du 13 mars ont été le point de départ d'un changement substantiel dans la vie économique du pays. Elles offrent en outre une occasion historique exceptionnelle pour que l'Argentine apparaisse une fois pour toutes comme une société vigoureuse, pleinement industrialisée [...] On a beaucoup avancé sur la voie de notre rétablissement économique et cela grâce aux aspects du programme du 13 mars mis en pratique. Aujourd'hui plus que jamais, il est indispensable de poursuivre la voie tracée alors; la seule façon de l'améliorer consiste à approfondir et à continuer à avancer sur ce chemin, et non pas à la détruire. (*Mémoire 1968-1969*, p. 28)

Enfin, sur les rapports de l'Union industrielle argentine avec la Confédération générale économique, l'UIA publia dans son mémoire de 1967 quelques chiffres qui cherchaient à démontrer que, malgré la quantité supérieure de ses adhérents, la CGE n'était pas la principale centrale patronale. Selon l'Union, en 1967 ses membres représentaient 90% des ventes de l'industrie manufacturière, 95% de sa main-d'œuvre, 96% des gages et des salaires payés, 85% des biens de capital et 91% du volume de la production. Ces chiffres répondaient aux accusations formulées par la CGE qui soutenait que l'Union avait une représentation excessive au sein du gouvernement.

L'Union industrielle eut une représentation importante dans le personnel d'État de la période. Le ministre de l'Économie de janvier 1967 à juin 1969, A. Krieger Vasena, était un dirigeant de cet organisme et un membre du conseil administratif de nombreuses firmes industrielles étrangères et de quelques firmes nationales ayant adhéré à l'UIA. Le secrétaire d'État à l'Industrie et au Commerce à partir du mois de mai 1968, R. J. Peyceré, était également un industriel dirigeant de l'UIA. Le ministre du Bien-Être social, R. Petracca, était un des personnages les plus importants de l'Union et le propriétaire d'une des plus grandes entreprises de fabrication de verre. Un autre membre du Conseil exécutif de l'UIA, l'ingénieur E. Van Peborgh, directeur de nombreuses entreprises étrangères et nationales, fut successivement ministre de la Défense nationale et président de la Banque industrielle. Enfin, bien d'autres industriels associés à l'UIA ont occupé des portefeuilles clés du cabinet dans la période, surtout à partir du mois de janvier 1967 : l'ingénieur Mario Galimberti, secrétaire à l'Industrie et au Commerce de juin 1966 à janvier 1967 ; l'ingénieur E. Garcia Olano, secrétaire au Logement, etc.

## 2.3. LA CHAMBRE ARGENTINE DE COMMERCE (CAC)

La Chambre argentine de commerce approuva presque tous les aspects du plan économique de Krieger Vasena. Dans une conférence de presse du directeur de la CAC, M. Eduardo Garcia, en avril 1968, on peut observer une appréciation globale de ce plan :

> I.   La philosophie économique du gouvernement de la Révolution argentine. D'un point de vue politique, la Révolution argentine du 28 juin 1966 n'a pas été simplement un changement de gouvernement mais bien plus que cela. Elle avait pour but de modifier les systèmes et les structures politiques, économiques et sociales qui ont empêché l'Argentine de progresser au rythme qui correspondait à son passé et d'occuper la place à laquelle elle aspire dans l'ensemble des nations les plus développées du monde. Cette grande transformation de l'Argentine, dans laquelle le gouvernement et les secteurs privés, tant du travail que de l'entreprise, ont engagé leurs efforts, se fonde sur les principes de liberté, d'ordre, de hiérarchie et de discipline qui contribueront à assurer la stabilité de toutes les institutions participant de façon harmonieuse à l'obtention du rétablissement des valeurs morales et spirituelles de la nation. (*Mémoire 1968*, p. 73 et 74)

Comme dans les périodes précédentes, la Chambre adopta la position libérale la plus orthodoxe. En matière de travail, elle insista sur l'annulation ou la modification substantielle des lois d'Associations professionnelles (n° 14.455) et de Conventions collectives de travail (n° 14.250) qui forment la structure légale sur laquelle se fonde la force relative de la Confédération générale du travail. Elle réclama aussi le changement de la loi 18.016 sur les salaires, qui accorde aux syndicats la faculté exclusive d'établir le montant de la contribution à verser par les travailleurs de chaque branche d'activité au syndicat reconnu légalement.

> Cette Chambre a demandé à plusieurs reprises l'annulation ou la modification substantielle des lois 14455 d'Associations profes-

sionnelles et 14250 de Conventions collectives. Comme nous l'avons exprimé dans notre déclaration du 26 avril 1967 et dans celles des années précédentes, ces règles instaurent un système qui profane les garanties inclues dans la Constitution nationale, en s'opposant au principe de liberté de syndicalisation, consacré et réaffirmé dans les conventions internationales auxquelles notre pays a souscrit. En même temps, comme dans les faits elles stimulent la «politisation» du mouvement syndical, elles contredisent des objectifs énoncés dans des documents émis par le gouvernement actuel [...] Nous n'insisterons pas sur l'analyse que nous avons effectuée à plusieurs reprises au sujet du régime pernicieux établi par les lois mentionnées. Ce que nous voulons maintenant, c'est signaler que l'article 4 de la loi 18.016 aggrave cette situation. (CAC, *Contribucion a las Reformas Legislativas*, 1969, p. 37. *Contribution aux réformes législatives*)

En matière de change et de douane, la Chambre appuya la réduction des taxes sur les importations. En matière bancaire, elle critiqua l'avant-projet de la loi 18.061 sur les organismes de crédit, car elle considérait que celui-ci tendait à avantager excessivement et à fortifier les institutions nationales; elle en réprouva également certains aspects plus techniques.

En mai 1969, la Chambre prononça une nouvelle déclaration d'appui à la politique économique de la Révolution argentine au moment où les premières révoltes populaires obligeaient celle-ci à l'abandonner.

Depuis 1967, cette Chambre a appuyé dans ses lignes générales l'action du gouvernement [...] De même, nous repoussons les critiques adressées au plan économique en vigueur quand elles sont purement dialectiques ou ne consistent qu'en des généralités réitérées. A notre avis, certaines réussites, telles que la tendance marquée vers la stabilisation monétaire, la croissance du produit interne, le renouvellement de l'infrastructure économique ou la réduction du déficit fiscal, ont plus de valeur que les vagues spéculations au sujet de l'application hypothétique de politiques déjà employées en Argentine avec des résultats négatifs et désolants. (*Mémoire 1969*, p. 72)

La Chambre a été représentée au sein du gouvernement de la Révolution argentine par un de ses ex-dirigeants et ex-membre de son Conseil consultatif, César Bunge, directeur de nombreuses entreprises étrangères, qui fut secrétaire aux Finances du cabinet économique de Krieger Vasena. L'ingénieur B. Loitegui, ex-membre du conseil juridique de la Chambre ainsi que propriétaire terrien et membre de la Société rurale, fut secrétaire d'État aux Travaux publics. Plusieurs autres directeurs d'entreprises membres de la Chambre ont fait partie du Pouvoir exécutif national dans la période.

## 2.4.  LA BOURSE DE COMMERCE DE BUENOS AIRES (BCBA)

La Bourse de commerce de Buenos Aires appuya fermement la gestion économique de Krieger Vasena. Tout de suite après l'établissement du nouveau gouvernement, cette organisation signala la coïncidence de ses points de vue avec ceux du nouveau cabinet:

> Le diagnostic au sujet des anomalies existant dans le secteur agricole caractérisé surtout par la lenteur de son développement et par les distorsions provoquées par l'inflation accélérée, coïncidait avec ce que notre Institution a tant de fois exprimé. (*Mémoire 1966*, p. 5)

Elle indiqua aussi d'autres correspondances entre leurs conceptions et leurs programmes: l'abandon de la conception de l'État comme entrepreneur, la recherche de l'efficacité des services publics, le renouvellement des contrats pétroliers, l'arbitrage obligatoire dans les conflits de travail et la fermeture des raffineries de sucre les moins productives. Elle applaudit également à la politique budgétaire et de change.

> Au commencement de la nouvelle année, un nouveau groupe d'hommes a occupé les postes clés du gouvernement. Leurs premières inquiétudes se sont axées sur deux points essentiels: le budget national et le régime de change [...] On doit interpréter que ces mesures font partie d'une politique économique générale et organique qui tend à corriger les causes de l'inflation. (*Mémoire 1966*, p. 8 et 9)

> Nous avions déjà avancé dans le Mémoire précédent, écrit précisément à cette époque du mois de mars, le changement fondamental qu'avait représenté pour l'économie nationale l'apparition d'un nouveau groupe de dirigeants dont les idées sont connues et coïncident globalement avec la ligne directrice de la pensée de cette Bourse. (*Mémoire 1967*, p. 6)

Cette année-là, la Bourse approuva la nouvelle loi de fermages et de métayages ruraux qui supprimait la prorogation des contrats. Cependant, en 1968, elle s'opposa à l'impôt sur la rente de la terre; elle considéra que l'augmentation des salaires offerte par le gouvernement, après deux ans de blocage des rémunérations, était excessive; elle réclama la réduction des dépenses publiques et elle signala le danger d'un excès d'investissements de la part de l'État.

> Nous considérons que l'année 1968 représente une étape importante dans la voie que le pays est en train de suivre pour arriver à l'essainissement de son économie [...] Mais il y a des facteurs qui ne contribuent pas à fortifier la confiance mise dans la ligne économique tracée, comme le nouvel impôt sur la terre, tant par sa conception philosophique que par ses principes techniques déficients sur lesquels il est fondé; certaines propositions de salaires qui, par leur montant, mettent en danger le plan de stabilisation; le manque d'un régime organique de prévoyance; [...] les pauvres résultats obtenus en ce qui concerne la rationalisation et la réduction des dépenses courantes de l'État [...] Au cours de l'année écoulée, on a pu remarquer une action plus dynamique et efficace de l'État, surtout en ce qui concerne la mise en marche et la conclusion de travaux publics, et l'amélioration du fonctionnement de certains services. On enregistre une amélioration de la composition des dépenses publiques, ce qui a donné lieu aux bénéfices mentionnés auparavant. Cependant, il faut avertir du danger créé par un excès d'investissements

de l'État [...] L'année 1968 a mis en évidence que le progrès économique peut être parfaitement concilié avec la stabilité. (*Mémoire 1968*, p. 3 à 6)

La Bourse approuva également les mesures adoptées pour stabiliser les prix, surtout les accords de l'État avec les grandes entreprises bien qu'elle se plaignît de ce que l'État stimulât des augmentations de coûts à travers la hausse des impôts; d'autre part, elle accueillit favorablement l'expansion du crédit bancaire et la réduction des taux d'intérêt. Comme les autres organismes de l'ACIEL, elle critiqua l'avant-projet officiel sur les institutions de crédit car elle considérait qu'il était étatiste et donnait un traitement préférentiel aux institutions nationales par rapport aux étrangères.

La Bourse de commerce de Buenos Aires fut représentée au sein du gouvernement de la Révolution argentine, entre autres par S. L. d'Imperio, vice-président de l'Association argentine des compagnies d'assurances de la Bourse en 1966 et secrétaire aux Finances en 1967; par R. Petracca, membre à vie de la Bourse, industriel et ministre du Bien-Être social; enfin par José Murua, ex-membre titulaire de la Bourse et président de la Banque hypothécaire en 1967 et 1968.

## 2.5. LA BOURSE DES CÉRÉALES (BC)

Comme le reste des organismes du groupe ACIEL, la Bourse des céréales approuva les lignes générales du programme du nouveau gouvernement, bien qu'elle critiquât sa politique agraire et surtout les prélèvements sur les exportations agricoles, l'impôt sur la rente de la terre et le manque de mesures prises pour encourager la technicisation à la campagne. Elle appuya par contre la suppression des prorogations des fermages ruraux et les prix établis par l'État sur les récoltes:

En lignes générales, les objectifs spécifiques annoncés sont sans aucun doute très sensés: ce que l'on a appelé économie du marché, respect envers — et responsabilité de — l'activité privée s'alliant à une ligne générale qui n'est pas interventionniste [...] Il faut surtout tenir compte des mesures adoptées au commencement du mois de mars de l'année en cours. Ainsi que l'a exprimé notre organisme dans une note adressée à M. le ministre de l'Économie et du travail, le cadre formé par ces mesures révèle une saine intention de fortifier l'économie de notre pays et donne une idée d'ordre et d'évaluation correcte de la réalité quant à la méthode suivie. (*Mémoire 1966*, p. 22)

En 1969, la Bourse ratifia sa confiance et son appui vis-à-vis du plan économique de la Révolution argentine, en donnant un

... jugement favorable sur les résultats obtenus et l'idonéité des mesures qui ont mis en marche les politiques appliquées. (*Mémoire 1969*, p. 33)

Deux membres de la Bourse des céréales occupèrent de hautes fonctions dans le gouvernement de la Révolution argentine: l'ingénieur agronome S. Llorente, aussi membre de la Société rurale, et José Murua, aussi membre de la Bourse de commerce.

## 2.6.  L'ASSOCIATION DES BANQUES DE LA RÉPUBLIQUE ARGENTINE (ABRA)

L'Association des banques de la République argentine, représentative des grandes banques privées étrangères et nationales de la capitale fédérale, membre de l'ACIEL, se prononça également en faveur de la politique économique de la Révolution argentine après plusieurs années de silence sur les politiques appliquées par l'État national. L'ABRA donna surtout son accord aux mesures de stabilisation et de libéralisation:

> Le gouvernement de la Révolution a montré, dès ses premières déclarations, son inquiétude au sujet de la [mauvaise] situation décrite et son bref exercice permet de signaler la prévoyance avec laquelle il a créé les conditions fondamentales pour y mettre fin [...] Comme nous l'avons remarqué, depuis le commencement de 1967, se sont accentuées les manifestations, sur le plan économique et financier, d'une politique décidée à combattre toutes les causes de l'inflation. En ce qui concerne le domaine bancaire, nous avons signalé l'importance de l'adéquation de la valeur du peso, la libération du marché des changes et les mesures cherchant à absorber les répercussions inflationnistes susceptibles d'être provoquées par les expectatives préexistantes. (*Mémoire 1966*, p. 4)

En 1968, le bilan des résultats des mesures appliquées fut, selon l'ABRA, positif.

> Le succès d'une série de mesures d'ordre économique et financier prises au cours de cette année, s'ajoutant aux résultats des mesures mises en œuvre en 1967, ainsi que la nouvelle tendance imposée par les autorités monétaires à l'examen des problèmes suscités dans le domaine bancaire, ont contribué à faciliter le développement des banques et par suite et les consolider. (*Mémoire 1968*, p. 3)

Plusieurs dirigeants de banques ayant adhéré à l'ABRA ont rempli des fonctions dans le Pouvoir exécutif national de la période: le professeur C. M. Gelly y Obes, directeur de la Banque populaire argentine, fut secrétaire d'État à la Culture et à l'Éducation; L. Raggio, directeur de la Banque d'élevage, secrétaire à l'Agriculture et à l'Élevage; S. L. D'Imperio, directeur de la Banque de l'Intérieur, secrétaire aux Finances; P. E. Real, directeur de la Banque du Sud de Buenos Aires, président de la Banque centrale; C. A. Bunge, directeur de la Banque Tornquist (anglaise), secrétaire aux Finances après D'Imperio; enfin l'in-

génieur Van Peborgh, directeur de la Banque Tornquist, fut successivement ministre de la Défense et président de la Banque industrielle.

## 2.7.  LA CONFÉDÉRATION GÉNÉRALE ÉCONOMIQUE (CGE)

La CGE appuya en principe l'objectif de « modernisation avec
participation de tous les secteurs », annoncé par le gouvernement, mais
elle avertit :
> Nous ne sommes pas disposés à les moderniser en conservant
> la déformation économique traditionnelle de l'Argentine, cause et
> fondement de la détérioration qui nous tient dans une situation
> stagnante. (*Mémoire 1966*, p. 19)

La CGE se rendit compte bien vite du sens des termes « modernisation » et « participation » pour les nouvelles autorités. Quand la
modernisation détruisit le système coopératif de crédit, principale source
de prêts à la petite et moyenne entreprise, la CGE commença à s'opposer à la politique économique de la Révolution argentine. Quant à la
participation, la CGE fut maintenue tout à fait à l'écart du Pouvoir exécutif national, comme sous les gouvernements précédents. Par rapport
à cette situation, la CGE affirma :
> La communauté nationale court le risque de voir frustrées les
> expectatives suscitées par le changement de gouvernement du
> 28 juin [...] Mais la communauté ne se sent pas, à présent, appelée
> à participer à la construction de la nouvelle nation et elle se
> rend compte que les grands objectifs sont ajournés, courant un
> gros risque d'être frustrés. (Déclaration de Mendoza, 15-10-66,
> *Mémoire 1966*, p. 69)

> La communauté argentine ne peut avoir confiance en des plans
> à court et à long terme rédigé par des minorités techniques ou
> administratives dans lesquelles elle n'a pas de participation
> directe. (*Mémoire 1966, loc. cit.*)

En 1967, la CGE avait radicalisé sa position d'opposition à la
politique économique de Krieger Vasena bien qu'elle lui reconnaissait
encore quelques mérites.
> La politique économique en 1967 a été orientée presqu'exclu-
> sivement à obtenir des résultats satisfaisants dans le secteur
> extérieur. On a pris dans ce but la plupart des mesures écono-
> miques et financières, malgré les problèmes qu'elles créaient sur
> le marché intérieur [...] Le processus inflationniste ne s'est pas
> interrompu [...] On doit y ajouter une contraction considérable
> de la demande qui touche d'importants secteurs économiques,
> surtout l'industrie manufacturière et l'intérieur du pays [...] L'in-
> dustrie manufacturière est en déclin et le chômage augmente.
> Le programme de travaux publics mérite certainement d'être
> mentionné comme facteur positif car il relancera la demande [...]
> *On pourrait caractériser l'année 1967, d'un point de vue écono-*
> *mique et financier, par la prédominance de la conception selon*
> *laquelle l'Argentine est exclusivement un pays agricole et un*

*champ propice d'investissements pour les capitaux étrangers.*
(*Mémoire 1967*, p. 11 à 14. C'est nous qui soulignons.)

En ce qui concerne les capitaux étrangers, la CGE dénonça dans une note du 27 septembre 1967 adressée au ministre de l'Économie le transfert de banques et d'entreprises nationales dans des mains étrangères. Elle proposa que le processus fût interrompu au moyen d'une nouvelle loi d'investissements :

> La CGE s'inquiète particulièrement au sujet d'un processus qui commence à s'insinuer dans le pays et qui mène à l'absorption de banques, surtout par les banques étrangères. C'est un problème d'une importance vitale qui doit être envisagé fermement, surtout si l'on tient compte que ces capitaux proviennent de pays desquels, par leurs caractéristiques et leurs dispositions légales, il est pratiquement impossible d'obtenir une politique de réciprocité. Ce processus d'absorption s'étend à d'autres secteurs de l'économie nationale, avec le contrôle d'importantes industries du pays, constituées par des capitaux nationaux et souvent avec la collaboration du système bancaire à travers le crédit de développement, des devises à un taux préférentiel, etc., sans que l'on observe une rétribution qui justifie pour le pays ce genre d'opérations. Bien au contraire, les retransferts de bénéfices à l'étranger affecteront notre balance des paiements [...] Nous insistons sur le besoin de créer une protection effective contre toute sorte d'absorption, soit des banques, soit des entreprises nationales. Pour cela, une solution de fond consiste à dicter une nouvelle loi des capitaux étrangers, afin de remplacer celle qui est en vigueur [...] (CGE, *Transferencia de Bancos y Empresas Industriales Nacionales a Similares Extranjeros*, 27-9-1967, p. 3-5. *Transfert des banques et des entreprises industrielles nationales à leurs semblables étrangères*)

En 1967, la CGE critiqua également la dévaluation de la monnaie, le manque de protection douanière à l'industrie nationale et à la réduction du crédit.

En 1968, le sujet de l'unité patronale et de la participation exclusive l'ACIEL dans l'élaboration de la politique du gouvernement fut une des inquiétudes centrales de la Confédération. Parmi de nombreuses notes et déclarations, la suivante est un témoignage de l'opposition de la CGE à l'accaparement de postes officiels par les grands entrepreneurs de l'ACIEL :

> Nous pouvons affirmer que 90% des entrepreneurs s'expriment à travers la philosophie socio-économique de la CGE, et ce n'est pas un hasard car la CGE est précisément le résultat syndical de 1 520 chambres, 40 fédérations et 3 confédérations, où l'action quotidienne de 20 000 dirigeants permet de confronter et de mettre à jour, dans des réunions et des assemblées permanentes, l'expression des idées du groupe d'entrepreneurs nationaux. *Ce 90% n'est pas représenté aux niveaux où se décide la politique économique argentine.* Et la pression qu'ils exercent pour obtenir cette représentation est une pression légitime que les autres secteurs sociaux comprennent et appuyent. *Ce 90% ne réclame pas de ministères ni de postes officiels [...] Notre observation se fonde sur le manque de consultation organique*[...]

Quand nous parlons du 90% des entrepreneurs et nous signalons leur manque de représentation au niveau des décisions économiques officielles, *nous ne demandons pas le remplacement ou le déplacement de ce dix pour cent qui intervient effectivement aux niveaux où l'on établit la politique économique, mais son intégration, en tant que minorité dans les organismes de consultation qui doivent se créer.* (J. B. Gelbart, président de la CGE, *Democracia y Participation*, 1968, p. 7-8. *Démocratie et participation)*

Cette année-là, la Fédération agraire argentine entra dans la CGE, au sein de la Confédération de la production (agraire). Par cette nouvelle admission, l'importance numérique de la CGE s'accrut encore plus et elle devint la seule et authentique organisation syndicale de la petite et moyenne bourgeoisie, tant industrielle — elle l'était déjà — qu'agricole et commerciale. Une étude réalisée par l'Institut de recherches économiques de la CGE montre la prédominance numérique de la Confédération au sein des organisations patronales. Les tableaux XI et XII permettent de vérifier que, sur le total des organismes syndicaux patronaux, la CGE en comprend 58%, l'ACIEL 20% et que le reste appartient à plusieurs ou à aucune de ces institutions. D'autre part, la Confédération recrute la plupart de ses membres à l'intérieur du pays, tandis que plus de 50% de ceux de l'ACIEL proviennent de la capitale fédérale et du Grand Buenos Aires. Enfin la CGE prédomine dans l'agriculture et n'est que légèrement majoritaire dans l'industrie manufacturière; d'autre part, c'est la seule centrale possédant des membres dans l'industrie du bâtiment.

Une évaluation finale de l'ensemble de la politique économique de Krieger Vasena illustre l'opinion de la CGE au sujet de l'intervention de l'État national dans l'économie au cours de la période analysée:

Dans ce contexte, la politique économique établie en mars 1967, soutenant le besoin de stabiliser les prix et de réduire les coûts, a adopté une conception strictement «efficientiste» qui a représenté dans les faits: la dévaluation violente et injustifiée du peso pour rendre plus attrayant le bénéfice indiscriminé du capital étranger et équilibrer les besoins budgétaires tout en créant de nouveaux impôts et en élevant les taxes; la restriction du crédit (à l'entreprise nationale) pour limiter l'expansion des moyens de paiement; le blocage des gages et salaires pour ne pas toucher les coûts et la libération des importations pour «aiguillonner» l'efficacité et la concurrence (contre l'entreprise nationale) [...] Les résultats visibles de cette politique se sont manifestés dans la quantité des faillites, dont la tendance ascendante arriva à un record en 1970 car son évaluation aux prix de 1960 dépasse les faillites calculées de la même façon, enregistrées dans les quarante dernières années et dépassent même celles qui se sont produites lors de la crise mondiale de 1931 et 1932. Par suite, la réduction plus ou moins violente du pouvoir d'achat de la communauté, la limitation du marché intérieur, l'insuffisance financière, l'accumulation de stocks non vendus, et le poids étouffant des charges fiscales accrues, ont asphyxié l'entreprise nationale en provoquant sa crise et son transfert progressif au capital multinational. (CGE, *Lineamientos para un Programa Global de Transformacion Nacional*, 1971. *Les Principes d'un programme global de transformation nationale*)

La Confédération a été représentée au sein du gouvernement de la Révolution argentine par le premier ministre de l'Économie, Jorge E. Salimei, industriel de tendance nationaliste, membre de la Fédération économique de la Province de Buenos Aires, et de façon plus indirecte par le secrétaire d'État aux Finances de ce cabinet économique, F. R. Aguilar, directeur d'entreprises du groupe Salimei. Dans le cabinet de Krieger Vasena, nous avons déjà pu observer que la CGE ne fut pas représentée, et même dans les six mois de la gestion de Salimei, elle manqua de force pour articuler son propre plan économique.

## 3. LES FONCTIONNAIRES DU POUVOIR EXÉCUTIF DANS LA PÉRIODE

L'analyse du personnel de l'État national entre le 28 juin 1966 et juin 1969, montre d'abord la prédominance absolue des entrepreneurs au sein du Pouvoir exécutif qui d'ailleurs concentra tous les pouvoirs. Pendant la première étape de la Révolution argentine (1966-1969), c'est le cas de 76% des ministres, secrétaires d'État et présidents des quatre grandes banques officielles; dans ce gouvernement, il n'y a pas de politiciens professionnels ni de syndicalistes; très peu de fonctionnaires sont rattachés à un parti (en tout cas conservateur). D'autre part, il y a 34 membres d'organismes appartenant à l'ACIEL parmi les 37 entrepreneurs ayant adhéré directement ou indirectement à quelque centrale. Seulement deux d'entre eux appartiennent à la CGE (*cf.* tableaux XXXVI et XXXVII). Quant aux dimensions des entreprises qu'ils dirigent, 24 entrepreneurs fonctionnaires sont à la tête d'au moins une grande firme (*cf.* tableau XXXIX). La distribution par cabinets montre que les entrepreneurs contrôlent le cabinet économique national et occupent le ministère de la Défense, duquel dépendent les secrétariats militaires qui se trouvent encore sous le contrôle de membres des Forces armées. D'autre part, presque la moitié de ces entrepreneurs fonctionnaires sont surtout liés à des entreprises étrangères ou à des firmes à la fois nationales et étrangères. Parmi les directeurs d'entreprises étrangères se trouvent les plus hauts fonctionnaires du cabinet économique, le ministre des Affaires étrangères et un des ministres de la Défense. On trouve également deux chefs militaires liés à des entreprises étrangères.

Quant à la distribution temporelle des fonctionnaires, nous observons une première période de six mois, de juillet à décembre 1966, où les nationalistes et les libéraux se disputent le pouvoir exécutif, mais ce sont les premiers qui prédominent. Le cabinet économique était dirigé par un industriel national, membre de la CGE (Salimei), secondé par un propriétaire terrien relativement nationaliste de la SRA à l'agriculture et à l'Élevage (Raggio), un autre industriel directeur d'entreprises du groupe Salimei comme Secrétaire aux Finances (Aguilar), un entrepreneur social-chrétien comme président de la Banque centrale (Tami) et un autre industriel national, de la métallurgie, comme secrétaire à l'Industrie et au Commerce (Galimberti). Le ministère de l'Intérieur était dans les mains d'un groupe d'entrepreneurs nationalistes de l'intérieur du pays, rattaché aux intérêts agricoles et industriels (Martinez Paz, Diaz Colodrero, Gelly y Obes). Au mois de janvier 1967, une équipe libérale, formée par des directeurs de grandes entreprises étrangères ou nationales rattachées à l'étranger, se chargea du cabinet économique. Les nationalistes conservèrent le ministère de l'Intérieur et ses secrétariats mais on éloigna de la fonction publique les nationalistes les plus extrémistes. Si le premier cabinet ne put articuler un plan économique à cause de la pression des libéraux, ceux-ci, une fois à la tête du secteur économique du Pouvoir exécutif, purent par contre établir une politique qui représentait les intérêts du grand capital international et de la grande bourgeoisie en général, sans obstacles politiques ni électoraux. Dans ce sens, l'évolution du gouvernement de la Révolution argentine concorde avec le développement de la structure économique, où les entreprises étrangères commencent à prédominer nettement dans les secteurs industriel et commercial; le décalage dans le temps correspond à la période où ces entreprises cherchèrent à obtenir et à organiser leurs appuis dans les Forces armées par divers moyens, mais surtout par l'intégration des militaires dans les conseils d'administration des firmes multinationales établies dans le pays.

## 4. LA SCÈNE POLITIQUE DE LA PÉRIODE

Comme nous l'avons vu au commencement du chapitre, la Révolution argentine tâcha d'étouffer toute opposition politique; dans ce but, elle élimina les partis et essaya de subordonner et de neutraliser la Confédération générale du travail. Dans le cas des premiers, il faut souligner qu'ils continuèrent à exister dans l'illégalité, mais leur action n'arriva jamais à représenter une menace réelle à la stabilité du régime. La tentative de dépolitiser et de subordonner la GGT fut plus longue, plus ardue et moins fructueuse. Il est important de résumer ici les rapports entre le gouvernement et la centrale ouvrière, seule organisation «politique» qui constitua une source d'instabilité pour le régime établi après le coup d'État de juin 1966.

Tout d'abord, la GGT accorda un appui modéré aux nouvelles autorités. Dans une déclaration du 29 juin, la Confédération insistait sur le manque de représentativité et d'autorité du gouvernement radical, et réclamait de la gestion de la Révolution argentine la reconstruction de l'unité nationale tout en respectant la législation du travail, en abolissant le décret 969 et le véto présidentiel d'Illia aux réformes de la loi 11.729 de renvoi; elle demandait aussi le plein emploi et l'augmentation des salaires, la défense et l'encouragement de l'industrie nationale, la réalisation d'un vaste plan de travaux publics et de construction de logements, la mécanisation du secteur agricole et la défense des marchés internationaux de l'Argentine. Au cours de cette première étape, les rapports entre le gouvernement et la CGT furent cordiaux: le secrétariat au Travail, en échange de l'appui reçu, reconnut à nouveau la légalité de six syndicats et fédérations dont la reconnaissance juridique était en litige. En août, elle suspendit pour cent quatre-vingts jours la vigueur du décret 969. Cependant, peu à peu, la mise en marche de la politique de stabilisation et ses conséquences sur le chômage et la chute des salaires réels, ainsi que la «rationalisation» de plusieurs secteurs de l'économie, commencèrent à détériorer les bons rapports entre le gouvernement et la CGT.

Les premières mesures affectant ces rapports furent la mise sous tutelle et la liquidation du Conseil national du salaire minimum, vital et mobile en septembre 1966 et la loi 16.936 qui établissait l'arbitrage obligatoire par le secrétariat au Travail dans les conflits de travail. En juillet, on avait déjà mis sous tutelle cinq syndicats et fédérations où prédominaient les communistes ou la gauche péroniste, mais la haute bureaucratie syndicale avait passé outre à cet incident. En octobre, le gouvernement dicta les lois 16.971 et 16.972, en créant une nouvelle réglementation du travail dans les ports. Ces lois établissaient en réalité une réduction des salaires des arrimeurs et leur dépendance d'une autorité militaire. Le syndicat portuaire déclara la grève et fut mis sous tutelle par l'État, ce qui déclencha un long conflit et provoqua l'emprisonnement de ses dirigeants.

Ce mois-là, se tint une réunion du Congrès ordinaire de la CGT qui continuait à adopter une attitude de conciliation vis-à-vis du gouvernement, malgré les nombreuses preuves de l'intention de celui-ci d'arriver à maîtriser la centrale ouvrière:

> La CGT a toujours démontré une bonne prédisposition au dialogue, et pour cela a demandé d'être écoutée; on maintient encore en suspens l'audience qui a été sollicitée à M. le Président. Cependant, nous n'avons pu obtenir encore un traitement réciproque. Nous comprenons la nature d'une révolution, très souvent remplie de contradictions jusqu'à ce qu'elle trouve la véritable voie qui l'a poussée. Nous désirons l'aider à trouver ce chemin, nous voulons y collaborer [...] (DIL, Rapport n° 80, p. 21)

La liquidation et la mise sous tutelle des sucreries les moins productives, le renvoi de plusieurs milliers de travailleurs et la rationalisation des chemins de fer rendirent chaque fois plus difficile pour les dirigeants de la CGT la poursuite du dialogue avec le gouvernement. Le triomphe de l'équipe libérale en janvier 1967 mit un nouvel obstacle à ce dialogue. En février, le Comité central confédéré décida de l'adoption d'un plan d'action pour s'opposer au chômage et aux mesures anti-inflationnistes, pour réclamer la participation des travailleurs dans l'élaboration de la politique économique du pays. Le Plan comprenait des campagnes d'éclaircissement, de mobilisation et des grèves.

Le gouvernement réagit en mettant de nouveau en vigueur le décret 969, en interdisant toute manifestation et en interrompant le faible dialogue avec la CGT. Peu après, il dictait la loi 17.183 qui permettait aux organismes et entreprises publics de sommer leur personnel de cesser les mesures du Plan d'action, sous peine d'être congédié. En même temps, on mit sous tutelle l'Union ferroviaire, syndicat qui avait réagi par une grève de vingt-quatre heures à l'annulation d'une bonne partie des lois de travail obtenues après de longues années de lutte.

Le 1er mars s'effectua la grève générale décidée par la CGT dans le Plan d'action, mais elle subit de nombreuses désertions et eut de graves conséquences pour la Centrale : suspension de la reconnaissance légale de cinq syndicats et fédérations, parmi lesquels les plus puissants, comme ceux de la métallurgie et du textile. La CGT mit fin prématurément à son Plan d'action et le gouvernement continua à avancer : à la fin du mois de mars il modifia les clauses des conventions collectives concernant les salaires, en augmentant par décret les rétributions de quinze pourcent en moyenne et en les bloquant ensuite pour deux ans.

Au cours de 1967, de nouveaux groupes et de nouvelles tendances commencèrent à se dessiner au sein de la CGT : 1. les partisans de la collaboration avec le gouvernement, menés par l'Union ouvrière de la construction, avec l'adhésion d'un nombre croissant de syndicats ; 2. les partisans du dialogue et d'une opposition modérée, regroupés autour de l'Union ouvrière métallurgique (et de son secrétaire général Augusto Vandor), avec l'aile « faible » du péronisme syndical, quelques syndicats indépendants et péronistes non alignés ; 3. les partisans de l'opposition, réunissant les syndicats mis sous tutelle, l'aile « dure » du péronisme et la plupart des indépendants, socialistes et communistes. À la tête de ce groupe se trouvait le syndicat des travailleurs graphiques et son secrétaire général, Raimundo Ongaro.

En mars 1968, le Congrès de la CGT donna la direction de celle-ci à ce dernier groupe. Les deux autres tendances se retirèrent et les dialoguistes formèrent une nouvelle CGT menée par Vandor tandis que les participationnistes restèrent à l'écart des deux centrales. La

CGT rebelle était forte à l'intérieur du pays, surtout dans les provinces de Cordoba, Tucuman et Salta et dans la ville de Rosario. Les dialoguistes contrôlaient la capitale fédérale et les grandes fédérations. Le gouvernement fut le témoin impassible de l'émiettement du mouvement syndical, qui d'ailleurs jouait en faveur de ses plans.

C'est alors que la crise éclata en mai 1969; le facteur détonant fut l'annulation de la loi provinciale de Cordoba qui établissait la rétribution des quatre heures de congé du samedi matin, à partir des premières semaines de mai. Le 16 de ce mois, se produisit une grève spontanée et les deux centrales convoquèrent immédiatement une grève nationale de vingt-quatre heures pour protester contre cette dernière mesure, contre l'augmentation du coût de la vie et contre la répression policière. Le 29 mai, les travailleurs de l'industrie de l'automobile de Cordoba organisèrent une marche et occupèrent un secteur de la ville avec l'appui d'autres groupes ouvriers, des étudiants et de la population en général. Il y eut dans la journée des échanges de coups de feu entre les manifestants et les forces de répression, la police et l'armée. Les résultats donnèrent plus de trente morts, des dégâts s'élevant à plus de 5 milliards de pesos et la formation de cours martiales pour juger les manifestants. La province fut mise en tutelle et sous le contrôle d'un gouverneur militaire.

L'heure de la Révolution argentine était venue et c'est alors que le régime commença à se désagréger. Le 11 juin, tout le cabinet national présenta sa démission et de nouveaux entrepreneurs prirent la relève de la pléiade d'industriels, financiers et propriétaires terriens qui avaient participé à la gestion de Krieger Vasena. Dès lors, se succédèrent les manifestations populaires et apparurent les syndicats rebelles et les mouvements de guérilla urbaine dont les actions forcèrent les cabinets successifs à démissionner.

## 5. SOMMAIRE ET CONCLUSIONS SUR LA RÉVOLUTION ARGENTINE

Avec le gouvernement de la Révolution argentine, les hypothèses de base de ce travail sont plus clairement confirmées qu'avec les administrations précédentes, et la méthodologie de l'étude est plus directement justifiée. Les grands entrepreneurs, c'est-à-dire ceux qui se regroupent dans l'ACIEL (ce dix pour cent des entrepreneurs que la CGE accuse d'acccaparer le pouvoir) gouvernent presque seuls. Le Pouvoir exécutif concentre l'essentiel des leviers de l'État, ayant dissous ou subordonné les autres secteurs du gouvernement. Les grands industriels imposent leur stratégie économique à la nation entière, les propriétaires fonciers doivent supporter de plus en plus le poids de la fiscalité, qui jusqu'à cette étape reposait sur les salariés et les industriels.

Le processus de concentration industrielle, commerciale, financière et agricole continue, même si dans quelques aires du commerce d'exportation les coopératives de producteurs (pour les grains) et les entreprises nationales (pour la viande) commencent à concurrencer les grandes firmes des trusts respectifs. La dénationalisation se poursuit et elle intègre de plus en plus l'économie argentine à sa nouvelle métropole : les États-Unis. La stagnation économique se maintient, quoique cette fois-ci elle soit accompagnée d'une relative stabilité monétaire. À la différence de la période antérieure l'État ne fit pas obstacle, mais il accélère ces tendances fondamentales de l'économie argentine depuis 1955. Le résultat de cette politique économique est une vaste réduction du nombre de ces petites et moyennes entreprises qui ont été créées et se sont développées immédiatement après la guerre ; un deuxième résultat : une dénationalisation de l'économie avec une faible entrée de capitaux étrangers. Cette stratégie présuppose le licenciement des travailleurs salariés et de leurs syndicats, et c'est de ceux-ci, les premiers affectés par la Révolution argentine, que partent les mouvements de contestation populaire qu'en mai 1969 sonnent le glas du régime militaire.

# CHAPITRE 8

## Conclusion et hypothèses supplémentaires

La stratégie économique et sociale du bloc hégémonique au pouvoir, (dont nous décrivons la composition et les changements internes dans le paragraphe suivant) a eu dans la période 1955-1969 un double objectif. Le premier: liquider les institutions de l'État péroniste et en particulier les appareils d'intervention économique créés entre 1945 et 1955: l'IAPI, les industries de l'État, le mécanisme de centralisation du crédit sous contrôle public, le mur protectionniste, etc.; il s'agissait aussi de détruire les organisations syndicales mises sur pied à la même époque: la CGT et la CGE. Si celles-ci sont réapparues ou ont subsisté, ceci est dû autant à la crise économique qu'à la nécessité pour une grande partie de la population de recréer des organismes revendicatifs devant la proscription politique du péronisme. Le deuxième grand objectif du bloc au pouvoir fut de replacer l'agriculture, l'élevage et le capital étranger en tant qu'éléments dynamiques de l'économie argentine. La croissance des soldes agricoles exportables fut un des principaux buts des gouvernements de la Révolution libératrice et de l'Administration Guido; l'accent mis sur l'apport de l'investissement étranger fut une des caractéristiques de l'Administration radicale intransigeante et de la «phase ascendante» de la Révolution argentine jusqu'à mai 1969. Cette stratégie économique était fondée sur une redistribution du revenu national du prolétariat et de la petite et moyenne entreprise nationale en faveur de la grande entreprise industrielle, étrangère ou locale, et des plus riches propriétaires fonciers. La redistribution du revenu était un objectif en soi (et non pas un mécanisme de lutte anti-inflationniste ou d'augmentation de l'épargne nationale) en particulier pour le propriétaire terrien dont les investissements étaient moindres et moins planifiés que ceux des industriels. Ces derniers, par contre, avaient besoin d'un contexte de stabilité monétaire pour le calcul des coûts, des amortissements, etc. Cette politique économique et sociale avait pour condition la marginalisation politique des secteurs qui en faisaient les frais: les salariés et les petits industriels. La proscription du justicialisme et les renversements successifs des partis radicaux fournirent le contexte politique qui réduisit au silence politique les secteurs désavantagés.

En 1958, le bloc au pouvoir — propriétaires fonciers du Littoral, grands industriels manufacturiers étrangers et nationaux, et grands importateurs et exportateurs — solidifia ses liens au moyen de la création de l'ACIEL qui réunit les associations sectorielles de la haute bourgeoisie (SRA, UIA, CAC, ABRA, etc.). L'ACIEL équilibrait ainsi le poids de la CGE réhabilitée, dont la forte relative était fondée sur le nombre d'adhérents ; elle permettait aussi la coordination des intérêts d'ensemble des milieux d'affaires les plus puissants qui, eux, manquaient d'une organisation politique partisane. Entre-temps, un changement important s'était produit au sein du bloc au pouvoir : l'hégémonie des propriétaires fonciers, incontestée jusqu'à 1943, fut remplacée par celle des grands manufacturiers. Cette nouvelle hégémonie nécessitait deux conditions : la croissance de l'industrie de transformation jusqu'à surpasser l'agriculture en tant que producteur et employeur, et la création de liens fermes entre les Forces armées et les grands industriels. Une fois ces conditions satisfaites, les propriétaires terriens n'eurent qu'à accepter cette hégémonie, qui devint évidente à plusieurs niveaux : a) par une politique économique et sociale favorable aux grandes entreprises manufacturières chaque fois que leurs intérêts entraient en conflit avec ceux des exportateurs agropécuaires ; b) par la présence toujours plus nombreuse des grands industriels aux postes clés de l'État en particulier au Pouvoir exécutif ; c) par la transformation du ministère de l'Agriculture et de l'Élevage en simple secrétariat d'État, dépendant du ministère de l'Économie et fréquemment pris en charge par des industriels comme MM. Alsogaray et Krieger Vasena. Cependant les propriétaires fonciers ne perdirent pas tout leur pouvoir comme le démontrent leur présence considérable à l'Exécutif ainsi que le fait que l'État décida des conflits entre les « latifundistes » et les autres secteurs au bénéfice des premiers (par exemple, pour le problème des rentes rurales). Il ne faut pas non plus oublier que de nombreux industriels investirent dans l'agriculture et *vice versa* : cette mobilité fut plus fréquente chez les grands manufacturiers d'origine nationale.

Sur la scène politique, il faut souligner la crise organique de représentation des grands entrepreneurs : leurs partis n'attirèrent pas l'électorat et se virent relégués au troisième rang derrière le péronisme (ou les voix « en blanc ») et le radicalisme. Devant ce fait deux solutions furent nécessaires : d'une part le renforcement de l'intervention militaire (pressions, exigences, coups d'État) et d'autre part la consolidation des organisations économiques qui devinrent des forums de discussion politique. Les données présentées montrent que l'ACIEL et les autres associations patronales jouèrent un rôle clé dans la période en tant que conseillères, groupes de pression et fournisseuses de personnel politique pour l'État national. Très souvent les ministres, sous-ministres et présidents des banques officielles furent non seulement membres des organisations des entrepreneurs, mais aussi leurs dirigeants et conseillers, sans avoir cependant aucune affiliation politique[1].

L'ACIEL préconisa, et réussit a appliquer très souvent, une stratégie libérale dont l'orthodoxie variait selon l'organisation membre: la SRA, la CAC, la Bourse des céréales et la Bourse de commerce de Buenos Aires exigèrent un minimum d'intervention de l'État dans l'activité économique. Elles demandèrent aussi que les activités agricoles soient privilégiées pour devenir l'élément dynamique de la croissance; que les barrières protectionnistes soient levées. L'Union industrielle fut plus modérée puisque autant l'industrie nationale qu'étrangère avait besoin de cette protection, ou tout au moins en profitait. De son côté la CGE, sans mépriser la stabilité monétaire comme objectif de politique économique, la subordonnait à un but qu'elle considérait plus important: la croissance industrielle. Pour y arriver la Confédération demanda des tarifs douaniers protecteurs, du crédit et un marché interne stable et en expansion. Exclue depuis 1955 du pouvoir, la CGE ne s'opposait pas à un secteur particulier des grands entrepreneurs mais elle se manifestait bloc contre leur stratégie économique orthodoxe et contre le contrôle de l'État par les membres de l'ACIEL. Ses objectifs de politique économique correspondaient parfaitement à ceux de l'aile «modérée» du justicialisme auquel elle adhèrait publiquement depuis 1972. Au-delà des mesures notées plus haut en vue d'accélérer la croissance industrielle, la CGE demanda des mesures d'incitation pour développer l'intérieur du pays, l'hinterland pauvre du Littoral et de la capitale fédérale. La CGE n'exigea nullement la nationalisation des capitaux étrangers ou la redistribution massive des grands latifundia mal exploités; la Confédération demanda seulement que les investissements directs soient confinés à des secteurs qui technologiquement ou économiquement étaient inaccessibles à l'entreprise nationale: industrie lourde et extractive. Le conflit et la division entre l'ACIEL et la CGE se comprend ainsi à partir de l'opposition d'intérêts de deux fractions de la classe des entrepreneurs. En l'absence d'un État activement protectionniste et partisan d'un développement capitaliste autonome la petite entreprise organisée dans la CGE était condamnée à dépérir et à disparaître en bonne partie[2].

---

1. Ce fait s'est encore répété en 1972 quand le général Lanusse appela le président de la FAA au poste de secrétaire d'État à l'Agriculture pour montrer une certaine bonne volonté envers les petits agriculteurs. Aussi en 1973 le gouvernement péroniste nomma M. José Gelbard, président de la CGE, ministre de l'Économie et des Finances.
2. C'est justement ce type d'État que promettait le nouveau régime péroniste installé en 1973. Son programme économique était en 1973 directement inspiré des plates-formes de la CGE qu'on a analysées au cours de cette étude.

# POSTFACE

## Le déclin de la Révolution argentine : 1969-1973

Les événements de mai 1969 à Cordoba n'arrivèrent pas à renverser le gouvernement militaire de Buenos Aires, mais réussirent à forcer un remaniement ministériel d'envergure. La politique économique et sociale cependant demeura inchangée. Les principaux ministres furent remplacés mais le général Ongania ne jugeait pas que c'était l'orientation même du gouvernement militaire qui était la cible des révoltes.

Le renouvellement des politiques anti-inflationnistes avec leurs effets regressifs sur la distribution du revenu incitèrent la reprise de l'agitation sociale, qui, cette fois-ci, s'étendit lentement à l'ensemble du pays. Le 9 juin 1970 les Forces armées déposaient le général Ongania et nommaient le général Roberto Levingston. L'administration de ce dernier adopta une série de mesures d'orientation de plus en plus nationaliste et appela des fonctionnaires, des intellectuels et des militaires au cabinet ministériel laissé vacant par les entrepreneurs de l'ACIEL.

La deuxième révolte de Cordoba, le 21 mars 1971, renversa l'administration de Levingston et les Forces armées nommaient le 23, le général Alejandro Lanusse, leur commandant en chef, Président de la nation. Celui-ci promit immédiatement des élections générales sans proscriptions dans les meilleurs délais et entreprit des pourparlers avec les partis politiques, y compris le péroniste, pour redonner la légalité à la vie partisane. Lanusse forma un cabinet issu principalement de l'ACIEL et appliqua une politique économique orthodoxe mais souple et pragmatique. À cause des longues négociations avec les partis politiques et sous la contrainte de la violence sociale *in crescendo*, les élections de mars 1973 donnèrent la victoire au Front justicialiste de libération, qui réunissait cinquante-pour cent des voix et assuma le pouvoir en mai suivant.

### 1. LA DEUXIÈME PHASE DU GOUVERNEMENT ONGANIA : 1969-1970

Du 9 au 11 juin 1969, tous les ministres de la Révolution argentine démissionnèrent : le ministre de l'Économie, A. Krieger Vasena, ainsi que plusieurs de ses secrétaires d'État; le ministre de l'Intérieur, G. Borda; le ministre des Affaires étrangères, N. Costa Mendez; le ministre du Bien-Être social, C. Bauer; ministre de la Défense, E. Van Peborgh. La plupart des secrétaires d'État restèrent; le renouvellement n'atteignait que les ministres dont les noms étaient les plus connus et dont la responsabilité aux yeux du gouvernement militaire était plus grande.

## 1.1.  LA POLITIQUE ÉCONOMIQUE ET LA POSITION PATRONALE

Le nouveau cabinet économique fut nommé quelques jours plus tard. Le nouveau ministre de l'Économie était José M. Dagnino Pastore, qui déclarait aussitôt nommé qu'il continuerait la politique anti-inflationniste de son prédécesseur, mais que l'impulsion à la croissance serait accentuée. Son discours de présentation ministérielle ne laisse aucun doute sur sa volonté de maintenir la ligne économique de Krieger Vasena:

> Au moment de prendre en charge le ministère de l'Économie et du Travail, je désire signaler que l'obtention d'un développement soutenu et adéquat est un point fondamental de la politique économique de la Révolution argentine, point qui nécessite le maintien de la lutte anti-inflationniste et la stabilité des prix [...] Le Plan des œuvres et travaux publics, dans un cadre de priorités strictes, sera maintenu dans les niveaux prévus [...] Dans ce sens, le programme financier du secteur public restera en vigueur, ainsi que la politique fiscale dictée pour 1969 et le développement du marché des capitaux, interne et externe [...] La politique de revenus sera maintenue le reste de l'année [...] (J. M. Dagnino Pastore, *Politica Economica Argentina 1969-1970*, p. 5-7)

Ainsi les principales orientations de la Révolution argentine furent gardées: le taux de change fut conservé constant à 350 pesos par dollar; le mécanisme de négociation collective des salaires demeura annulé et l'État décida une augmentation forfaitaire de 3 000 pesos par travailleur et par mois à partir du 1er septembre 1969 et une augmentaiton additionnelle de 7% du salaire de base à partir du 1er mars 1970. L'accord de prix avec les entrepreneurs fut renouvelé et le coût de la vie augmenta de 7.6% en 1969 et de 6% durant la première moitié de 1970 (*cf.* tableau XXVIII).

Entre-temps, les «éléments dynamiques» de ce modèle de croissance avaient fait défaut: ni les exportations ni les capitaux étrangers n'avaient pas fait augmenter la demande. L'État s'occupa d'y suppléer en développant (déjà sous le ministère de Krieger Vasenal) les travaux publics d'infrastructure. Sous Dagnino Pastore, l'État commença à pousser l'activité économique à partir de la promotion des industries de base en attirant des capitaux privés dans des projets de production de fer, de cuivre, d'aluminium, d'acier, de papier journal et dans la pétrochimie. Grâce à ces deux groupes d'initiatives de l'État, le Produit Intérieur Brut connut en 1969 une expansion de 8.4%, expansion qui fut particulièrement plus élevée dans les industries minières, manufacturières et de la construction. En 1970, cependant, l'augmentation de la production fut beaucoup moins élevée et l'État se montra impuissant à maintenir seul le rythme de croissance de 1969 (cf. tableau XXV). La raison de cet échec fut la tentative de réduire le déficit fiscal, qui restait à un niveau de 12%, tout en augmentant les dépenses fiscales au moyen de l'endettement externe.

Aussitôt annoncée la politique économique officielle, les associations patronales regroupées dans l'ACIEL donnèrent leur appui au nouveau ministre. L'UIA déclarait qu'elle:

partage pleinement la philosophie économique qui a inspiré les grandes réformes du 13 mars 1967. (La Prensa, 19 juillet 1969)

À son tour la Bourse de commerce affirmait son appui à la gestion de Dagnino Pastore et l'ABRA fit de même.

Nous sommes en faveur d'une action qui tende à appuyer continuellement, en tout ce qui s'avère nécessaire, la politique officielle de stabilité, que nous considérons comme une des priorités nationales. (La Prensa, 30 septembre 1969)

La CGE cependant attaqua la politique économique et sociale de Dagnino Pastore tout au long de sa gestion:

Ces dispositions ne résolvent pas les problèmes posés, et c'est pour cela que le moment est venu d'analyser en profondeur cette politique économique qui, sur des points aussi essentiels que celui de la distribution du revenu, met en évidence son antagonisme avec les besoins et les possibilités des secteurs productifs. (La Prensa, 28-10-69).

1970 commence avec un solde d'expectatives défavorables, accentuées par un manque croissant de liquidité, par des augmentations de prix dans les services publics et par une pression fiscale qui a débordé les limites raisonnables [...] La politique économique officielle est restée centrée sur l'obtention de la stabilité monétaire en tant qu'objectif prioritaire et à atteindre à n'importe quelle condition. [...] Dans le cadre de cette politique essentiellement monétariste les charges fiscales ont augmenté puisque le déficit budgétaire n'a pas pu être contrôlé, les dépenses publiques ont grandi, la nationalisation administrative fut abandonnée, le déficit des entreprises de l'État fut maintenu, le crédit au secteur privé fut restreint [...] Subsidiairement, et comme résultat naturel de cette politique, les faillites commerciales ont augmenté, la fuite des capitaux se continue ainsi que la hausse des taux du crédit non bancaire, la détérioration du marché interne de consommation s'accentue [...] (El Cronista Commercial, 13 janvier 1970)

Contrairement à la CGE, la Chambre de commerce, association patronale affiliée à l'ACIEL, trouva que:

Les années 1968 et 1969 ont été bonnes pour l'économie argentine, à l'exception du secteur agropécuaire. (*El Cronista Comercial*, 3 février 1970)

En somme, l'ensemble des associations patronales réunies dans l'ACIEL ont appuyé la gestion de Dagnino Pastore, cet appui étant moins marqué cependant au sein de la SRA qui critiquait le maintien du taux de change et les impôts sur les terres mal exploitées ou non exploitées.

## 1.2. LE PERSONNEL D'ÉTAT

Le nouveau ministre de l'Économie, s'il appliquait la politique de son prédécesseur, n'était pas comme lui lié aux grandes entreprises. Avant d'assumer ce poste il était administrateur d'une demi-douzaine de petites et moyennes entreprises nationales, et il était aussi professeur universitaire et fonctionnaire public. Il ne faisait parti d'aucune association patronale. Les secrétariats d'État de son ministère, cependant, étaient occupés par des entrepreneurs de l'ACIEL : Lorenzo Raggio à l'Agriculture (SRA) ; Luis Mey aux Finances (UIA, directeur de nombreuses firmes américaines en Argentine) ; L. Gotelli à l'Énergie et aux Mines (UIA et SRA) ; Ressia au Transport (entrepreneur indépendant) ; J. M. Peyceré au Commerce intérieur (UIA) et E. Baldinelli (entrepreneur indépendant) en Commerce extérieur. Dans les banques officielles, le grand industriel et financier C. Perez Companc (UIA, SRA, ABRA, CAC) continua à présider le Conseil d'administration de la Banque industrielle ; le propriétaire foncier et industriel Jorge Bermudez Emparanza (SRA, associé aux entreprises de la famille Lanusse) fut nommé président de la Banque de la nation pour remplacer le propriétaire foncier Saturnino Lorente (SRA). Une seule exception à la règle dans les hauts postes économiques fut la nomination de E. Iannella, fonctionnaire de carrière, à la présidence de la Banque centrale.

Dans les ministères non économiques, l'avocat José R. Caceres Monié, (SRA) propriétaire foncier du Nord-Est, fut nommé ministre de la Défense, poste qu'il conserva jusqu'en mai 1972. Le propriétaire foncier et exportateur Juan B. Martin (CAC et SRA) fut nommé ministre des Affaires étrangères, alors que le général Francisco Imaz occupait le poste de ministre de l'Intérieur et que le médecin C. A. Consigli devenait ministre du Bien-Être social.

Le reste des entrepreneurs qui avaient accompagné la gestion du président Ongania conservèrent leurs fonctions et il n'est pas nécessaire de les nommer à nouveau. On doit remarquer, encore une fois, que la CGE restait exclue du cabinet ministériel et que les capitalistes affiliés à l'une ou l'autre des associations de l'ACIEL occupaient une fois de plus deux tiers des postes de ministres et secrétaires d'État du Pouvoir exécutif national.

## 1.3.  LA SCÈNE POLITIQUE

La révolte de mai 1969 à Cordoba fut le signal qui mit en mouvement le reste des classes opprimées. La CGT nationale n'osait pas
donner suite au malaise des bases syndicales, mais les centrales provinciales (particulièrement celles de Cordoba et Rosario) commencèrent
à harceler le gouvernement militaire par des grèves et des actes de
protestation. Le mouvement paysan du nord argentin, regroupant des
agriculteurs petits et moyens, et opposé à la FAA (qu'il considérait trop
conservatrice) fut profondément influencé par la révolte de Cordoba.
Ce mouvement était né des organisations catholiques de paysans for-
mées dans les années 1950. Les mois qui suivirent la révolte ont vu
naître des embryons de ligues paysannes dans les provinces de Chaco,
Formosa, Misiones, Sante Fe et Corrientes (voir la carte), qui deux ans
plus tard deviendraient un mouvement paysan socialiste de grande envergure. Parallèlement, les organisations clandestines de guérilla faisaient leur apparition et en mai 1969 elles avaient assassiné le dirigeant
syndical péroniste modéré Angusto Vandor, dirigeant de la majorité.
Quelques mois plus tard, ce fut le tour de l'ancien président militaire,
le général Aramburu, de tomber sous les balles de la guérilla. Plusieurs
grands entrepreneurs furent kidnappés et libérés contre rançon. Les
quatre mille travailleurs des usines Fiat à Cordoba se séparèrent en
1970 des syndicats nationaux pour former des syndicats d'entreprises
et commencèrent à diffuser une idéologie révolutionnaire à l'intérieur
du mouvement ouvrier, gagnant des adeptes dans plusieurs centrales
régionales. La « CGT des Argentins », tendance révolutionnaire de la
gauche péroniste, même si elle était réduite à quelques fédérations
nationales, ne cessa pas d'agiter le monde syndical officiel. En somme,
les douze mois qui vont de juin 1969 à juin 1970 ont été marqués par
une agitation sociale croissante qui faisait contraste avec l'accalmie
des trois années précédantes. Ce fut l'intensification permanente de
l'agitation qui obligea les Forces armées à destituer le général Ongania
en juin 1970 et le remplacer par le général Levingston.

## 2.  L'ADMINISTRATION LEVINGSTON (1970-1971)

Le renversement d'Ongania entraîna immédiatement celui de ses
principaux ministres et secrétaires d'État. La nouvelle équipe, quoique
plus hétérogène, tenta pendant plusieurs mois de continuer l'application de la politique économico-sociale de la Révolution argentine. Quatre
mois plus tard, cependant, le nouveau cabinet ministériel libéral était
remplacé par un autre, d'extraction plus nationaliste, recruté parmi la

bureaucratie d'État, et qui eut une politique plus expansive. Cinq mois après le dernier remaniement Levingston était à son tour destinué par les Forces armées le 23 mars 1971, et l'expérience nationaliste était abandonnée.


## 2.1.  LES POLITIQUES SOCIO-ÉCONOMIQUES ET LA POSITION DES ENTREPRENEURS

Le 18 juin 1970, Carlos M. Moyano LLerena fut nommé ministre de l'Économie et du travail et il annonça aussitôt les mesures à court terme qu'il proposait d'appliquer. Le taux de change fut porté de 350 pesos à 400 pesos par dollar. Des impôts aux exportations traditionnelles furent instaurés pour transférer à l'État la redistribution subséquente du revenu interne. Les tarifs douaniers à l'importation furent réduits pour stimuler la capacité de concurrence de l'industrie nationale. Devant la menace de la récession l'État réduisit la charge fiscale des entreprises pour stimuler l'investissement et pratiqua une politique monétaire moins restrictive. Par ailleurs, il se compromettait à ne pas augmenter le prix de ses services. Les salaires ne seraient pas augmentés.

Deux mois plus tard, cependant, la pression sociale et celle des autres membres du cabinet ministériel ainsi que du Président lui-même forcèrent Moyano à ordonner une augmentation de 5 à 6% des salaires et à suspendre la réduction de la protection douanière. En octobre 1970, les divergences entre Moyano et le Président étaient si évidentes que le dernier ministre de l'Économie et du Travail «orthodoxe» de la Révolution argentine était forcé de démissionner. Le 18 octobre, Aldo Ferrer, le plus connu des jeunes penseurs de l'école structuraliste latino-américaine, le remplaçait. Six jours plus tard, il définissait l'orientation de sa politique économique. Celle-ci était axée sur un vaste programme de travaux publics et de modernisation industrielle. Les travaux publics incluaient quelque cinquante grandes constructions d'infrastructure, qui seraient financées par la Banque industrielle réorganisée en Banque nationale de développement. La BND tirerait ses ressources de l'emprunt à l'extérieur et de l'épargne interne des travailleurs à travers des retentions sur les hausses de salaires. Les exportations, et en particulier les non traditionnelles, seraient promues par l'État à travers une Banque de commerce extérieur. La modernisation industrielle était centrée sur le renouvellement technologique de quatre secteurs clés: les industries textile, frigorifique, de la construction et des machines-outils, tout au moins dans une première étape. Au niveau de la politique du travail, les salaires seraient augmentés, le mécanisme légal de négociation collective serait rétabli dans un futur proche et on étudierait la possibilité d'implanter un système d'assurance-chômage. En novembre Ferrer annonçait l'annulation des impôts à l'exportation des produits traditionnels et l'instauration d'un système d'interdiction de la vente de viande bovine trois jours par semaine sur le marché interne. Ces mesures avaient pour but d'augmenter les exportations sans faire monter les prix internes de la viande, la demande pour celle-ci devant se diriger vers les produits substituts. Aussi le crédit bancaire fut augmenté et destiné en priorité aux entreprises nationales. Les achats de l'État furent réorientés vers les firmes argentines.

La stratégie de croissance de Ferrer était fondée sur trois «éléments dynamiques»: les travaux publics, les exportations et le marché interne (à travers l'augmentation des salaires). En janvier 1971, le ministre convoquait les parties syndicales et patronales pour négocier librement les conventions collectives à partir de février. Mais aussitôt les négociations commencées le Président annonçait que la hausse accordée aux salaires nominaux ne devrait pas excéder 19%. C'est que les augmentations de salaires risquaient de faire commencer la lutte syndicale-patronale pour le partage du revenu national. Ainsi, un des «éléments dynamiques» du modèle de Ferrer rencontrait un obstacle de taille. Les autres ont connu aussi des difficultés majeures, mais à cause de leur propre inconsistance: la suspension de la vente de viande provoqua la hausse du prix des produits substituts et fut (avec les augmentations salariales) un moteur d'inflation.

L'augmentation des exportations ne fut pas aussi importante qu'on le prévoyait, en partie à cause de la hausse des prix internes. D'autre part, la capacité d'endettement externe du pays était déjà sérieusement limitée, et le plan de travaux publics se développa très lentement. Finalement, devant l'incertitude, les grandes entreprises arrêtèrent l'investissement industriel. Le résultat du premier semestre 1971 indiqua que l'inflation reprenait son rythme habituel, que le PNB restait stagnant et que l'agitation sociale ne s'arrêtait pas. Quelques semaines après le renversement de Levingston, le ministre Ferrer était forcé de démissionner.

Devant la destitution du général Ongania en juin 1970 la CGE renouvela ses attaques contre l'orthodoxie libérale du régime militaire. Le 11 juin, la Confédération demanda l'abandon des politiques monétaristes:

> Aussi la politique économique et sociale a besoin d'être revisée d'urgence [...] La statistique sélective et les comptes rendus partiels n'arrivent pas à annuler les conséquences d'une politique économique qui, appuyée sur un schéma de stabilité sans développement équilibré et dans des termes simplistes d'efficacité, enlève la protection à l'industrie nationale, distord l'orientation du crédit bancaire, asphyxie les entreprises sous la pression fiscale et aboutit à une progressive dénationalisation des entreprises argentines. *El Cronista Comercial*, le 12-6-1970)

Devant la nomination de Moyano, la CGE chercha, et obtint, l'alliance de la CGT pour s'opposer aux mesures orthodoxes; le 22 juin elles déclaraient:

> Il est inconvenant qu'on dicte des politiques ou des programmes économiques et sociaux sans consultation préalable et sans la participation des secteurs nationaux d'entrepreneurs et de travailleurs à travers leurs organismes représentatifs. (*El Cronista Comercial*, 23 juin 1970)

En septembre, et devant la divergence de points de vue entre le ministre Moyano et le Président Levingston, la CGE insista dans sa critique et assimila Moyano aux ministres de l'Économie antérieurs de la Révolution argentine.

Un mois plus tard, après la nomination de Ferrer et son exposé des principes économiques qu'il appliquerait, la CGE se montra plus satisfaite. Son président, José Gelbard déclara:

> Ferrer a annoncé un développement vigoureux et soutenu, qu'on ne peut qu'approuver. Aussi, il a employé un langage différent, ce qui a été remarqué par tous. Évidemment, ce n'est pas encore le moment de porter jugement. Il faut attendre l'application des propos formulés. (*El Cronista Comercial*, 30 octobre 1970)

En février 1971, la CGE était déjà en mesure de juger, et elle considéra que le programme socio-économique de Ferrer n'était pas si radicalement différent de celui de ses prédécesseurs. Ferrer ne s'appuyait pas sur les «éléments nationaux» de la société argentine. Sans base sociale, il manquait d'autorité.

Pour sa part l'ACIEL passa de l'approbation de la politique de Moyano à la critique de la gestion de Ferrer. L'Union industrielle, à travers son président, exprimait en septembre son appui au premier:

> D'autre part, nous soulignons avec satisfaction qu'on a commencé un processus de modernisation intégrale de notre législation la plus traditionnelle; que le taux d'inflation s'est réduit appréciablement par rapport aux années antérieures; que les réserves monétaires internationales sont élevées et qu'on a construit d'innombrables travaux d'infrastructure. On a avancé aussi dans la reconstruction du marché de capitaux pour le secteur public [...] La seule façon d'éviter les obstacles est l'approfondissement de la Révolution argentine et non sa négation. (E. Cœlho, président de l'UIA, dans *El Cronista Comercial*, 3 septembre 1970)

La Chambre argentine de commerce, en évaluant l'année 1970, exprima aussi sa satisfaction.

> Peu d'années ont été aussi satisfaisantes dans les deux dernières décennies que 1970. (*El Cronista Comercial*, 30 décembre 1970)

Parmi les institutions de l'ACIEL, la Société rurale fut la moins optimiste sur la gestion de Moyano. Elle critiqua tout au long de sa gestion une politique économique qui était à son avis trop profitable à la bureaucratie de l'État et à la grande industrie, tandis que d'après elle, les exportateurs agricoles faisaient les frais de la fiscalité à travers les droits d'exportation.

Sous le ministère de Ferrer, cependant, la critique de l'ACIEL fut unanime. Elle attaqua « l'étatisme » implicite et l'abandon de la politique orthodoxe. Ainsi la CAC exprima en mars 1971 sa préocupation devant :
> l'augmentation de l'intervention étatique et la participation officielle dans des champs qui théoriquement et pratiquement doivent être réservés à l'effort privé. (*El Cronista Comercial*, 15 mars 1971)

## 2.1.  LE PERSONNEL D'ÉTAT

Les deux cabinets ministériels qui se sont succédé sous la présidence de Levingston montrent des origines sociales nettement différentes. Le premier, sous la conduite économique de Moyano LLerena, était nettement sous le contrôle de l'ACIEL et appliquait sa politique. Tout d'abord Moyano était conseiller économique de plusieurs entreprises affiliées à l'Union industrielle argentine, ainsi qu'économiste-conseil de l'Association des industriels de la métallurgie de l'UIA. Les secrétaires d'État de son puissant ministère étaient : à l'Agriculture, Walter Kugler (membre de la SRA) ; au Travail, R. San Sebastian (SRA) ; à l'Énergie, D. Fernandez (associé à des entreprises industrielles de l'UIA) ; aux Finances, E. Folcini (fonctionnaire public). Les autres secrétaires à l'Économie, presque tous associés à l'ACIEL, avaient conservé leur poste. Dans les autres ministères pourtant l'influence de la bureaucratie civile et militaire augmenta : le ministère de l'Intérieur fut confié à un militaire (le brigadier E. McLoughlin). Le ministère des Travaux publics au professeur et fonctionnaire Aldo Ferrer, futur ministre de l'Économie. Le ministère des Affaires étrangères fut occupé par le fonctionnaire de carrière Luis De Pablo Pardo. Le ministère du Bien-Être social, par l'ex-capitaine de marine F. Manrique. Le ministère de la Défense fut conservé, à partir de juin 1969, par son titulaire, le propriétaire foncier Caceres Monié (SRA).

En octobre 1970, le remaniement ministériel qui déposa Moyano et porta Ferrer au ministère de l'Économie et du Travail, imposait des changements considérables. Pour la première fois depuis le début de la Révolution argentine ce ministère n'était pas occupé par un grand entrepreneur. Au niveau des secrétaires d'État subordonnés le changement fut aussi de taille. Le secrétariat au Travail passa à Juan Luco, avocat, ancien militant péroniste ; le plus ancien des secrétaires de la Révolution argentine, R. San Sébastian, fut contraint de démissionner.

Le secrétariat à l'Énergie passa au professeur Haiek de l'Université de Buenos Aires ; le secrétariat aux Finances au comptable Anidjar, petit entrepreneur indépendant. Le ministère des Travaux publics fut assumé par un militaire nationaliste, le général Colombo ;

la présidence de la Banque centrale passa à D. Fernandez. Ces changements, si importants fussent-ils, ne réussirent pas à attirer la confiance
des organisations économiques de la petite et moyenne bourgeoisie
nationale qui ne se sentait pas plus représentée qu'avant. Le cabinet
de Ferrer ne s'appuyait sur aucune classe sociale, et de là venaient
sa fragilité et son manque d'autorité.

## 2.2.   LA SCÈNE POLITIQUE

Les neuf mois du gouvernement de Levingston ont été le théâtre
de la recrudescence de l'agitation ouvrière et paysanne, ainsi que de
l'augmentation spectaculaire des actions de la guérilla. Dans le mouvement syndical le «péronisme combatif» gagnait de nouveaux appuis
et regroupait ses forces avec les nouveaux syndicats socialistes révolutionnaires. Chez les paysans les ligues d'agriculteurs se multipliaient:
en septembre 1970 furent créées les Ligues agraires au Chaco; en
mars 1971, c'est l'Union des ligues paysannes de Formosa. Le 21 mars
1971 la deuxième révolte de Cordoba obligera les Forces armées à
renverser le Président Levingston et son cabinet et à le remplacer par
une équipe qui promettra des élections libres et le retour à la légalité
constitutionnelle.

## 3.   LE GOUVERNEMENT DU GÉNÉRAL LANUSSE: 1971-1973

Le 23 mars 1971 les Forces armées nommèrent le commandant
en chef de l'armée, le général Alejandro Lanusse, à la présidence de
la nation. Dès son arrivée au pouvoir, Lanusse affirma que les Forces
armées ne voulaient pas conserver indéfiniment le pouvoir et qu'elles
s'engageaient à convoquer des élections libres dans un délai raisonna-
ble. Une des premières mesures du président fut de dissoudre le tout-
puissant ministère de l'Économie et du Travail en quatre ministères:
Finances, Agriculture, Industrie et Commerce, et Travail. Il laissa aussi
entendre que *la direction politique et économique resterait entre ses
mains* et qu'on ne verrait plus le ministre de l'Économie appliquer des
modèles de croissance ou de stabilisation. C'était donc une position
essentiellement pragmatique.

### 3.1.   LA POLITIQUE ÉCONOMIQUE ET SOCIALE
ET LA RÉPONSE PATRONALE

Durant les vingt-six mois que dura l'administration dirigée par le
Président Lanusse, trois ministres des Finances et plusieurs «plans»

se sont succédé, suivant les pressions de la conjoncture économique et politique. Le premier de ces ministres, Juan Quilici, fut nommé en avril 1971 pour remplacer Ferrer, et en juin présentait un programme à court terme dit Schéma d'action immédiate. Le Schéma comprenait trois facteurs dynamiques : les investissements étrangers, l'augmentation du crédit bancaire pour stimuler l'activité économique et le plan de travaux publics. L'inflation (qui recommençait) serait réduite à travers la diminution du déficit public. Le taux de change fut porté de 400 à 440 pesos par dollar et on rétablit les droits d'exportation. On lança une campagne pour rapatrier les 8 milliards de dollars en capitaux argentins investis en portefeuille à l'étranger. Cet ensemble de mesures hétérogènes dut être abandonné en août à cause de l'opposition patronale et syndicale : la récession se faisait plus nette et le taux d'inflation atteignait 25 % pour le premier semestre en 1971.

En novembre on annonça le « Programme économique pour 1972 ». Pour combattre l'inflation on revenait à l'accord de prix avec les grands industriels. Les salaires seraient cependant augmentés de 25 % durant l'année, soit 15 % en janvier et 10 % en août. Le déficit fiscal serait réduit à travers la hausse des tarifs des services publics et l'augmentation des impôts. Le taux de change serait dévalué jusqu'à 550 pesos par dollar. Les importations seraient taxées de 15 % supplémentaire pour réduire le déficit de la balance des paiements. Les taux d'intérêt seraient portés à des niveaux plus élevés, compatibles avec l'inflation. On rétablit la suspension de la vente de viande bovine sur le marché interne plusieurs jours par semaine pour promouvoir son exportation.

Le Programme fut appliqué avec de légères modifications. Les salaires furent augmentés de 15 % en mai, et les entrepreneurs qui avaient signé l'accord de prix avec le gouvernement se sont compromis à ne pas transférer cette hausse aux prix. En septembre 1972 on fit quelques ajustements au plan : une hausse de 12 % des salaires pour compenser l'augmentation non prévue du coût de la vie, une expansion du crédit pour enrayer la récession et l'accélération du programme de travaux publics avec les mêmes objectifs. L'application du programme fut commencée par le comptable C. Licciardo, qui remplaça Quilici comme ministre des Finances en octobre 1971, et qui à son tour, laissa sa place à J. Whebe en octobre 1972.

Les différents plans ne réussirent pas à arrêter la récession des années 1971-1972, qui suivit l'expansion cyclique de 1967-1970. Le PIB augmenta de 3.7 % et 3.8 % respectivement en 1971 et 1972. L'agricultur et l'élevage connurent une récession importante (*cf.* tableau XXV) et les industries de la construction, manufacturière et minière ont stimulé la croissance du produit national. Les prix cependant reprirent leur rythme inflationnaire antérieur à 1966 : le coût de la vie grimpa de 13.6 % en 1970 à 34.7 % en 1971 et à 58.5 % en 1972. Le capital étranger n'arriva pas et la récession fut amoindrie par une augmentation du déficit public, qui passa de 12.1% en 1970 à 26.9% en 1971 et à 28.1% en 1972. Les exportations n'augmentèrent pas en volume en 1971-1972, mais leur prix unitaire aurmenta en 1972 et durant le premier semestre de 1973, ce qui permi d'équilibrer le compte courant en 1972. La balance des paiements fut par contre très négative: le déficit fut de 585 millions de dollars en 1971 et de 285 millions en 1972. Au 31 décembre de cette année la dette externe argentine atteignait 6 milliards de dollars (*cf.* tableau XXXIV) sans les 200 millions annuels que le pays payait en royautés pour la technologie importée, comme le montre le tableau XII.

Devant ce panorama les organisations patronales critiquèrent l'action du gouvernement, mais pas dans les mêmes termes. Les entités de l'ACIEL considéraient que la politique économique et sociale était trop «avancée» et trop au service des considérations électorales. Ces critiques se sont renouvelées durant les deux années de la gestion de Lanusse. L'Union industrielle, cependant, était plus conciliante vis-à-vis de la stratégie pragmatique du Président et elle accepta les hausses de salaires sans les remettre en question: les grèves et les conflits syndicaux affectaient beaucoup plus l'industrie manufacturière que l'agriculture ou le commerce, et l'UIA était plus consciente de la nécessité d'en arriver à des accords pour sauvegarder la paix sociale.

La CGE critiqua l'ensemble des mesures économiques, qu'elle considérait comme faisant partie de la même orientation monétariste appliquée depuis 1967. Analysant l'année 1971 rétrospectivement la CGE affirmait:

Sans doute l'annonce de l'ouverture politique et le début du processus qui aboutira à l'institutionnalisation de la démocratie républicaine, représentative et fédérale est un des faits les plus remarquables et constructifs des dernières années [...] Nos propositions n'ont pas été entendues, et, au contraire, les responsables de la conduite économique ont élaboré et fait connaître une autre politique et son programme correspondant, dont la cohérence — tout comme les programmes implantés en 1962 et à partir de 1967 — profitera aux minorités traditionnelles. (*Mémoire 1971*, p. XXX)

Quant au programme pour 1972, la CGE le considèra ainsi:

il est la simple répétition d'idées et de conceptions de politique économique qui sont déjà vieilles et périmées (op. cit., p. XXXIII) Pour les grandes majorités nationales il est suffisamment clair qu'avec ce programme on ne pourra même pas maintenir au niveau actuel la délicate situation économique et la tension sociale. (*Mémoire 1971*, p. XXX)

## 3.2.   LE PERSONNEL D'ÉTAT

Qui appliqua ce programme pragmatique qui provoqua la critique de la CGE et celle (moins aiguë) de l'ACIEL? La réponse est simple:

les Forces armées et les dirigeants des organisations patronales de l'ACIEL qui devenaient conscients du danger de la situation politique et sociale. Le Président Lanusse appartenait à une des familles les plus traditionnelles de l'oligarchie foncière de la Province de Buenos Aires, et des membres de sa famille proche étaient des dirigeants de la Société rurale et de l'Union industrielle. Son premier ministre des Finances était un entrepreneur de firmes liées à l'ACIEL (Quilici, d'avril à octobre 1971); le deuxième était un fonctionnaire de carrière de la Banque centrale (Licciardo, d'octobre 1971 à octobre 1972); le troisième était un administrateur de nombreuses firmes étrangères et nationales affiliées à l'ACIEL, dont General Motors Arg. (Wehbe, d'octobre 1972 à mai 1973). Le ministre du Travail fut R. San Sebastian, le même qui avait occupé le poste de 1966 à 1970. La présidence de la Banque centrale fut occupée par le financier R. Gruneïsen (UIA, ABRA dont il fut président par après) d'avril à août 1971, par le comptable C. S. Brignone (CAC) d'août 1971 à juillet 1972, et par le propriétaire foncier et administrateur des établissements Lanusse, Jorge Bermudes Emparanza (SRA) de juillet 1972 à mai 1973. Ce dernier avait occupé jusqu'alors la présidence de la Banque de la nation. Les entrepreneurs de l'ACIEL occupèrent aussi les ministères de l'Industrie et des Mines, et du Commerce. Le ministère de l'Agriculture fut accordé en juillet 1971 à A. Di Rocco, président de la Fédération agraire argentine. Cette nomination était une concession à la finalité « politique » de Lanusse, et voulait faire preuve de son esprit d'ouverture.

Le ministère de l'Intérieur alla à l'avocat radical A. Mor Roig. La responsabilité du poste était particulièrement grande, et la tâche complexe puisque c'était ce ministre qui devait faire face à l'agitation sociale et en préparer l'issue politique. Fin politicien, Lanusse préféra voir se dépenser le « capital politique » d'un éventuel adversaire dans les futures élections. L'ex-capitaine F. Manrique, conservateur, fut nommé ministre du Bien-Être social. L'avocat Ismael Quijano, administrateur de corporations du groupe ACIEL fut nommé ministre de la justice. L'ingénieur et entrepreneur indépendant de la construction P. Gordillo était nommé ministre des Travaux publics.

En somme les entrepreneurs liés à ACIEL occupaient près de 50% des postes de direction au Pouvoir exécutif, et la presque totalité des ministères économiques. En laissant quelques ministères à des politiciens et à des petits et moyens entrepreneurs Lanusse cherchait une base sociale et une clientèle électorale pour ses ambitions politiques.

## 3.3. LA SCÈNE POLITIQUE

Aussitôt assumée la première magistrature, le général Lanusse annonça la décision des Forces armées de revenir à la Constitution et de convoquer des élections. Son plan comprenait la formation d'un grand front de partis, qu'il appela «Grand Accord National» (GAN), mais il n'était pas clair quels partis politiques pourraient s'y intégrer. En février 1972 le général Peron, en exil à Madrid, annonçait que le Parti justicialiste participerait à ces élections sur l'invitation du Président Lanusse, et il commença la formation d'un Front civique de libération nationale. Ce front regrouperait (à part le péronisme) les deux partis radicaux, les partis socialistes et démocrate chrétien, dans le but évident d'isoler les partis conservateurs et leur nouveau dirigeant, le Président Lanusse. Vers la fin de 1972 le processus préélectoral était siffisamment avancé pour que le Front civique (qui était d'après les sondages largement majoritaire) se divise en deux: le Parti péroniste, les radicaux intransigeants et le Parti communiste formèrent le Front justicialiste de libération, tandis que le Parti radical du peuple, seule force électorale comparable au péronisme, se présenterait seul aux élections.

Le résultat de ce processus fut l'isolement, non seulement des partis conservateurs et du Président Lanusse, mais aussi (et c'était l'objectif principal visé par les Forces armées) de la gauche marxiste. Avant l'organisation du Front justicialiste, l'aile gauche du péronisme et la nouvelle gauche marxiste syndicale et clandestine s'étaient rapprochées contre la dictature militaire. Vers la fin de 1972, cependant, la gauche péroniste des syndicats et la guérilla justicialiste s'étaient jointes Front dirigé par Peron.

Les élections de mars 1973 donnèrent 50% des voix au Front justicialiste de libération et les candidats péronistes H. Campora et V. Solano Lima étaient élus président et vice-président de la République. Le Parti radical du peuple, devenu Union civique radicale obtenait 21% des voix. Les partis conservateurs se présentaient divisés et recueillaient 19% des voix. La gauche marxiste, qui avait prôné l'annulation du vote se trouva devant le taux d'annulation le plus bas de l'histoire argentine: 1%. En mai 1973 les Forces armées rendaient le pouvoir aux autorités élues et l'expérience de gouvernement direct par l'ACIEL à travers les Forces armées prenait fin.

TABLEAUX ET CARTE

TABLEAU I

Évolution de l'industrie (1895-1935)

(en pourcentages)

| Type d'industrie | Établissements | | | Capital | | | Personnel | | |
|---|---|---|---|---|---|---|---|---|---|
| | 1895 | 1913 | 1935 | 1895 | 1913 | 1935 | 1895 | 1913 | 1935 |
| Extractive | 9.5 % | 31 % | 34 % | 39 % | 52 % | 15 % | 18 % | 31 % | 18 % |
| Manufacturière | 13.5 | 32 | 48 | 34 | 45 | 69 | 23 | 41 | 62.5 |
| Artisanale | 77 | 37 | 18 | 27 | 3 | 16 | 59 | 28 | 19.5 |
| | 100 | 100 | 100 | 100 | 100 | 100 | 100 | 100 | 100 |

*Source:* DNEC, *Censos Industriales*, Buenos Aires, 1895, 1913, 1935.

## TABLEAU II

### Concentration industrielle (1939)

(en pourcentages)

| Nombre d'ouvriers employés par établissement | Établissements | Ouvriers occupés |
|---|---|---|
| 10 à 50 | 77.2 % | 24.7 % |
| 50 à 300 | 19.5 | 33.6 |
| Plus de 300 | 3.3 | 39.7 |
| | 100 | 100 |

Source : DNEC, *Estadistica Industrial*, Buenos Aires, 1939.

## TABLEAU III

### Croissance de l'industrie nationale (1914-1946)

(pourcentages comparés d'augmentation)

| | 1914/1935 | 1935/1946 |
|---|---|---|
| Nombre d'établissements | 17 % | 220 % |
| Personnel occupé | 37 | 228 |
| Force motrice | 308 | 150 |

Source : DNEC, *Censos y Estadisticas Industriales*, Buenos Aires, 1914, 1935, 1946.

## TABLEAU IV

Centralisation du commerce extérieur des grains par principales firmes (1936)

(en milliers de tonnes et en pourcentages)

| | Exportations totales | Bunge & Born | | L. Dreyfus | | De Ridder | | La Plata Cereal | |
|---|---|---|---|---|---|---|---|---|---|
| Blé | 1 619.0 | 685.7 | 42.3 % | 395.8 | 24.4 % | 82.5 | 5.1 % | 105.9 | 6.5 % |
| Maïs | 8 388.2 | 2 240.9 | 26.7 | 2 042.6 | 24.3 | 1 621.9 | 19.3 | 1 471.0 | 17.5 |
| Lin | 1 557.5 | 512.6 | 32.9 | 407.5 | 26.1 | 85.0 | 5.4 | 171.5 | 11 |
| Avoine | 170.5 | 73.4 | 43.1 | 53.6 | 31.5 | 12.3 | 7.2 | 29.0 | 17 |
| Seigle | 136.7 | 67.9 | 50 | 35.2 | 25.8 | — | — | 24.7 | 18.1 |
| Orge | 232.5 | 85.1 | 36.7 | 74.1 | 31.9 | 1.9 | — | 29.8 | 12.8 |
| | 12 104.4 | 3 665.6 | 30.2 | 3 008.8 | 24.1 | 1 803.6 | 14.1 | 1 831.9 | 15 |

Source: El Cerealista, 1936.

## TABLEAU V

Distribution des investissements privés étrangers par pays (1940)

(en millions de pesos courants et en pourcentages)

|                 | Total   | Investissements liés à l'exportation |
|-----------------|---------|--------------------------------------|
| Grande-Bretagne | 5 442   | 70  %                                |
| États-Unis      | 1 771   | 13                                   |
| Belgique        | 1 009   | 0.8                                  |
| France          | 481     | 99                                   |
| Autres pays     | 353     | 42                                   |

*Source :* Camara de Diputados, *Investigacion sobre el Capital extranjero*, 1941.

## TABLEAU VI

Nombre d'établissements et main-d'œuvre occupée
dans l'industrie manufacturière (1948 et 1954)

| Année | Nombre d'établissements | Propriétaire ou directeurs | Employés de bureau | Ouvriers à la production et assim. |
|-------|-------------------------|----------------------------|--------------------|-------------------------------------|
| 1948  | 81 937                  | 114 969                    | 136 630            | 917 265                             |
| 1954  | 151 828                 | 224 954                    | 166 980            | 1055 496                            |

*Source :* DNEC, *Censos Industriales*, Buenos Aires, 1948 et 1954.

TABLEAU VII

Province de Buenos Aires — Classification des parcelles rurales selon la superficie (1958)

| Superficie des parcelles (en hectares) | Nombre de parcelles | | Superficie totale des parcelles | |
|---|---|---|---|---|
| | valeurs absolues | (pourcentages) | valeurs absolues (en hectares) | (pourcentages) |
| 10 à 149 ha. | 95 511 | (73.07 %) | 4 604 185 ha. | (17.75 %) |
| 150 à 999 | 30 489 | (23.33) | 10 678 265 | (41.18) |
| 1 000 à 2 499 | 3 414 | (2.61) | 5 102 217 | (19.67) |
| 2 500 à 4 999 | 1.004 | (0.77) | 3 311 600 | (12.77) |
| 5 000 et plus | 283 | (0.22) | 2 239 217 | (8.63) |
| | 130 701 | (100.0 ) | 25 935 484 | (100.0 ) |

Source: Junta de Planificacion Economica, *Distribucion de la Propiedad Agraria en la Provincia de Buenos Aires*, La Plata, 1958.

## TABLEAU VIII

Investissements directs étrangers autorisés
sous la loi 14780 (1958-1961)

| Par secteur d'activité | (en millions de dollars courants) | (en pourcentages) |
|---|---|---|
| 1. Agriculture | 4.8 | 1.3 % |
| 2. Mines et carrières | 0.2 | |
| 3. Manufacture | 349.2 | 95.3 |
| Pétrochimie | 136.2 | 37.2 |
| Dérivés du pétrole | 34.7 | 9.5 |
| Automobiles et tracteurs | 99.5 | 27.1 |
| Autres | 78.8 | 21.5 |
| 4. Construction | 0.6 | 0.2 |
| 5. Commerce | 0.1 | |
| 6. Transports et communications | 11.7 | 3.2 |
| 7. Services et finances | | |
| | 366.6 | 100 |
| Par pays d'origine | | |
| États-Unis | 205.0 | 55.9 % |
| Suisse | 33.1 | 9.0 |
| Angleterre | 33.2 | 8.8 |
| Hollande | 26.3 | 7.2 |
| Allemagne Fédérale | 24.1 | 6.6 |
| Italie | 15.1 | 3.4 |
| Canada | 9.4 | 2.6 |
| France | 7.2 | 2.0 |
| Autres | 13.2 | 4.5 |
| | 366.6 | 100 % |

Source: BCRA, *Boletines Estadisticos*, 1958-1961.

## TABLEAU IX

Participation des entreprises étrangères dans l'industrie manufacturière selon le degré de concentration (1963)

| Degré de concentration | Pourcentage de la valeur ajoutée par les entreprises étrangères |
|---|---|
| 1. Branches hautement concentrées avec peu d'entreprises | 52.7 % |
| 2. Branches hautement concentrées avec beaucoup d'entreprises | 19.9 |
| 3. Branches hautement concentrées (1 + 2) | 33.5 |
| 4. Branches moyennement concentrées | 12 |
| 5. Branches peu concentrées | 1.8 |
| Moyenne | 22.8 |

*Source:* CONADE, La *Concentracion Industrial en 1964*, Buenos Aires, 1969, p. 28.

## TABLEAU X

Centralisation du commerce d'exportation des viandes (1967-1970)

(en pourcentages et en millions de dollars courants F.O.B.)

| Entreprise | 1967 | 1968 | 1969 | 1970 |
|---|---|---|---|---|
| 1. Groupe Deltec (U.S.A.) | 25 % | 27.1 % | 23.5 % | 18.6 % |
| 2. Groupe C.A.P. (Argentine) | 11.5 | 8.9 | 9.3 | 11.1 |
| 3. F.A.S.A. (Argentine) | 6.4 | 6.9 | 6.7 | 6.9 |
| 4. Anglo, S.A. (Angleterre) | 6.0 | 6.2 | 9.4 | 6.4 |
| 5. Liebig (U.S.A.) | 4.2 | 4.6 | 3.5 | 3.1 |
| 6. Bovril (U.S.A.) | 3.5 | 4.2 | 2.4 | 2.9 |
| 7. Meatex (Argentine) | 2.7 | — | — | — |
| 8. SAFRA (Argentine) | 2.4 | — | — | — |
| 9. Lamar (Argentine) | — | 3.4 | 3.0 | 3.4 |
| 10. C.E.P.A., S.A. (Argentine) | — | 1.8 | — | — |
| 11. Gualeguaychu (Argentine) | — | — | 3.2 | — |
| 12. Monte Grande (Argentine) | — | — | — | 3.3 |
| Total des huit premières entreprises | 61.7 | 63.1 | 61.0 | 55.7 |
| Total général (en millions de dollars) | 328.8 | 334.4 | 432.2 | 441.8 |

*Source:* JNC, *Bolletin estadistico*, 1967-1970.

TABLEAU XI

Nombre d'unités locales de l'ACIEL et de la CGE par région
et par secteur d'activité économique (1969)

| Région | CGE | | | | | |
|---|---|---|---|---|---|---|
| | Industrie | Commerce | Agriculture | Construction | Autres | Total |
| Capitale fédérale | 39 | 31 | 3 | — | 5 | 78 |
| Prov. de Buenos Aires | 161 | 191 | 120 | 7 | 44 | 523 |
| Autres provinces | 213 | 210 | 434 | 4 | 58 | 919 |
| Total | 413 | 432 | 557 | 11 | 107 | 1 520 |

| | ACIEL | | | | | |
|---|---|---|---|---|---|---|
| Capitale fédérale | 187 | 44 | — | — | 19 | 250 |
| Prov. de Buenos Aires | 12 | 6 | 56 | — | — | 74 |
| Autres provinces | 49 | 25 | 107 | — | 6 | 187 |
| Total | 248 | 75 | 163 | — | 25 | 511 |

Source: CGE, *Memoria 1970*, Annexe.

TABLEAU XII

Unités patronales locales.
Distribution par centrale et par secteur d'activité économique (1969)

(en pourcentages)

| | Industrie | Commerce | Agriculture | Construction | Autres | Total |
|---|---|---|---|---|---|---|
| CGE | 53.5 % | 65.1 % | 76.0 % | 12.8 % | 49.8 % | 61.5 % |
| ACIEL | 32.1 | 11.3 | 22.2 | 0 | 11.6 | 20.7 |
| Sans affiliation | 14.4 | 23.6 | 1.8 | 87.2 | 38.6 | 17.8 |
| Total | 100 (772) | 100 (664) | 100 (733) | 100 (86) | 100 (215) | 100 (2 470) |

Source: CGE, *Memoria 1970*, Annexe.

# TABLEAU XIII

## Distribution des redevances par pays (1971-1972)

(en pourcentages et en millions de dollars courants)

|  | Montants annuels à payer | Nombre de contrats |
|---|---|---|
| États-Unis[a] | 49.4 % | 45.2 % |
| Italie | 15.6 | 6.3 |
| Suisse | 7.9 | 8.0 |
| France | 7.6 | 10.0 |
| Allemagne | 6.7 | 11.2 |
| Grande-Bretagne | 5.0 | 9.3 |
| Hollande | 3.2 | 1.8 |
| Suède | 1.6 | 1.3 |
| Autres | 3.0 | 6.9 |
| Total | 100 % (192.6 millions de dollars) | 100 % (1 478) |

Source: INTI, Estudio de los Contratos de Licencias, Buenos Aires, 1974, p. 3-4.

[a] Comprend aussi les pays de l'Amérique latine soumis à l'influence américaine et qui ne sont pas producteurs de technologie : Panama, Bermudes, Bahamas, Uruguay, etc. La participation des États-Unis sans compter ces pays est de 42 % et 41.6 % respectivement au niveau des montants et du nombre de contrats.

## TABLEAU XIV

### Commerce d'exportation par principaux produits (1871-1954)

|  | Valeur moyenne annuelle (en millions de pesos courants) | Produits de l'élevage | Produits agricoles | Autres produits |
|---|---|---|---|---|
|  |  | (en pourcentages) | | |
| 1871-1874 | 95 | 95 % | — | 5 % |
| 1875-1879 | 106 | 93 | 2 % | 5 |
| 1880-1884 | 139 | 89 | 7 | 4 |
| 1885-1889 | 209 | 81 | 16 | 3 |
| 1890-1894 | 233 | 66 | 29 | 5 |
| 1895-1899 | 299 | 64 | 31 | 5 |
| 1900-1904 | 499 | 49 | 46 | 5 |
| 1905-1909 | 761 | 39 | 58 | 3 |
| 1910-1914 | 980 | 45 | 51 | 4 |
| 1915-1919 | 1 608 | 55 | 39 | 6 |
| 1920-1924 | 1 897 | 37 | 58 | 5 |
| 1925-1929 | 2 126 | 37 | 59 | 4 |
| 1930-1934 | 1 340 | 35 | 60 | 5 |
| 1935-1939 | 1 702 | 37 | 57 | 6 |
| 1940-1944 | 1 847 | 56 | 26 | 18 |
| 1945-1949 | 4 207 | 43 | 50 | 7 |
| 1950-1954 | 6 077 | 48 | 43 | 9 |

Source: DNEC, *Anuario de Comercio Exterior*, Buenos Aires, 1954.

## TABLEAU XV

### Volume de la production pécuaire et agricole (1905-1954)

(indice de base : 1900 = 100)

| Période | Total pécuaire | Total agricole |
|---|---|---|
| 1905-1909 | 109.3 | 142.7 |
| 1910-1914 | 126.1 | 173.1 |
| 1915-1919 | 141.1 | 187.9 |
| 1920-1924 | 175.9 | 232.9 |
| 1925-1929 | 202.8 | 291.5 |
| 1930-1934 | 199.2 | 290.4 |
| 1935-1939 | 227.5 | 322.7 |
| 1940-1944 | 271.4 | 370.7 |
| 1945-1949 | 288.4 | 354.5 |
| 1950-1954 | 270.5 | 322.2 |

Source: CEPAL, *El Desarrollo Economico de la Argentina*, Mexico, 1958.

TABLEAU XVI

La production agropécuaire pampéenne dans les exportations et dans la production agricole totale du pays (1900-1954)

(en millions de pesos de 1950)

| Période | (a) Production agropécuaire pampéenne | (b) Production agropécuaire du pays | (c) Exportations de produits primaires | (d) Consommation interne de produits agricoles | $\frac{(c)}{(d)} \times 100$ | $\frac{(d)}{(b)} \times 100$ |
|---|---|---|---|---|---|---|
| 1900-1904 | 3 958 | 4 152 | 2 177 | 1 905 | 55 | 46 |
| 1920-1924 | 6 917 | 8 724 | 4 148 | 4 315 | 60 | 49 |
| 1925-1929 | 7 738 | 9 945 | 5 179 | 4 874 | 67 | 49 |
| 1930-1934 | 8 025 | 10 546 | 5 043 | 5 437 | 63 | 52 |
| 1935-1939 | 8 575 | 11 531 | 4 984 | 6 522 | 58 | 57 |
| 1940-1944 | 9 959 | 13 401 | 3 441 | 9 877 | 35 | 78 |
| 1945-1949 | 9 072 | 12 756 | 3 652 | 8 883 | 40 | 70 |
| 1950-1954 | 8 383 | 12 482 | 2 658 | 9 797 | 32 | 78 |

Source: CEPAL, *El Desarrollo Economico de la Argentina*, Mexico, 1958, vol. 1, p. 23.

## TABLEAU XVII

Représentation de la Société rurale argentine dans les cabinets nationaux (1910-1943)[a]

| PRÉSIDENT | PÉRIODE | PRÉSIDENT | VICE-PRÉSIDENT | MINISTRES | | | | | | | |
|---|---|---|---|---|---|---|---|---|---|---|---|
| | | | | Intérieur | Affaires étrangères | Finances | Armée | Marine | Agriculture | Travaux publics | Justice |
| Saenz Pena | 1910-1914 | X | X | X | X | X | | X | X | X | |
| De la Plaza | 1914-1916 | X | Il n'y en a pas eu | | X | X | | X | X | | X |
| Yrigoyen | 1916-1922 | | | | X | X | | X | X | X | |
| Alvear | 1922-1928 | X | | | | X | X | | X | | X |
| Yrigoyen | 1928-1930 | | X | | | | | | X | | |
| Uriburu | 1930-1932 | | X | | X | X | | | | X | |
| Justo | 1932-1938 | X | X | | X | | X | | | | |
| Ortiz | 1938-1941 | X | | | X | | | | | | |
| Castillo | 1941-1943 | | Il n'y en a pas eu | | | | | | X | | |

*Source:* Peter Smith, *Carne y Política en la Argentina*, Buenos Aires, Paidos, 1970, p. 56.

a) Le signe X désigne un membre de la Société rurale.
Dans tous les cas il s'agit des cabinets qui ont commencé la période.

TABLEAU XVIII

Structure de l'activité manufacturière, par groupes d'industries selon la valeur agrégée (1900-1955)[a]

(en pourcentages)

|  | 1900 | 1914 | 1918 | 1930 | 1939 | 1945 | 1955 |
|---|---|---|---|---|---|---|---|
| Industries végétatives | 79.4 % | 71.8 % | 80.6 % | 69.2 % | 67.0 % | 68.9 % | 53.8 % |
| Aliments et boissons | 35.9 | 30.9 | 33.6 | 26.2 | 28.9 | 25.2 | 22.4 |
| Tabac | 7.4 | 5.7 | 9.4 | 4.5 | 3.7 | 3.4 | 0.7 |
| Textiles | 4.9 | 5.3 | 9.5 | 7.6 | 13.2 | 18.0 | 13.7 |
| Confections | 12.6 | 10.6 | 10.5 | 8.7 | 6.9 | 6.6 | 6.2 |
| Bois | 10.4 | 8.9 | 6.1 | 8.6 | 4.9 | 6.6 | 4.8 |
| Imprimerie | 2.8 | 4.5 | 4.2 | 9.0 | 5.5 | 3.9 | 3.3 |
| Cuirs | 5.4 | 5.9 | 7.3 | 4.6 | 3.9 | 5.2 | 2.7 |
| Industries dynamiques | 20.6 | 28.2 | 19.4 | 30.8 | 33.0 | 31.1 | 46.2 |
| Papier et carton | 1.2 | 1.7 | 2.5 | 2.4 | 1.6 | 1.7 | 2.1 |
| Produits chimiques | 7.3 | 9.3 | 10.1 | 8.3 | 7.3 | 8.7 | 5.5 |
| Caoutchouc | — | — | — | 0.1 | 1.3 | 0.2 | 1.7 |
| Métaux | 2.2 | 3.5 | 1.8 | 5.5 | 7.9 | 6.3 | 12.8 |
| Pierres, verres et céramiques | 9.3 | 12.4 | 4.5 | 7.4 | 4.1 | 4.4 | 4.7 |
| Véhicules et machinerie | 0.6 | 1.3 | 0.5 | 5.1 | 6.3 | 6.6 | 10.0 |
| Appareils électriques | — | — | — | 0.1 | 1.5 | 0.9 | 3.5 |
| Dérivés du pétrole | — | — | — | 1.9 | 3.0 | 2.3 | 5.9 |

Source: CEPAL, *El Desarrollo Economico de la Argentina*, Mexico, 1958, Annexe 4.
a) Aux prix de 1950.

## TABLEAU XIX

Pouvoir d'achat des exportations argentines et effets de
la relation des prix d'échange (1900-1954)

| Période | Pouvoir d'achat des exportations (en millions de dollars de 1950) | Indice de la relation des prix d'échange (1950 = 100) | Effet de la relation des prix d'échange par rapport à 1925-1929 (en millions de dollars de 1950) |
|---|---|---|---|
| 1900-1904 | 646.5 | 110.6 | − 84.4 |
| 1905-1909 | 1 051.1 | 129.7 | 41.0 |
| 1910-1914 | 1 158.7 | 129.8 | 27.6 |
| 1915-1919 | 1 097.9 | 123.1 | − 67.0 |
| 1920-1924 | 1 209.5 | 94.5 | − 374.4 |
| 1925-1929 | 1 982.3 | 125.3 | 0.0 |
| 1930-1934 | 1 213.6 | 82.9 | − 626.8 |
| 1935-1939 | 1 599.9 | 107.4 | − 254.0 |
| 1940-1944 | 987.6 | 82.8 | − 489.8 |
| 1945-1949 | 1 447.9 | 122.3 | − 109.1 |
| 1950-1954 | 902.1 | 94.9 | − 265.3 |

Source:  CEPAL, El Desarrollo Economico de la Argentina, Mexico, 1958,
         p. 20.

TABLEAU XX

Distribution des investissements étrangers par pays d'origine
(1900-1955)

(en millions de dollars et en pourcentages)

| Année | Royaume-Uni | États-Unis | Autres pays | Total |
|-------|-------------|------------|-------------|-------|
| 1900 | 912 (81.4 %) | } 18.6% { | | 1 120 (100 %) |
| 1909 | 1 423 (65.4) | 19 (0.9 %) | 733 (33.7 %) | 2 176 |
| 1913 | 1 860 (59.3) | 39 (1.2) | 1 237 (39.5) | 3 136 |
| 1917 | 1 882 (58.2) | 82 (2.5) | 1 269 (39.3) | 3 233 |
| 1920 | 1 761 (57.9) | 72 (2.4) | 1 206 (39.7) | 3 040 |
| 1923 | 1 906 (61.7) | 193 (6.2) | 989 (32.1) | 3 088 |
| 1927 | 2 002 (57.6) | 487 (13.9) | 984 (28.5) | 3 474 |
| 1931 | 2 026 (56.2) | 654 (18.8) | 981 (25.0) | 3 661 |
| 1934 | 1 813 (50.3) | 743 (22.2) | 929 (27.5) | 3 485 |
| 1940 | 1 679 (53.1) | 629 (19.9) | 856 (27.0)[a] | 3 164[a] |
| 1945 | 1 414 (53.3) | 565 (21.3) | 672 (25.4)[a] | 2.651[a] |
| 1949 | 243 (19.4) | 323 (25.7) | 689 (54.9) | 1 255 |
| 1953 | 284 (19.1) | 393 (26.4) | 810 (54.5) | 1 487 |
| 1955 | 324 (21.6) | 466 (30.0) | 747 (48.4) | 1 537 (100 %) |

Source : CEPAL, *El Desarrollo Economico de la Argentina*, Mexico, 1958,
Annexes.

a)   chiffres estimés

## TABLEAU XXI

Structure économique des investissements étrangers (1909 et 1953)

|  | (en millions de dollars et en pourcentages) | | | |
|---|---|---|---|---|
|  | 1909 | | 1953 | |
| 1. Titres du gouvernement | 667 | 30.7 % | 8 | 0.5 % |
| 2. Chemins de fer | 776 | 35.6 | — | — |
| 3. Services publics | 166 | 7.6 | 391 | 26.3 |
| 4. Activités agricoles | 146 | 6.7 | 47 | 3.2 |
| 5. Pétrole | — | — | 40 | 2.7 |
| 6. Industries manufacturières | 28 | 1.3 | 470 | 31.6 |
| 7. Commerce | 193 | 8.9 | 217 | 14.6 |
| 8. Banques | 36 | 1.7 | 95 | 6.4 |
| 9. Sociétés financières | — | — | 128 | 8.6 |
| 10. Compagnies immobilières | 145 | 6.6 | 27 | 1.8 |
| 11. Autres secteurs | 20 | 0.9 | 64 | 4.3 |
| Total | 2 176 | 100 | 1 487 | 100 |

Source: CEPAL, *El Desarrollo Economico de la Argentina*, Mexico, 1958.

TABLEAU XXII

Quantité et superficie des exploitations agropécuaires classifiées p
(en hectares)

| Échelle | Nombre d'exploitations | Superficie totale | Propriétés du producteur | |
|---|---|---|---|---|
| | | | Nombre | Superficie |
| Jusqu'à 5 ha. | 81 175 | 188 703 | 41 070 | 92 244 |
| 6-25 ha. | 154 778 | 1 975 536 | 70 664 | 872 265 |
| 26-100 ha. | 143 380 | 8 575 138 | 55 735 | 3 190 678 |
| 101-200 ha. | 65 672 | 9 812 770 | 22 563 | 3 330 027 |
| 201-400 ha. | 42 962 | 12 284 898 | 14 332 | 4 097 874 |
| 401-1 000 ha. | 27 897 | 17 511 998 | 10 188 | 6 408 303 |
| 1 001-2 500 ha | 17 832 | 30 827 515 | 5 435 | 8 882 517 |
| 2 501-10 000 ha. | 10 134 | 53 088 456 | 3 823 | 19 129 953 |
| Plus de 10 000 ha. | 2 868 | 65 944 192 | 993 | 29 703 818 |
| Indéterminées | 18 193 | — | — | — |
| Total du pays | 564 891 | 200 209 206 ha | 224 803 | 75 687 679 |

Source:    Censo Agricola, Buenos Aires, 1952.

échelle d'extension et régime légal de la terre (1952)

| iées à des particuliers | | Terres fiscales | | Autres formes | |
|---|---|---|---|---|---|
| mbre | Superficie | Nombre | Superficie | Nombre | Superficie |
| 070 | 31 313 | 5 860 | 14 791 | 21 175 | 50 355 |
| 544 | 337 810 | 19 670 | 300 237 | 37 900 | 465 224 |
| 510 | 2 350 040 | 16 528 | 1 049 122 | 33 607 | 1 985 298 |
| 999 | 3 443 347 | 2 961 | 478 788 | 17 149 | 2 560 608 |
| 403 | 4 058 354 | 1 923 | 589 327 | 12 304 | 3 539 343 |
| 736 | 4 141 018 | 3 020 | 2 010 940 | 7 953 | 4 951 738 |
| 704 | 4 564 457 | 6 059 | 11 302 799 | 3 634 | 6 077 642 |
| 502 | 7 663 344 | 2 643 | 15 193 238 | 2 166 | 11 101 921 |
| 210 | 4 803 273 | 997 | 17 417 858 | 668 | 14 019 244 |
| — | — | — | — | 18 193 | — |
| 678 | 31 392 956 ha | 59 661 | 48 357 100 ha | 154 749 | 44 751 373 ha |

TABLEAU XXIII

Affectation des prêts de la Banque industrielle (1946-1954)

(en pourcentages sur le total)

| Année | Investissements | Dépenses d'exploitation | Substitution de créanciers | Total |
|-------|-----------------|-------------------------|----------------------------|-------|
| 1946 | 34.1 % | 47.1 % | 18.8 % | 100 % |
| 1947 | 28.8 | 58.8 | 12.4 | 100 |
| 1948 | 21.1 | 67.8 | 11.1 | 100 |
| 1949 | 17.2 | 68.8 | 14.0 | 100 |
| 1950 | 18.3 | 67.6 | 14.1 | 100 |
| 1951 | 14.9 | 73.2 | 11.9 | 100 |
| 1952 | 13.8 | 70.7 | 15.5 | 100 |
| 1953 | 12.5 | 72.2 | 15.3 | 100 |
| 1954 | 16.5 | 66.5 | 17.0 | 100 |

Source:    BIRA, *Memorias Anuales*, Buenos Aires, 1946-1954.

## TABLEAU XXIV

### Distribution du PIB par secteurs d'activité économique (1900-1954)

(en pourcentages au coût des facteurs)

| | 1900-1904 | 1905-1909 | 1910-1914 | 1915-1919 | 1920-1924 | 1925-1929 | 1930-1934 | 1935-1939 | 1940-1944 | 1945-1949 | 1950-1954 |
|---|---|---|---|---|---|---|---|---|---|---|---|
| 1. Agriculture | 15.6 % | 15.2 % | 14.7 % | 16.5 % | 15.7 % | 14.9 % | 14.6 % | 13.8 % | 13.7 % | 9.3 % | 8.6 % |
| 2. Élevage | 17.4 | 12.5 | 10.2 | 14.2 | 12.6 | 10.6 | 10.4 | 10.4 | 10.8 | 9.2 | 7.9 |
| 3. Pêche | 0.2 | 0.2 | 0.2 | 0.2 | 0.2 | 0.2 | 0.2 | 0.2 | 0.2 | 0.2 | 0.2 |
| 4. Mines | 0.2 | 0.2 | 0.3 | 0.3 | 0.3 | 0.4 | 0.6 | 0.9 | 1.2 | 1.0 | 1.1 |
| 5. Ind. manufacturière | 13.8 | 14.4 | 15.6 | 15.3 | 16.4 | 17.7 | 18.3 | 20.3 | 21.0 | 23.5 | 22.7 |
| 6. Construction | 6.6 | 11.8 | 10.8 | 2.4 | 5.2 | 6.4 | 5.8 | 5.7 | 5.3 | 6.1 | 6.6 |
| 7. Commerce | 18.9 | 21.2 | 21.7 | 19.1 | 20.5 | 21.2 | 19.0 | 18.2 | 16.7 | 17.3 | 16.0 |
| 8. Transport | 3.7 | 4.5 | 5.6 | 6.4 | 6.3 | 7.2 | 7.5 | 7.1 | 7.4 | 8.2 | 8.9 |
| 9. Autres services publics | 0.2 | 0.2 | 0.4 | 0.7 | 0.7 | 0.7 | 0.8 | 1.0 | 1.0 | 1.0 | 1.2 |
| 10. Logement | 6.8 | 5.4 | 5.7 | 6.7 | 5.4 | 4.8 | 5.4 | 5.0 | 4.9 | 4.6 | 4.7 |
| 11. Finances | 1.5 | 1.6 | 1.7 | 1.8 | 2.1 | 2.1 | 2.1 | 1.9 | 1.9 | 2.3 | 2.7 |
| 12. Services personnels | 9.2 | 7.7 | 7.4 | 9.3 | 8.3 | 7.7 | 8.5 | 8.1 | 8.1 | 8.0 | 8.6 |
| 13. Services gouvernementaux | 5.5 | 4.8 | 5.3 | 6.7 | 5.9 | 5.5 | 6.3 | 6.3 | 6.8 | 8.4 | 9.6 |
| 14. Communications | 0.3 | 0.4 | 0.5 | 0.5 | 0.6 | 0.7 | 0.9 | 0.9 | 0.9 | 1.0 | 1.2 |
| | 100 % | 100 % | 100 % | 100 % | 100 % | 100 % | 100 % | 100 % | 100 % | 100 % | 100 % |

*Source:* CEPAL, *El Desarrollo Economico de la Argentina*, Mexico, 1958, Annexe 4.

TABLEAU XXV

PIB par secteurs d'activité économique (1955-1972)

(aux prix de 1960)

(indice de base: 1960 = 100)

|     | 1955  | 1956 | 1957  | 1958  | 1959  | 1960  | 1961  | 196  |
|-----|-------|------|-------|-------|-------|-------|-------|------|
| 1.  | 100.3 | 95.7 | 95.2  | 99.4  | 98.4  | 100.0 | 99.3  | 103.4 |
| 2.  | 53.6  | 54.9 | 58.7  | 62.9  | 72.6  | 100.0 | 130.8 | 147.3 |
| 3.  | 81.1  | 86.7 | 93.5  | 101.3 | 90.9  | 100.0 | 110.0 | 103.9 |
| 4.  | 74.9  | 81.5 | 84.6  | 91.7  | 93.5  | 100.0 | 120.0 | 136.7 |
| 5.  | 82.3  | 79.9 | 93.8  | 111.3 | 83.7  | 100.0 | 105.8 | 95.1 |
| 6.  | 84.8  | 88.6 | 94.4  | 99.7  | 88.6  | 100.0 | 111.2 | 106.8 |
| 7.  | 87.4  | 87.8 | 92.6  | 97.4  | 94.2  | 100.0 | 106.6 | 102.7 |
| 8.  | 88.7  | 90.5 | 92.7  | 97.7  | 98.4  | 100.0 | 103.1 | 106.0 |
| 9.  | 86.7  | 90.6 | 92.6  | 94.7  | 96.6  | 100.0 | 103.5 | 106.6 |
| 10. | 86.3  | 88.7 | 93.2  | 99.1  | 92.6  | 100.0 | 107.1 | 105.3 |
| 11. | 7.2%  | 2.8% | 5.1%  | 6.3%  | −6.6% | 8.9%  | 7.1%  | −1.7 |

Sources: BCRA: *Origen del Producto y Distribucion del Ingreso*, Buenos Ai
1971, p. 30-31.
BCRA: *Memoria Anual*, 1973.

Secteur 1: agriculture, chasse, sylviculture et pêche; secteur 2: exploitation
gas et eau; secteur 5: construction; secteur 6: commerce, restaurants et hôt
nanciers, assurances et biens immeubles; secteur 9: services communaux,
10. PIB au coût des facteurs.
11. Variations annuelles du PIB au coût des facteurs.

| | 1964 | 1965 | 1966 | 1967 | 1968 | 1969 | 1970 | 1971 | 1972 |
|---|---|---|---|---|---|---|---|---|---|
| 4 | 112.7 | 119.4 | 114.9 | 119.9 | 115.2 | 120.0 | 126.2 | 120.2 | 114.7 |
| 8 | 149.5 | 155.1 | 163.7 | 183.5 | 206.2 | 216.5 | 238.6 | 256.2 | 261.0 |
| 7 | 118.4 | 134.8 | 136.0 | 137.9 | 147.4 | 163.7 | 171.8 | 184.0 | 197.2 |
| 8 | 159.3 | 183.5 | 197.9 | 212.6 | 229.8 | 252.7 | 277.8 | 304.8 | 332.7 |
| 3 | 94.9 | 95.7 | 103.1 | 115.7 | 136.2 | 146.4 | 166.6 | 166.8 | 174.1 |
| 2 | 107.2 | 118.2 | 117.8 | 118.9 | 125.4 | 138.8 | 144.3 | 150.8 | 156.8 |
| 1 | 110.9 | 121.1 | 121.1 | 122.3 | 128.9 | 136.2 | 144.3 | 147.8 | 150.1 |
| 7 | 109.3 | 113.4 | 116.8 | 119.9 | 125.1 | 131.3 | 133.3 | 138.5 | 145.1 |
| 3 | 113.2 | 117.7 | 122.0 | 124.8 | 128.0 | 131.6 | 134.7 | 138.1 | 141.7 |
| 8 | 113.5 | 123.9 | 124.8 | 127.9 | 133.8 | 144.4 | 151.5 | 157.1 | 163.1 |
| % | 10.4 % | 9.2 % | 0.7 % | 2.5 % | 4.6 % | 8.4 % | 4.4 % | 3.7 % | 3.8 % |

mines et carrières; secteur 3: industries manufacturières; secteur 4: électricité, secteur 7: transport, entrepôts et communications; secteur 8: établissements fi-ciaux et personnels.

TABLEAU XXVI

Volume de la production manufacturière (1955-1972)

(indice de base : 1960 = 100)

|  | 1955 | 1956 | 1957 | 1958 | 1959 | 1960 | 1! |
|---|---|---|---|---|---|---|---|
| 1. Aliments, boissons et tabac | 93.2 | 101.8 | 102.2 | 112.9 | 100.8 | 100.0 | 1( |
| 2. Textiles et cuir | 99.2 | 105.3 | 105.3 | 108.6 | 95.0 | 100.0 | 1C |
| 3. Bois et meubles | 107.4 | 118.0 | 123.1 | 119.7 | 106.6 | 100.0 | 11 |
| 4. Papier et ses produits | 96.2 | 96.0 | 113.6 | 133.8 | 108.9 | 100.0 | 11 |
| 5. Produits chimiques | 76.6 | 80.9 | 90.3 | 96.2 | 92.3 | 100.0 | 11 |
| 6. Produits minéraux non métalliques | 87.4 | 90.7 | 98.8 | 107.5 | 82.2 | 100.0 | 11 |
| 7. Industries métalliques de base | 73.9 | 73.9 | 83.1 | 103.3 | 94.2 | 100.0 | 12 |
| 8. Produits métalliques, machinerie et équipement | 56.8 | 62.9 | 75.7 | 83.5 | 75.7 | 100.0 | 11 |
| 9. Manufactures diverses | 95.4 | 98.2 | 102.4 | 103.4 | 100.5 | 100.0 | 10 |

Sources : BCRA, *Origen del Producto y Distribucion del Ingreso 1950-1*
BCRA, *Memorias Anuales,* 1970-1972.

| 2 | 1963 | 1964 | 1965 | 1966 | 1967 | 1968 | 1969 | 1970 | 1971 | 1972 |
|---|------|------|------|------|------|------|------|------|------|------|
| .9 | 112.0 | 114.5 | 122.9 | 130.5 | 136.1 | 140.3 | 145.8 | 145.5 | 150.9 | 158.1 |
| .1 | 78.5 | 95.2 | 109.6 | 106.4 | 105.5 | 111.2 | 115.9 | 118.1 | 127.5 | 133.5 |
| .4 | 100.8 | 115.7 | 129.9 | 137.2 | 136.7 | 135.8 | 144.1 | 145.0 | 139.2 | 135.6 |
| .6 | 104.3 | 116.1 | 138.9 | 146.0 | 139.3 | 149.5 | 160.8 | 174.5 | 182.9 | 181.6 |
| .8 | 112.8 | 136.3 | 156.7 | 159.8 | 162.2 | 175.8 | 202.6 | 229.3 | 252.9 | 259.7 |
| .5 | 97.1 | 106.4 | 127.3 | 136.9 | 142.4 | 165.3 | 178.0 | 185.3 | 199.6 | 209.0 |
| .0 | 114.0 | 159.2 | 180.2 | 166.9 | 171.5 | 206.9 | 230.5 | 263.7 | 288.0 | 303.8 |
| .7 | 96.0 | 124.8 | 145.2 | 143.6 | 144.6 | 153.8 | 181.8 | 190.0 | 210.5 | 242.3 |
| .8 | 94.2 | 107.3 | 115.9 | 115.5 | 121.3 | 122.4 | 129.7 | 119.8 | 92.2 | 86.6 |

nos Aires, 1971, p. 32-33.

## TABLEAU XXVII
### Distribution des dépôts bancaires (1957, 1961, 1969)
(en pourcentages et en milliards de pesos)

|  | 1957 | 1961 | 1969 |
|---|---|---|---|
| 1. Banques d'État et mixtes | 69.7 % | 60.0 % | 52.5 % |
| Banque de la nation | 37.0 | 31.8 | 18.7 |
| Banque provinciale de Buenos Aires | 14.4 | 14.9 | 14.6 |
| Caisse d'épargne postale | 7.1 | 5.1 | 2.8 |
| Autres | 11.2 | 8.2 | 16.4 |
| 2. Banques privées | 30.3 | 40.0 | 47.5 |
| étrangères | 10.9 | 13.3 | 13.1 |
| nationales | 19.4 | 26.7 | 34.4 |
| Total | 100 % | 100 % | 100 % |
| Total (en milliards de pesos) | 72.2 | 195.3 | 1 562.2 |

Source : BCRA, Boletines Estadisticos, Buenos Aires, 1957, 1961, 1969.

## TABLEAU XXVIII
### Niveau et variations annuels du coût de la vie dans la capitale fédérale
### (1955-1972)
(indice de base : 1960 = 100)

| Année | Niveau | Variation (en pourcentages) |
|---|---|---|
| 1955 | 19.8 | 12.5 % |
| 1956 | 22.4 | 13.1 |
| 1957 | 28.0 | 25.0 |
| 1958 | 36.8 | 31.4 |
| 1959 | 78.7 | 113.9 |
| 1960 | 100.0 | 27.3 |
| 1961 | 113.7 | 13.7 |
| 1962 | 145.7 | 28.1 |
| 1963 | 180.7 | 24.0 |
| 1964 | 220.7 | 22.1 |
| 1965 | 283.8 | 28.6 |
| 1966 | 374.3 | 31.9 |
| 1967 | 483.7 | 29.2 |
| 1968 | 562.1 | 16.2 |
| 1969 | 604.7 | 7.6 |
| 1970 | 686.9 | 13.6 |
| 1971 | 925.3 | 34.7 |
| 1972 | 1 466.2 | 58.5 |

Source : DNEC, Boletines de Estadisticas, Buenos Aires, 1955-1972.

## TABLEAU XXIX

### Centralisation des exportations de blé (1956-1966)

(en pourcentages)

| Firmes privées | Années | | | |
|---|---|---|---|---|
| | 1956 | 1960 | 1964 | 1968 |
| Cia. Continental | 9 % | 16 % | 15 % | 19 % |
| Bunge y Born | 18 | 17 | 12 | 14 |
| Nidera Argentina | 3 | — | 3 | 8 |
| La Plata Cereal | 7 | 12 | 12 | 17 |
| L. Dreyfus y Cia. | 16 | 12 | 10 | 9 |
| Cargill S.A. | — | 5 | 5 | 6 |
| Genaro Garcia S.A. | 7 | 1 | 5 | 8 |
| Sous-total des huit plus grandes | 60 | 63 | 62 | 81 |
| Coopératives | 1 | 1 | 7 | 11 |
| JNG (étatique) | — | 14 | 28 | 5 |
| Total général | 100 % | 100 % | 100 % | 100 % |

Source : *El Cerealista*, 1956-1968.

## TABLEAU XXX

### Centralisation des exportations de maïs (1956-1968)

(en pourcentages)

| Firmes privées | Années | | | |
|---|---|---|---|---|
| | 1956 | 1960 | 1964 | 1968 |
| Cia. Continental | 14 % | 5 % | 17 % | 19 % |
| Bunge y Born | 9 | 9 | 9 | 10 |
| Nidera Argentina | 3 | 2 | 7 | 14 |
| La Plata Cereal | 10 | 12 | 12 | 14 |
| L. Dreyfus y Cia. | 9 | 13 | 17 | 9 |
| Cargill S.A. | 8 | 5 | 15 | 7 |
| Genaro Garcia S.A. | — | 5 | 8 | 8 |
| L. De Ridder | 19 | 8 | — | — |
| Cia. Comercio Exterior | — | 7 | — | — |
| Sous-total des huit plus grandes | 72 | 66 | 85 | 81 |
| Coopératives | — | 5 | 9 | 13 |
| Total général | 100 % | 100 % | 100 % | 100 % |

Source : *El Cerealista*, 1956-1968.

## TABLEAU XXXI

### Centralisation des exportations de cuirs (1956-1968)

(en pourcentages)

| Firmes privées | Années | | | |
|---|---|---|---|---|
| | 1956 | 1960 | 1964 | 1968 |
| A. J. Hollander | 15 % | 9 % | 7 % | 7 % |
| Elias Moos S. A. | 20 | 18 | 18 | 17 |
| S. Huisman | 9 | 5 | 20 | — |
| Cia. Panamericana Export. | 10 | 11 | 6 | — |
| Ketelhon | 8 | 10 | 9 | 11 |
| Exportadora Transatlantica | 8 | 8 | — | — |
| Materprim Argentina | 7 | 3 | — | 21 |
| SADESA | 7 | 9 | — | 6 |
| Creol S.A. | — | — | 3 | 6 |
| Arexport | — | 6 | 7 | — |
| L. Hirsh | — | — | 3 | 4 |
| Exagro | — | — | — | 4 |
| Sous-total des huit plus grandes | 84 | 79 | 73 | 76 |
| Total général | 100 % | 100 % | 100 % | 100 % |

Source: *Frutos del Pais*, revue Camara de Subproductos Ganaderos, 1956-1968.

## TABLEAU XXXII

### Centralisation des exportations de laines (1956-1968)

(en pourcentages)

| Firmes privées | Années | | | |
|---|---|---|---|---|
| | 1956 | 1960 | 1964 | 1968 |
| Hart | 12 % | 17 % | 17 % | 17 % |
| Lahusen | 4 | 7 | 13 | 13 |
| Malenky | 4 | 5 | 7 | 9 |
| Kreglinger | 5 | — | — | — |
| Ledama | 4 | 3 | 9 | — |
| Lanex | 4 | — | — | 4 |
| M. Rodriguez | — | — | 3 | 3 |
| S. Vischer | — | 5 | 4 | 4 |
| W. Bossut | 4 | — | — | — |
| Tanco | 3 | 3 | 2 | 4 |
| Kofex | — | 3 | — | — |
| J. Paz e Hijo | — | 3 | 3 | — |
| Los Arrayanes | — | — | — | 3 |
| Sous-total des huit plus grandes | 40 | 46 | 58 | 57 |
| Total général | 100% | 100% | 100% | 100% |

Source: *Frutos del Pais,* revue de la Camara de Subproductos Ganaderos, 1956-1968.

## TABLEAU XXXIII

Les cent plus importantes firmes nationales et étrangères (1957 et 1966)

|  | 25 premières | | 26e à 50.e | | 51e à 100e | |
|---|---|---|---|---|---|---|
|  | 1957 | 1966 | 1957 | 1966 | 1957 | 1966 |
| Firmes nationales | 16 | 8 | 21 | 13 | 49 | 29 |
| Firmes étrangères | 9 | 17 | 4 | 12 | 1 | 21 |

*Source:* Bilans annuels des sociétés par actions, compilés par Pedro Skupch
*La Concentracion Industrial en la Argentina 1956-1966,* Buenos Aires,
Univ. de Buenos Aires, 1968.

## TABLEAU XXXIV

Dette externe argentine (1955-1972)

(en millions de dollars courants)

| Année | Dette publique (officielle) | Dette totale |
|---|---|---|
| 1955 | 575 | — |
| 1958 | 1 613 | 2 787 |
| 1962 | 2 649 | 3 168 |
| 1963 | 2 717 | 3 872 |
| 1966 | 2 476 | 3 276 |
| 1969 | 2 356 | 3 970 |
| 1972 | 3 046 | 5 910 |

*Source:* BCRA, *Memorias Anuales,* 1955-1972.

TABLEAU XXXV

Distribution du Revenu Interne Brut (1955-1973)

(en pourcentages)

| | 1955 | 1958 | 1962 | 1963 | 1966 | 1969 | 1972 |
|---|---|---|---|---|---|---|---|
| 1. Rémunération des salariés | 47.7 % | 44.4 % | 39.8 % | 39.0 % | 43.7 % | 43.3 % | 40.7 % |
| a) Salaires | 44.1 | 41.7 | 37.4 | 36.6 | 41.0 | 39.9 | 37.7 |
| b) Paiements patronnaux de retraite | 3.6 | 2.7 | 2.4 | 2.4 | 2.7 | 3.4 | 3.0 |
| 2. Profit brut des exploitations | 52.3 | 55.6 | 60.2 | 61.0 | 56.3 | 56.7 | 59.3 |
| Revenu Brut Interne des facteurs | 100 % | 100 % | 100 % | 100 % | 100 % | 100 % | 100 % |

Source: BCRA, Origen del Producto y Distribucion del Ingreso, Buenos Aires, 1971, p. 3. Poder Ejecutivo Nacional, Plan Trienal, Buenos Aires, 1973, p. 342.

TABLEAU XXXVI

Distribution des fonctionnaires du cabinet national par occupation principale avant leur nomination
et par administration (septembre 1955 — mai 1969)

(en pourcentages)

| OCCUPATION | ADMINISTRATION | | | | | |
|---|---|---|---|---|---|---|
| | Révolution libératrice | Gouvernement Frondizi | Gouvernement Guido | Gouvernement Illia | Révolution argentine | |
| 1. Militaires | 30 % | 12 % | 19 % | 19 % | 8 % | |
| 2. Professionnels liés aux Forces armées | 6 | — | 2 | — | — | |
| 3. Entrepreneurs | 38 | 61 | 69 | 37 | 76 | |
| 3.1 Avec affiliation politique | 4 | 22 | 12 | 15 | 8 | |
| 3.2 Sans affiliation politique | 34 | 39 | 57 | 22 | 68 | |
| 4. Politiciens professionnels | 8 | 18 | 2 | 41 | — | |
| 5. Syndicalistes | — | 2 | — | — | — | |
| 6. Fonctionnaires publics de carrière | 10 | 7 | 3 | 1 | 6 | |
| 7. Autres et sans données | 8 | — | 6 | — | 10 | |
| Total | 100 % | 100 % | 100 % | 100 % | 100 % | |
| Nombre de cas | (50) | (66) | (68) | (27) | (50) | |

*Sources :* celles indiquées en Bibliographie pour l'étude du personnel politique.

TABLEAU XXXVII

Distribution des entrepreneurs dans le cabinet national par association patronale
et par administration

(septembre 1955 — mai 1969)[a]

| ASSOCIATION PATRONALE | ADMINISTRATION | | | | |
|---|---|---|---|---|---|
| | Révolution libératrice | Gouvernement Frondizi | Gouvernement Guido | Gouvernement Illia | Révolution argentine |
| SRA | 3 | 6 | 14 | 2 | 11 |
| BC Buenos Aires | 3 | 6 | 6 | — | 3 |
| UIA | 3 | 8 | 7 | 2 | 13 |
| CAC | 5 | 6 | 5 | — | 2 |
| ABRA | 2 | — | 1 | — | 3 |
| BC | 2 | 3 | 4 | 1 | 2 |
| CGE | 1 | 1 | — | 1 | 2 |
| FAA | — | — | — | — | — |
| CRA | 1 | 3 | — | 1 | 1 |
| Sous-total ACIEL[b] | 18 | 29 | 37 | 5 | 34 |
| Sans affiliation connue | 5 | 14 | 11 | 3 | 5 |
| Total | 25 | 47 | 48 | 10 | 42 |

*Sources*: celles indiquées en Bibliographie pour l'étude du personnel politique.
a) Quelques fonctionnaires sont membres de plusieurs associations patronales à la fois.
b) L'ACIEL comprend : la SRA, l'UIA, la CAC, la BC, la BC de Buenos Aires et l'ABRA.

TABLEAU XXXVIII

Répartition des entrepreneurs dans le cabinet national par la nationalité des firmes qu'ils dirigent et par administration (1955-1969)

| | ADMINISTRATION | | | | |
|---|---|---|---|---|---|
| | Révolution libératrice | Gouvernement Frondizi | Gouvernement Guido | Gouvernement Illia | Révolution argentine |
| Firmes argentines[a] | 7 | 17 | 23 | 8 | 21 |
| Firmes étrangères[b] | 6 | 4 | 3 | — | 7 |
| Firmes argentines et étrangères[c] | 6 | 19 | 22 | 2 | 10 |
| Total | 19 | 40 | 48 | 10 | 38 |

*Sources*: celles indiquées en Bibliographie pour l'étude du personnel politique.
a)  Plus de 50% des entreprises dont ils sont directeurs, administrateurs ou propriétaires sont nationales.
b)  Plus de 50% des entreprises dont ils sont directeurs, administrateurs ou propriétaires sont étrangères.
c)  L'absence d'information nous empêche de déterminer la nationalité de plusieurs firmes.

TABLEAU XXXIX

Répartition des entrepreneurs du cabinet national, par la taille des firmes qu'ils dirigent et par administration (1955-1969)

| | ADMINISTRATION | | | | |
|---|---|---|---|---|---|
| | Révolution libératrice | Gouvernement Frondizi | Gouvernement Guido | Gouvernement Illia | Révolution argentine |
| Grandes entreprises [a] | 11 | 28 | 35 | 4 | 24 |
| Petites entreprises | 8 | 12 | 13 | 6 | 14 |
| Total | 19 | 40 | 48 | 10 | 38 |

*Sources:* celles indiquées en Bibliographie pour l'étude du personnel politique.
a) On a considéré comme directeur (ou administrateur) d'une grande firme celui qui se trouvait au Conseil de direction (ou d'administration) d'une des huit plus grandes entreprises d'un sous-groupe d'industries (désagrégé à 4 chiffres) dans le recensement manufacturier national de 1963. Font aussi partie de cette catégorie tout membre de SRA et tout directeur (ou administrateur) d'une des huit plus grandes banques privées. Il s'agit souvent de directeurs qui sont à la fois administrateurs et/ou propriétaires.

TABLEAU XL

Résultats électoraux par principaux partis (1957-1965)

| Partis | Élections | | | | | | |
|---|---|---|---|---|---|---|---|
| | 1957 | 1958 | 1960 | 1962 | 1963 | 1965 |
| Voix blanches(a) | 2 132 806 | 808 651 | 2 228 014 | (d) | 1 668 170 | 364 296 |
| Partis néopéronistes | 208 659 | 247 797 | 196 526 | (d) | 665 376 | 555 000 |
| UCRP | 2 016 929 | 2 229 224 | 2 119 094 | 1 875 587 | 2 419 269 | 2 734 940 |
| UCRI | 1 847 583 | 3 778 561 | 1 832 248 | 2 301 397 | 1 541 902 | 418 270 |
| Démocrate chrétien | 419 630 | 327 744 | 746 432 | 212 605 | 436 935 | 251 675 |
| Parti(s) socialiste(s) | 524 311 | 520 830 | 347 316 | 426 134 | 617 389 | 355 141 |
| Péroniste | (b) | (b) | (b) | 2 999 146 | (b) | 2 835 093 |
| U. del P.A. | (c) | (c) | (c) | (c) | 656 124 | (d) |
| MID | (c) | (c) | (c) | (c) | (c) | 606 872 |

*Source :* Ministerio del Interior, *Resultados Electorales Comparativos*, Buenos Aires, 1963 et 1965.
(a) Dans leur grande majorité ce sont les voix du péronisme proscrit.
(b) Illégal, ne participait pas aux élections.
(c) Inexistant.
(d) A obtenu une proportion très réduite des voix.

## TABLEAU XLI

Concentration globale de l'industrie argentine (1956-1966)

| Année | Ventes des cent premières entreprises × 100 |
|-------|---------------------------------------------|
|       | Valeur de la production manufacturière      |
| 1956  | 20.78 |
| 1957  | 20.89 |
| 1958  | 20.20 |
| 1959  | 21.40 |
| 1960  | 22.96 |
| 1961  | 25.31 |
| 1962  | 26.53 |
| 1963  | 27.43 |
| 1964  | 27.27 |
| 1965  | 26.06 |
| 1966  | 28.67 |

*Source:* Bilans annuels des sociétés par actions, compilés par Pedro Skupch, *La Concentración Industrial en la Argentina 1956-1966,* Buenos Aires, 1968.

# ARGENTINE
## Les zones d'élevage et d'engraissement du bétail bovin

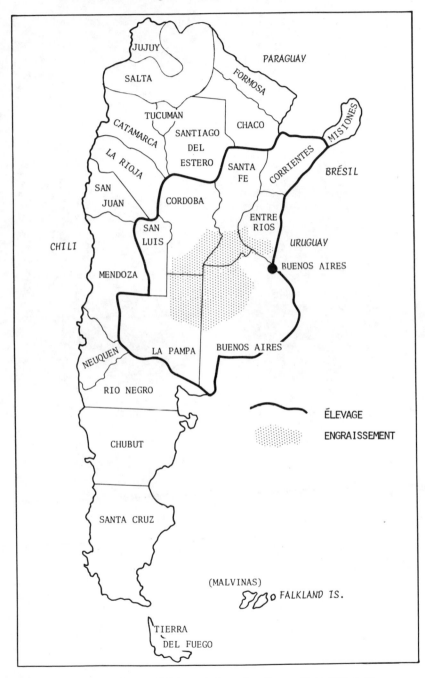

Source : Peter Smith, *Carne y Politica en la Argentina*, Buenos Aires, 1970, p. 45

# BIBLIOGRAPHIE ET SOURCES DOCUMENTAIRES

## LIVRES ET ARTICLES
### Ouvrages théoriques et comparatifs

Aaronovitch, Sam, *The Ruling Class*, Londres, Routledge and Kegan, 1962.

Amin, Samir, *l'Accumulation à l'échelle mondiale*, Paris-Dakar, Anthropos, 1970.

Baran, Paul, *Économie politique de la croissance*, Paris, Maspero, 1968.

Baran, Paul et Paul Sweezy, *le Capitalisme monopoliste*, Paris, Maspero, 1970.

Bettelheim, Charles, *l'Inde indépendante*, Paris, A. Colin, 1957.

— *L'Économie allemande sous le nazisme*, Paris, Maspero, 1946.

— *Planification et croissance accélérée*, Paris, Maspero, 1963.

Domhoff, G. William, *Who rules America?*, New Jersey, Prentice-Hall, 1967.

— *The Higher Circles*, New York, Vintage, 1970.

Dos Santos, Theotonio, *La Nueva Dependencia*, Santiago du Chili, CESO, 1969.

Frank, André G., *Capitalisme et sous-développement en Amérique latine*, Paris, Maspero, 1968.

— *le Développement du sous-développement en Amérique latine*, Paris, Maspero, 1970.

Furtado, Celso, *Desarrollo y Subdesarrollo*, Buenos Aires, Eudeba, 1961.

— *Subdesarrollo y Estancamiento en America Latina*, Buenos Aires, Eudeba, 1966.

Gramsci, Antonio, *Notte sul Machiavelli, sulla Politica et sullo Stato Moderno*, Milan, Einaudi, 1962.

Hilferding, R., *le Capital financier*, Paris, Minuit, 1970.

Lénine, V. I., *le Développement du capitalisme en Russie, Œuvres complètes*, Paris, Éditions sociales (tome 3), 1967.

—*Œuvres choisies en trois volumes*, Moscou, Progrès, 1965.

Magdoff, Harry, *l'Âge de l'impérialisme*, Paris, Maspéro, 1970.

Marini, Mauro, *Sous-développement et révolution en Amérique latine*, Paris, Maspero, 1972.

Merhav, Meir, *Technological Dependence, Monopoly and Growth,* Toronto, Pergamon, 1969.

Mao Tsé-toung, *Œuvres choisies en quatre volumes*, Pékin, Langues étrangères, 1966.

Marx, Karl, *le Capital*, Paris, Éditions sociales, 1966.

— *Theories of Surplus Value*, Moscou, Progrès, 1970.

Marx, Karl et Frederich Engels, *Œuvres choisies en deux volumes*, Moscou, Progrès, 1965.

Miliband, Ralph, *The State in Capitalist Society*, Londres, Wiedenfeld and Nicholson, 1969.

Moore, Georges S., *The Critics of Capitalist Democracy: An Introduction to the Theory of the State in Marx, Engels and Lenin*, New York, 1957.

Poulantzas, Nicos, *Pouvoir politique et classes sociales*, Paris, Maspero, 1968.

Prebish, Raul, *Hacia una Dinamica del Desarrollo Latinoamericano*, Mexico, F.C.E., 1960.

Staline, J., *le Marxisme et la question nationale*, Paris, Éditions sociales, 1952.

Yanaga, Chitoshi, *Big Business in Japanese Politics*, Yale University Press, 1968.

## Ouvrages sur le développement argentin au XXe siècle

Alcibar, Raul, *La Concentracion Bancaria*, Buenos Aires, Macchi, 1964.

Altimir, Oscar, Horacio Santamaria et Juan Sourrouille, «Los Instrumentos de Promocion Industrial en la Post-Guerra», revue *Desarrollo Economico*, nos 21 à 27, Buenos Aires, 1967.

Barry, Alfredo, *Leyes Agrarias*, Buenos Aires, Plus Ultra, 1970.

Belloni, Alberto, *Del Anarquismo al Peronismo*, Buenos Aires, Pena Lillo, 1961.

Braun, Oscar, *El Desarrollo del Capital Monopolista en la Argentina*, Buenos Aires, Siglo XXI, 1969.

Caffiero, Antonio, *Cinco Anos Despues*, Buenos Aires, Del Autor, 1961.

Del Rio, Jorge, *La Politica Energetica y los Monopolios Electricos*, Buenos Aires, L. de la Torre, 1954.

— *El por que de la Crisis*, Buenos Aires, L. de la Torre, 1961.

Di Tella, Guido et Manuel Zymmerman, *Las Etapas del Crecimiento Economico Argentino*, Buenos Aires, Eudeba, 1962.

Dorfman, Adolfo, *Historia de la Industria Argentina*, Buenos Aires, Hachette, 1942.

— *Evolucion Industrial Argentina*, Buenos Aires, Hachette, 1943.

Esteban, Juan, C., *Valor Industrial y Enajenacion de DINIE*, Buenos Aires, L. de la Torre, 1960.

— *Imperialismo y Desarrollo Economico*, Buenos Aires, Palestra, 1960.

Ferrer, Aldo, *La Economia Argentina*, Mexico, F.C.E., 1962.

Ferrer, Aldo et al., *Los Planes de Estabilizacion en la Argentina*, Buenos Aires, Paidos, 1970.

Ford, A., *The Gold Standard: Argentine and Great Britain*, Oxford University Press, 1961. Traduction espagnole, Buenos Aires, Di Tella, 1966.

Frondizi, Arturo, *Petroleo y Politica*, Buenos Aires, Del Autor, 1954.

Frondizi, Silvio, *La Realidad Argentina* (2 vol.), Buenos Aires, 1957 et 1961.

Fuchs, Jaime, *Argentina, su Desarrollo Capitalista*, Buenos Aires, Cartago, 1965.

Gallo, Ezequiel et Silvia Sigal, «Los Origenes del Radicalismo», dans *Revista Latinoamericana de Sociologia*, n° 3, 1965.

Germani, Gino, *Estructura Social de la Argentina*, Buenos Aires, Paidos, 1955.

— *Politica y Sociedad en una Epoca de Transicion*, Buenos Aires, Paidos, 1962.

Giberti, Horacio, *Historia Economica de la Ganaderia Argentina*, Buenos Aires, Hachette, 1954.

Iniesta, Rafael, *La Estructura del Comercio de Granos en la Republica Argentina*, Buenos Aires, CONADE, 1971.

Katz, Jorge, «Una Interpretacion de Largo Plazo del Crecimiento Industrial Argentino», revue *Desarrollo Economico*, n° 32, Buenos Aires, 1969.

Martinez de Hoz, José A., *La Agricultura y la Ganaderia Argentina en el Periodo 1930-1960*, Buenos Aires, Sudamericana, 1967.

Murmis, Miguel et Juan C. Portantiero, *Estudios sobre los Origines del Peronismo*, Buenos Aires, Siglo XXI, 1970.

Oddone, Jacinto, *La Burguesia Terrateniente Argentina*, Buenos Aires, Libera, 1932.

Olariaga, Nemesio de, «Las Confederaciones Rurales Argentinas», dans *El Ecomista*, Buenos Aires, 21 août 1960.

— *El Ruralismo Argentino*, Buenos Aires, 1944.

Olarra Gimenez, Rafael, *Evolucion Monetaria Argentina*, Buenos Aires, Eudeba, 1969.

Ortiz, Ricardo, *Historia Economica Argentina*, Buenos Aires, Pampa y Cielo, 1955.

— *La Nacionalizacion de los Ferrocarriles*, Buenos Aires, 1957.

Pena, Milciades, plusieurs articles dans *Fichas de Investigacion Economica y Social*, n$^{os}$ 1 à 10, Buenos Aires, 1964 à 1966.

Puigross, Rodolfo. *Historia Critica de los Partidos Politicos Argentinos*, Buenos Aires, Argumentos (5 vol.), 1962 à 1970.

— *Libre Empressa o Nacionalizacion en la Industria de la Carne*, Buenos Aires, Argumentos, 1957.

Rotondaro, Ruben, *Realidad y Cambio en el Sindicalismo*, Buenos Aires, Pleamar, 1970.

Sautu, Ruth, *Poder Economico y Burguesia Industrial*, Buenos Aires, Di Tella, 1968.

Skupch, Pedro, *La Concentracion Industrial en la Argentina, 1956-1966*, Buenos Aires, Univ. de Buenos Aires, 1968.

— *La Competencia entre el Transporte Antomotor y el Ferroviario en la Argentina*, Buenos Aires, (miméo.) 1970.

Slutzky, Daniel, «Aspectos Sociales del Desarrollo Rural en la Pampa Humeda Argentina», revue *Desarrollo Economico*, n° 29, Buenos Aires, 1968.

Smith, Peter, «Los Radicales Argentinos y la Defensa de los Intereses Ganaderos», revue *Desarrollo Economico*, n° 25, 1967.

— *Carne y Politica en la Argentina*, Buenos Aires, Paidos, 1970.

Sommi, Luis V., *La Mineria Argentina*, Buenos Aires, Argumentos, 1956.

— *El Plan Prebisch y el Destino Argentino*, Buenos Aires, Argumentos, 1957.

## Ouvrages sur la classe capitaliste argentine contemporaine

De Imaz, José L., *Los Que Mandan*, Buenos Aires, Eudeba, 1963.

Cuneo, Dardo, *Comportamiento y Crisis de la Clase Empresaria Argentina*, Buenos Aires, Pleamar, 1966.

Freels, John W., *El Sector Industrial en la Politica Nacional*, Buenos Aires, Eudeba, 1970.

Logrippo, Adelaida, *Las Fuerzas Economicas Argentinas*, Buenos Aires, Proinco, 1954.

Newton, Jorge, *Historia de la Sociedad Rural Argentina*, Buenos Aires, SRA, 1966.

## SOURCES DOCUMENTAIRES ET DE DONNÉES STATISTIQUES

### Publications officielles et semi-officielles

BCRA, *Origen del Producto y Distribucion del Ingreso*, Buenos Aires, janvier 1971.

Camara de Diputados, *Investigacion sobre el Capital Extranjero*, Buenos Aires, 1941.

CEPAL, *El Desarrollo Economico de la Argentina* (3 vol.), Mexico, 1958.

CIDA, *La Tenencia de la Tierra en la Argentina*, Buenos Aires et Santiago du Chili, 1965.

CONADE, *Cuentas Nacionales de la Republica Argentina 1935-1962*, Buenos Aires, 1964.

— (J. C. Torre, M. Khavisse et al.), *La Concentracion Industrial en 1964*, Buenos Aires, 1969.

— (E. Cimillo et al.), *La Acumulacion de Capital en la Argentina*.

— *La Capacidad Industrial Empleada*, Buenos Aires, 1963.

— *Plan Nacional de Desarrollo*, Buenos Aires, 1965.

Consejo de Planificacion Economica de la Prov. De Buenos Aires, *La Tenencia de la Tierra en la Prov. de Buenos Aires*, La Plata, 1958.

DNEC, *Anuario de Comercio Exterior*, Buenos Aires, 1955-1969.

DNEC, *Censos Agricola y de Poblacion*, Buenos Aires, 1960.

— *Censo Industrial de 1964*, Buenos Aires.

INTI, *Estudios de los Contratos de Licencias*, Buenos Aires, 1974.

JNC, *Boletin Estadistico*, 1967-1970.

— *Estadisticas Basica*, Buenos Aires, 1967.

Junta de Planificacion Economica, *Distribucion de la Propriedad Agraria en la Prov. de Buenos Aires*, La Plata, 1958.

Ministerio de Hacienda, *Plan de Restablecimiento Economico*, Buenos Aires, 1956.

— *Moneda Sana o Inflacion Incontenible*, Buenos Aires, 1956.

— *La Moneda, los Bancos y la Economia Nacional*, Buenos Aires, 1956.

— *Discursos del Ministro Dr. A. Krieger Vasena*, Buenos Aires, 1957.

Ministerio del Interior, *Resultados Electorales Comparativos*, Buenos Aires, 1963 et 1965.

Ministerio de Economia y Trabajo, *Discursos del Ministro Dr. A. Krieger Vasena*, Buenos Aires, 1967-1969.

Poder Ejecutivo National, *Plan Trienal*, Buenos Aires, 1973.


### Publications périodiques

BC, *Revista Institucional, Numeros Estadisticos Anuales*, Buenos Aires, 1955-1970.

BCRA, *Boletines Estadisticos*, Buenos Aires, 1955-1970.

— *Memorias Anuales*, Buenos Aires, 1955-1972.

BIRA, *Memorias Anuales*, Buenos Aires, 1955-1973.

Congreso de la Nacion, *Diarios de Sesiones de las Camaras de Diputados y de Senadores*, Buenos Aires, 1955-1969.

*Desarrollo Economico*, Buenos Aires, 1956-1969.

DNEC, *Boletin de Estadisticas*, Buenos Aires, 1955-1970.

*Economic Survey*, Buenos Aires, 1955-1970.

*El Cerealista*, Buenos Aires, 1936 et 1955-1970.
*El Cronista Comercial*, Buenos Aires, 1970-1973.

*Frutos del Pais*, revue de la Camara de Subproductos Ganaderos de la Bolsa de Comercio de Buenos Aires, 1955-1970.

JNC, *Resenas Anuales*, 1955-1970.
— *Comercio externo*, 1965-1970.

*La Prensa*, Buenos Aires, 1970-1973.

*Panorama de la Economia Argentina*, Buenos Aires, 1955-1969.

Presidencia de la Nacion, *Boletin Oficial*, Buenos Aires, 1955-1970.

## Publications des organisations patronales et ouvrières

ABRA, *Memorias Anuales*, Buenos Aires, 1955-1969.

BC, *Memorias Anuales*, Buenos Aires, 1955-1969.

BCBA, *Memorias Anuales*, Buenos Aires, 1955-1969.

— *La Bolsa en su Centenario 1854-1954*, Buenos Aires, 1954.

CAC, *Memorias Anuales*, Buenos Aires, 1955-1969.

— *Contribucion a las Reformas Legislativas*, Buenos Aires, 1969.

CARBAP, *Memorias Anuales*, Buenos Aires, 1955-1969.

CGE, *Memorias Anuales*, Buenos Aires, 1956-1969.

— *Historia de la CGE*, Buenos Aires, 1969.

— *La Etapa Reivindicatoria*, Buenos Aires, 1969.

— *Transferencia de Bancos y Empresas Nacionales a Similares Extranjeros*, Buenos Aires, 1967.

— *Democracia y Participacion*, Buenos Aires, 1968.

— *Lineamientos para un Programa Global de Transformacion Nacional*, Buenos Aires, 1971.

CGT, *Memorias Anuales*, Buenos Aires, 1956-1969.

— *La CGT hacia el Cambio de Estructuras*, Buenos Aires, 1963.

CRA, journal du CRA, Buenos Aires, 1955-1969.

FAA, *Memorias Anuales*, Buenos Aires, 1955-1969.

SRA, *Memorias Anuales*, Buenos Aires, 1955-1969.

— *Revista de la SRA*, Buenos Aires, 1955-1969.

UIA, *Memorias Anuales*, Buenos Aires, 1955-1969.

— *Revista de l'UIA*, Buenos Aires, 1955-1969.

## Sources concernant le personnel d'État

*Comments on Argentine Trade*, Directory of American Business in Argentina, publication annuelle de la Chambre de commerce argentino-américaine à Buenos Aires, Buenos Aires, 1955-1970.

*El Accionista*, annuaire des sociétés par actions, 1954, 1957, 1960.

*Anuario del Inversor*, liste des sociétés par actions qui cotisent à la Bourse de commerce de Buenos Aires, 1966.

Listes des associés des organisations économiques du patronat (à l'exception de la Bourse de commerce, pour laquelle nous avons pris les listes des dirigeants contenues dans les mémoires annuels).

Mémoires et bilans des cent plus grandes sociétés par actions de l'Argentine en 1968, Inspeccion General de Personas Juridicas.

*Quien es Quien en Argentina*, Buenos Aires, G. Kraft, éd., 1963-1964.

# LISTE DES TABLEAUX

# TABLE DES MATIÈRES

*Achevé d'imprimer à Montmagny*
*en octobre 1976*